MARCEL ERIS
MIT DENNIS SAND

MONTANABLACK

MARCEL ERIS

MIT DENNIS SAND

MONTANABLACK

VOM JUNKIE ZUM YOUTUBER

Bibliografische Information der Deutschen Nationalbibliothek
Die Deutsche Nationalbibliothek verzeichnet diese Publikation in der Deutschen Nationalbib-liografie. Detaillierte bibliografische Daten sind im Internet über http://dnb.d-nb.de abrufbar.

Alle Geschichten, die in diesem Buch erzählt werden, sind authentische Geschichten. Einige Namen und Orte, die in diesem Buch vorkommen, mussten allerdings aus persönlichkeitsrecht-lichen Gründen verändert werden.

Die Bilder stammen aus dem Archiv des Autors.

Für Fragen und Anregungen
info@rivaverlag.de

5. Auflage 2020
© 2019 by riva Verlag, ein Imprint der Münchner Verlagsgruppe GmbH
Nymphenburger Straße 86
D-80636 München
Tel.: 089 651285-0
Fax: 089 652096

Redaktion: Manuela Kahle
Umschlaggestaltung: Isabella Dorsch
Umschlagabbildung: Christian Schenkel
Satz: ZeroSoft, Timisoara
Druck: GGP Media GmbH, Pößneck
Printed in Germany

ISBN Print 978-3-7423-0959-4
ISBN E-Book (PDF) 978-3-7453-0680-4
ISBN E-Book (EPUB, Mobi) 978-3-7453-0594-4

Weitere Informationen zum Verlag finden Sie unter

www.rivaverlag.de

Beachten Sie auch unsere weiteren Verlage unter:
www.m-vg.de

INHALT

PROLOG

Es ist die Hoffnung, die uns Menschen auch in unseren dunkelsten Stunden am Leben hält. Die Hoffnung auf ein Leben, das besser ist als das, welches wir gerade führen. Doch das Gefühl der Hoffnung besitzen nur die Menschen, die wissen, was es heißt, eine Perspektive zu haben. Meine gegenwärtige Perspektive beschränkt sich auf vier Quadratmeter, auf ein unmöbliertes Zimmer mit einem vergitterten Fenster. Vielleicht kommt dieser Ort dem nahe, was einige Menschen die Hölle nennen. Aber die Hölle war nicht dieser Raum. Die Hölle war nicht diese Klinik. Die Hölle, das waren wir selbst. Die Hölle war ich. Ich war an meinem Tiefpunkt angelangt. Ich war unten. Ich war ganz tief unten. Das wusste ich.

An diesen Ort zu gehen war das Eingeständnis, dass ich am Ende war. Ich weiß nicht, ob ich es allein geschafft hätte. Ob ich den Weg allein gefunden hätte. Aber ich wurde ein Stück weit begleitet. Oma und Sabrina haben mich hierhergebracht. Es waren drei lange Stunden Fahrt. Drei Stunden, in denen keiner von uns auch nur ein Wort sprach. Ich lehnte mich gegen das Autofenster und starrte auf die vorbeiziehende Landschaft. Da war nicht viel. Da war bloß Asphalt. Und ein paar kahle Bäume, die an den Rändern der Autobahn standen. Ich kannte den Ort nicht, zu dem wir fuhren. Ich wusste nur, dass er mitten im Niemandsland war. Weit entfernt von einer großen Stadt. Omi wechselte von der Autobahn auf die Landstraße, und die Welt außerhalb der Fensterscheibe veränderte sich. Mehr Bäume, weniger Beton. Sabrina machte das Radio an, aber sie bekam keinen Sender rein. Nur Störfrequenzen. Sie drehte es wieder aus. Draußen begann ein leichter Nieselregen.

Das Wetter passte zu unserer gedrückten Stimmung. Ich kurbelte das Fenster leicht runter, um wenigstens ein wenig frische Luft zu bekommen. Dann baute sich vor uns am Horizont langsam ein weißer Gebäudekomplex auf.

»Ich glaube, das ist es«, sagte Omi. Ich nickte. Als sie auf dem Parkplatz hielt, spürte ich, dass hier etwas endete. Dass hier ein Teil meines Lebens sein Ende fand. Manchmal müssen Dinge enden, damit neue Dinge beginnen können, dachte ich mir. Wir stiegen aus Omis dunkelblauer E-Klasse aus. Sabrina strich mir über den Kopf und drückte mir die Hand.

»Du schaffst das«, flüsterte sie mir zu. Ich nickte. Klar. Ich schaffe das. Welche Wahl habe ich denn auch? Wir betraten das große Gebäude durch eine automatische Glastür. Meine Tasche hielt ich fest umklammert, sie war alles, was ich jetzt noch hatte. »Ist doch nett«, sagte Oma. Ich wusste, dass sie nicht meinte, was sie sagte. Dann ging sie zum Empfang, wo eine junge Krankenschwester saß, und erkundigte sich, wo wir jetzt hinmüssten.

»Erdgeschoss, diesen Gang hier ganz durch. Sie sehen dann, wo es ist. Ich gebe den Kollegen schon einmal Bescheid.«

Die junge Frau in dem weißen Kittel musterte mich von oben bis unten. Ich fühlte mich wie ein Schwerverbrecher. Mir ging es mies. Mir ging es wirklich richtig mies. Ich trottete los und kam in den großen Flügel – »Entgiftungsstation« stand da. Wir folgten dem langen Gang bis zu einer großen, schweren Tür, die von einer Art Metallkäfig umgeben war. Dort wartete schon ein Arzt. Der Mann trug einen weißen Kittel. Er hatte graue Haare, einen Schnurrbart und ein gütiges Gesicht. Er nickte uns zu.

»Gut, Omi«, sagte ich. »Aber hier muss ich jetzt allein weiter.«

»Du tust das Richtige, mein Junge!«, redete sie mir gut zu. »Ich bin stolz auf dich.«

Dann nahm ich sie in den Arm und fing an zu weinen. Ich wollte das eigentlich nicht. Ich wollte keine Schwäche zeigen. Aber es ging nicht anders. Es brach einfach aus mir heraus. Ich weinte nicht um mich. Ich weinte, weil meine Oma hier stand und mir noch immer gut zusprach, nach allem, was ich getan hatte. Nach allem, was ich ihr angetan hatte. Ich schämte mich so wahnsinnig. Und doch hielt sie noch zu mir. Ich durfte sie jetzt nicht enttäuschen. Ich durfte sie jetzt nie mehr enttäuschen, dachte ich mir. Oma streichelte mir über den Rücken. Ich sah, wie auch ihre Augen feucht wurden, aber sie war jetzt stark für uns beide. Dann gab ich Sabrina einen Kuss.

»Ich liebe dich«, sagte meine Freundin.

Ich drehte mich ein letztes Mal um, winkte den beiden zu und ging dann zu dem Arzt, der schon auf mich wartete. Er gab mir die Hand und lächelte mich milde an.

»Das wird schon wieder«, sagte er in einem ruhigen Ton. Das hatte er wahrscheinlich schon sehr, sehr vielen Leuten gesagt, die hier vor ihm standen. Vor dieser großen schweren Tür. Dieser Pforte in eine andere Welt. Ich fragte mich, wie oft es wirklich wieder etwas wurde.

Der Mann öffnete den Metallkäfig und gab mir zu verstehen, dass ich vorgehen sollte. Als ich die Schwelle überschritten hatte, zog er die Tür hinter sich wieder zu und schloss sie zweimal ab. Ich hörte das metallische Geräusch des Schlüsselbundes. Ich fühlte mich, als wäre ich im Knast. Und irgendwie war ich das ja auch. Die Entgiftungsstation war nicht zugänglich für normale Patienten. Man konnte hier nicht einfach kommen und gehen.

»Bitte«, sagte der Arzt und gab mir zu verstehen, dass ich den Flur entlanggehen sollte. Das helle Neondeckenlicht blendete mich. Die Wände waren weiß gestrichen. Es hingen vereinzelte Bilder da, abstrakte, eingerahmte Malereien. Ich schleppte mich über den mit grauem Linoleum belegten Boden. Mein Körper fühlte sich schwer an. Alles war so schwer. Ich hatte das Gefühl, ich würde die Last der Welt auf meinen Schultern tragen.

»Ist alles in Ordnung?«, fragte mich der Arzt.

»Ja, alles in Ordnung.« Ich ging weiter.

Am schlimmsten war der Geruch. Dieser klassische Krankenhausgeruch. Es fühlte sich alles so unreal an. Als wäre ich gefangen in einem bösen Traum. In einem bösen Traum, der einfach nicht mehr enden wollte.

»Hier herein, bitte.« Der Mann führte mich in sein Büro. Ein großer Raum mit einem riesigen Schreibtisch, auf dem sich die Akten stapelten. An der Wand stand ein Bücherregel, das vollgepackt war mit medizinischer Fachliteratur. Ich setzte mich auf den Holzstuhl, während sich der Arzt mir gegenüber in seinen schweren Ledersessel fallen ließ.

»Ich muss Ihnen jetzt ein paar Fragen stellen, ist das in Ordnung?«

»Natürlich.«

»Ihr Name ist …«

»Marcel Eris.«

»Marcel Eris. Hier haben wir es. Geboren sind Sie am 2. März 1995?« Ich zögerte kurz. »Richtig.«

»Und Sie sind polytoxikoman, wie ich Ihrer Akte entnehme?«

Ich schaute den Mann an. Ich hatte dieses Wort noch nie gehört. »Was heißt das?«

»Oh, entschuldigen Sie bitte. Medizinerdeutsch. Das bedeutet: mehrfachabhängig. Sie sind abhängig von mehreren Substanzen?«

Ich dachte kurz nach und nickte.

»Ja. Hauptsächlich Cannabis und Kokain.«

»Beruflich machen Sie momentan …«

»… ich bin arbeitslos.«

»Und wohnen tun Sie …«

»Eigentlich wohne ich bei meinen Großeltern. Aber … ich bin derzeit auch obdachlos.«

Es tat mir weh, das auszusprechen. Ich schämte mich. Wie tief bin ich in den letzten Jahren nur gesunken? Wie konnte ich mein Leben nur so versauen? »Ihre Sachen …«, sagte er und zeigte auf meine Tasche, in die ich mein restliches Zeug gepackt hatte, das mir noch geblieben ist.

»… die dürfen Sie hier leider nicht mitnehmen. Wir verwahren das aber alles für Sie auf, Herr Eris.«

»Wieso darf ich das nicht behalten?«, fragte ich ihn etwas schockiert.

»Wissen Sie, wir haben in der Klinik sehr viele Suchtkranke. Wir haben hier schon Menschen gehabt, die haben eine Deoflasche aufgeschraubt und ausgetrunken, nur damit sie ihre Alkoholsucht befriedigen konnten.«

»Ich verstehe.«

Es fiel mir schwer, mich auch noch von meinem restlichen Hab und Gut zu trennen. Aber ich war bereit, alles zu tun, was nötig war.

Ich ging in einen Waschraum, wo ich mich komplett ausziehen musste.

Dann wurde ich untersucht. Nach einer guten Stunde waren wir fertig.

»Sie bekommen morgen ein Zweibettzimmer, Herr Eris. Heute haben wir leider nur noch ein Vierbettzimmer für Sie. Kommen Sie bitte mit.«

Ich folgte ihm den Gang entlang, bis er auf eine Tür zeigte.

»Ruhen Sie sich etwas aus, wir sehen uns dann morgen.«

Ich öffnete das Zimmer. Es war klein. Viel kleiner, als ich erwartet hatte. An den Wänden standen zwei Hochbetten. Drei davon waren belegt. In der Mitte des Raumes war ein Tisch, an dem ein großer, schwerer Mann saß. Er hatte überall Tätowierungen. Auf den Armen, auf den Händen, sogar im Gesicht. Wildes Zeug. Sterne, Symbole, Tiere. Der Mann hatte lange, fettige Haare. Er war vielleicht 50 Jahre alt.

Ich begrüßte ihn, aber er antwortete nicht. Er nahm mich gar nicht richtig wahr. Er starrte einfach nur vor sich hin. Als wäre er gar nicht in diesem Raum. Als wäre er in einer ganz anderen Realität. In den Betten lagen noch zwei Männer. Einer winkte mir kurz zu. Ein wortloser Gruß. Ich erschreckte mich, als ich sah, wie dünn das Kerlchen war. Er bestand nur noch aus Haut und Knochen. So etwas hatte ich noch nie gesehen. Der Kerl war ein lebendes Skelett. Als ich in seine Augen schaute, sah ich, da gar kein richtiges Leben mehr. Sie waren einfach nur trübe.

Den dritten Mann konnte ich nicht erkennen. Er hatte sich komplett in das Bettlaken eingewickelt und verharrte in Fötusstellung. Beine angewinkelt, Oberkörper zusammengezogen. Er sah aus wie ein Gespenst. Die Stille im Raum wurde nur durch sein Wimmern unterbrochen. Durch sein schmerzerfülltes Wimmern, das gar nicht mehr enden wollte. Er klang wie ein Hund, den man angeschossen hatte. Ich setzte mich auf das freie Bett und starrte aus dem Fenster. Man konnte es nicht öffnen, es war vergittert. Draußen war jede Menge Natur. Ein großer Park, in dem die normalen Patienten des Krankenhauses spazieren gehen konnten. Nur für uns war das nicht zugänglich. Wir waren hier eingeschlossen. Alles war so leer. Meine Welt. Mein Kopf. Meine Gefühle. Da war einfach nichts mehr.

Dann legte ich mich hin und weinte. Ich weinte geräuschlos, bis ich einschlief.

Am nächsten Morgen hatte ich mich ein wenig gefangen und sah mich auf der Station um. Alles wirkte gepflegt. Aber die Menschen, die hier untergebracht waren, waren das fertige Volk vom fertigen Volk.

Junge Menschen, die wie Greise aussahen. Teenager, die ihr Leben schon hinter sich hatten. Menschliche Zombies, die durch die Gänge irrten und nichts mehr mitbekamen. Heroinabhängige. Alkoholiker. Kokser. Menschen, die am Anfang vom Ende waren. Es war unheimlich. Wie in einem Horrorfilm. Ich ging weiter und fand den großen Aufenthaltsraum. Er war liebevoll eingerichtet.

»Hi«, begrüßte mich eine Frau. »Bist du neu?«

»Ja«, sagte ich und nickte ihr zu. »Marcel.«

»Linda. Willkommen in der Hölle, Marcel.«

Ich schaute Linda an. Sie war etwa 40 Jahre alt. Sie hatte lange, blonde Haare und wunderschöne blauen Augen. Aber ihr Gesicht war komplett eingefallen. Es sah aus wie ein Totenkopf.

Linda trug den obligatorischen weißen Krankenhauskittel, den alle auf der Station trugen. Ich sah ihre nackten Beine. Überall auf ihnen waren Löcher von Einstichen. Und um die Löcher herum war die Haut dunkelblau. Als würde sie einfach abfaulen. Als Linda bemerkte, dass ich auf die Haut starrte, lächelte sie gequält.

»Ich war Kindergärtnerin.«

»Bitte was?«

»Ich war Kindergärtnerin. Und ich wollte nicht, dass die Kinder oder die Eltern mitbekommen, dass ich Heroin spritze. Dass ich Einstichwunden habe. Also habe ich nicht in die Arme gespritzt. Sondern in die Beine.«

Ich musste schlucken.

»Ganz einfach Junkie-Logik«, lachte sie. »Na ja, jetzt faulen sie mir weg.« Es war kaum zu ertragen.

Ich lehnte mich zurück und starrte auf die große Uhr, die an der Wand hing. Ich beobachtete den Sekundenzeiger, wie er sich langsam, ganz langsam vorwärtsbewegte. Ich schloss die Augen. Die Zeit verstrich nicht an diesem Ort. Eine Minute fühlte sich an, als bräuchte sie eine Stunde, um zu vergehen. Niemand sprach. Ich hörte, wie im Fernsehprogramm irgendeine Nachrichtensendung lief. Man war an diesem Ort komplett auf sich selbst zurückgeworfen. Man war gezwungen, sich mit sich selbst zu beschäftigen. Mit seinen Gedanken. Mit seinen Taten. Mit seinen Perspektiven. Die Dinge, vor denen die meisten von uns jahrelang weggelaufen waren. Nach einiger Zeit, ich weiß nicht, ob eine oder ob mehrere Stunden vergangen waren, kam ein Mann in einem weißen Kittel in den Raum.

»Herr Eris«, sagte er. »Da sind Sie ja. Würden Sie bitte mitkommen?«

Ich folgte ihm willenlos in einen dieser vielen Räume, die alle gleich aussahen. In dem Zimmer, in das er mich führte, war ein Stuhlkreis aufgebaut. Auf den Stühlen saßen Patienten. Ein Stuhl war frei. Ich setzte mich und schaute in die Gesichter der anderen, die hier saßen. In dem Moment begriff ich, dass ich jetzt einer von ihnen war. Ein Abhängiger. Ein Abgehängter. Ich verstand, dass ich an einem Punkt war, an dem ich endlich Verantwortung übernehmen musste. Für meine Taten. Für mein Handeln. Für mich selbst. Denn wenn ich das nicht tun würde, dann würde ich niemals eine Perspektive gewinnen können. Dann würde ich so enden, wie einige von den Zombies, die hier saßen. Die wirklich am Ende waren.

»Herr Eris«, sagte der Mann in dem weißen Kittel. »Herzlich willkommen zu Ihrer ersten Gruppentherapie. Hier reden wir über das, was passiert ist. Über die Dinge, die Sie dazu gebracht haben, süchtig zu werden. Nur wenn wir unsere Vergangenheit verstehen, können wir unsere Zukunft in den Griff bekommen.«

Ich atmete tief durch. Ich ahnte schon, was auf mich zukommen würde. »Machen Sie sich keine Sorgen. Alles, was hier gesagt wird, bleibt in diesem Raum.« Einige der anderen nickten. Die anderen starrten apathisch in die Luft.

»Da Sie neu sind, Herr Eris, warum erzählen Sie uns nicht Ihre Geschichte? Erzählen Sie uns, wer Sie sind. Und warum Sie hier sind.«

Ich lehnte mich in meinem Stuhl zurück und fuhr mir mit der Hand durchs Gesicht. Also gut, dachte ich. Dann erzähle ich meine Geschichte.

»Und fangen Sie doch am besten ganz vorne an«, ermutigte mich der Arzt.

TEIL 1
ABSTIEG

I. KINDHEIT

Das Leben ist die Summe all der Entscheidungen, die wir treffen. Es ist egal, ob diese Entscheidungen gute oder schlechte Entscheidungen sind, denn sie machen uns zu dem, was wir sind, sie bringen uns an den Punkt, an dem wir heute stehen. Wenn ich an all diese Momente denke, die in meinem Leben eine besondere Bedeutung hatten, an all die Menschen, die mein Leben reicher gemacht haben, dann denke ich immer auch an Buxtehude. An meine Heimat. An den Ort, an dem alles passiert ist. Der Ort, der mich zu dem Menschen formte, der ich heute bin. Buxtehude liegt eine halbe Stunde vor den Toren Hamburgs. Eine Kleinstadt. 40 000 Einwohner. Ich bin in Buxtehude geboren. Ich bin in Buxtehude aufgewachsen. Ich habe in Buxtehude meine schönsten und meine schlimmsten Stunden verbracht. Egal durch welche Straße ich gehe oder an welcher Ecke ich stehe, es gibt keinen Platz, keinen Ort, zu dem ich keine Verbindung hätte. Wenn man hier jemanden auf der Straße trifft, dann sagt man »Moin, moin«. Das liegt auch daran, dass die Stadt sehr klein ist. Dass man hier keine 20 Jahre wohnen kann, ohne jemals jemanden zu sehen, den man nicht kennt oder erkennt. Man sieht sich immer das zweite oder das dritte Mal, wenn man sich in Buxtehude sieht. So entstehen Verbindungen. Und es entstehen Bilder. Bilder, die man sich von den Menschen hier macht. Ich bin mir sicher, dass sich meine Nachbarn sehr viele Bilder von mir gemacht haben. Sie haben ein Bild von dem erfolgreichen YouTube-Star. Sie haben ein Bild von dem drogenabhängigen Kleinkriminellen. Sie haben ein Bild von dem Jugendlichen, der zu schnell zuschlägt, wenn man ihn falsch anguckt. Aber sie haben sicher auch das Bild von dem kleinen Budschi im Kopf, den alle geliebt haben. Den kleinen freundlichen Marcel, der immer lieb und hilfsbereit war. Und vielleicht versuchen einige Menschen noch immer, diese Bilder zusammenzubringen. Auch mir fällt das nicht immer ganz leicht.

Die ersten Bilder, die ich von meinem Leben habe, sind Bilder von der Autobahn. Von der Fahrt nach Lüneburg. Von der Fahrt zu Papa. Ich war sechs Jahre alt, saß hinten auf meinem Kindersitz und beobachtete aus dem Fenster, wie wir durch Buxtehude fuhren. Wie wir alles hinter uns ließen. Erst unsere Wohnung. Dann unsere Straße. Dann unsere Stadt. Es war ein kleines, wöchentliches Ritual. Wenn wir auf der Autobahn waren, dann schaute sich Papa zu mir um, lächelte mich an und drehte seine Anlage auf. So laut es nur ging. Papa war ein Punk. Er machte immer genau die Dinge, die andere Väter nicht tun würden. Er war selbst noch sehr jung. Ein erwachsenes Kind. Ich hörte die laute Musik, die aus den Boxen pumpte, und schaute aus dem runtergekurbelten Fenster. Und dann sah ich sie wieder. Diese fremdartigen Zeichen an den Autobahnmauern. Ich beobachtete sie jedes Mal. Und es kamen ständig neue dazu. Eine Mischung aus Bild und Text. Ich begriff nicht, was sie zu bedeuten hatten oder wie sie dort hinkamen. Sie waren für mich ein Mysterium. Wer machte so was? Und warum?

»Papa«, brüllte ich gegen die laute Musik an. Mein Vater drehte den Sound etwas leiser.

»Was sind das für Zeichen an den Wänden?«

»Das sind Graffiti«, sagte er. »Damit markieren Künstler ihr Revier.« Ich nickte, auch wenn ich nicht verstand, was er sagte. Graffiti. Ich hatte keine Ahnung, was das bedeuten sollte. Ich formte das Wort mit meinen Lippen nach und versuchte es mir einzuprägen. Dann legte Papa eine neue CD in seine HiFi-Anlage. Niggaz4Life von N.W.A. Das war Papa-Musik. Musik, die es nur bei Papa gab. Nicht im Radio und bei Mama erst recht nicht. In meinem Kopf verband sich diese neue Musik mit den mysteriösen bunten Zeichen an den Wänden. Sie wurde zu einer Art Soundtrack für meine Papa-Besuche.

Die Papa-Besuche waren immer auch ein Abenteuer. Wenn ich bei Papa in Lüneburg war, gab es Dinge zu entdecken, die es in Buxtehude nicht gab. Das Größte war sein Computer.

»Komm her, Marcel«, sagte er, zog mir einen Stuhl heran und ließ mich dann zuschauen, wie er die neuesten Spiele zockte. Da war ein gelber Ball mit zwei Augen und einem Mund, der grüne Punkte auffressen und komischen Pixel-Monstern ausweichen musste. PacMan hieß der Ball mit den Augen.

»Willst du auch mal?«

Ich hatte größte Ehrfurcht vor seinem Computer, aber als ich Pac-Man mit der Tastatur das erste Mal allein über den Bildschirm steuerte, fühlte ich mich wie ein kleiner Gott. Ich konnte gar nicht mehr aufhören. Wenn ich nicht am Computer spielte, ging ich in Papas Tier-Zimmer. Ein kleiner Raum, in dem mehrere Terrarien standen. Ich hockte mich vor die Glaskästen und beobachtete die Reptilien, die Papa hatte: Schlangen, Spinnen, Leguane. Und dann waren da noch diese Pflanzen. Pflanzen, die ich von Mama nicht kannte. Erst sehr viel später begriff ich, dass Papa damals ein wenig Cannabis anbaute.

Am Sonntagabend fuhr Papa mich wieder nach Hause. Die Besuche bei ihm waren nicht bloß ein Abenteuer, sie waren auch eine Auszeit. Eine Auszeit von meinem normalen Leben. Von meinem Leben bei Mama.

Meine Eltern haben sich getrennt, da war ich noch sehr jung. Gerade mal ein Jahr alt. Seitdem haben sie sich nicht mehr sonderlich gut verstanden. Mama und Papa hatten sich nicht mehr viel zu sagen. Wenn sie gemeinsam in einem Raum waren, dann haben sie sich gestritten, also gingen sie sich irgendwann so gut es ging aus dem Weg. Mama und ich wohnten in Buxtehude, in einer schönen Zweizimmerwohnung.

Wenn ich nicht gerade mit den anderen Kindern aus der Nachbarschaft spielte, war ich viel für mich allein. Meine Mutter hatte ihre eigenen Päckchen zu tragen. Sie hatte eine ziemlich schwere Vergangenheit. Eine Vergangenheit, die noch auf ihren Schultern lastete. Mama hat nie wirklich mit mir darüber gesprochen. Ich weiß, dass sie große Konflikte mit ihren eigenen Eltern hatte. Dass sie schlimme Kämpfe austragen musste. Dass sie im Heim war, als sie mit mir schwanger wurde. Dass man ihr gesagt hat, dass aus ihr niemals etwas werden würde. Dass sie bloß zur Sozialhilfeempfängerin tauge. Dinge, die Narben auf ihrer Seele hinterlassen haben. Mama hat das alles mit sich selbst ausgemacht. Und es gab viele Tage, an denen es Mama nicht gut ging. An denen Mama sehr mit sich selbst beschäftigt war. Sie machte mir damals deutlich, dass es Momente gibt, in denen sie für sich sein muss. In denen sie mir vielleicht nicht die Liebe geben konnte, die sie mir geben wollte. Ich habe ihr das niemals verübelt. Ich habe sie in Ruhe gelassen, wenn sie ihre Ruhe brauchte. Aber ich wusste, dass ich mich immer auf sie verlassen konnte, wenn es drauf ankam.

Aber auch wenn Mama eine verletzliche Seite hatte, war sie im Leben eine toughe Frau. Sie war eine Kämpferin. Sie war eine Person, die versuchte, die Vergangenheit hinter sich zu lassen und in der Gegenwart ihre Zukunft zu formen. Mama war eine Frau, die es allen beweisen wollte. Besonders sich selbst. Und das hat sie auch geschafft. Sie hat uns jahrelang mit kleineren Jobs über Wasser gehalten. Wir hatten zwar nie Geld für große Sprünge, sind so gut wie nie gemeinsam in den Urlaub gefahren. Aber wir hatten alles, was wir brauchten. Mama arbeitete hart, um uns das zu ermöglichen.

Am nächsten Tag saß ich gerade mit Oma am Küchentisch und trank ein Glas warmen Kakao, als Opa mir die Ankündigung meines Lebens machte.

»Wenn du die Woche über brav bist«, sagte er zu mir, »dann darfst du am Sonntag mit uns auf den Fischmarkt kommen.« Ich schaute Opa mit großen Augen an.

»Wirklich, Opa? Nach Hamburg?«

»Ja, genau. Nach Hamburg.«

Ich war sechs Jahre alt und hatte das Gefühl, ich hätte gerade den ultimativen Jackpot geknackt. Von dem Fischmarkt hatte ich schon so viel gehört. Der Fischmarkt war eine der größten Attraktionen, die es in Hamburg gab. Der berühmteste Wochenmarkt Deutschlands. Oma und Opa waren regelmäßig dort. Sie waren Markthändler und verkauften Lederwaren. Und ich hatte schon immer davon geträumt, sie einmal nach Hamburg begleiten zu dürfen.

Ich verbrachte viel Zeit bei Oma und Opa. Den Eltern meines Vaters. Sie hatten ein schönes, großes Haus in Buxtehude. Zu Oma und Opa hatte ich ein ganz besonderes Verhältnis. Sie waren neben meinen Eltern meine engsten Bezugsmenschen. Ich konnte ihnen alles anvertrauen, und ich wusste, dass sie immer für mich da waren. Bei Oma und Opa gab es niemals Streit, bei Oma und Opa war die Welt noch ein gutes Stück weit in Ordnung.

Am Wochenende vor dem großen Tag habe ich bei den beiden übernachtet. Sie hatten das alte Kinderzimmer von Papa zu einem Gästezimmer umfunktioniert. Und der Stammgast in diesem Zimmer war ich. Sonntagfrüh kam Opa an mein Bett und weckte mich.

»Marcel«, flüsterte er. »Steh auf, es geht los.« Ich schaute auf den Wecker. Es war drei Uhr. Ich riss die Augen auf und sprang hellwach aus dem Bett. Ich freute mich schon seit Tagen auf diesen Ausflug. Ich schaute aus dem Fenster. Draußen war noch tiefste Nacht. Alles war dunkel. Ich zog mich an, lief die Treppen runter und setzte mich zu Opa ins Auto. Er hatte einen großen Anhänger angekuppelt, auf den Oma schon die ganzen Waren packte und verschnürte. Mit dem Anhänger tuckerten wir dann nach Hamburg. Um halb fünf Uhr kamen wir am Hafen an und bauten unseren Stand auf. Wir hatten einen fest zugewiesenen Platz. Die anderen Händler grüßten uns. Man kannte sich schon. Einige verkauften Lebensmittel, frischen Fisch, Obst oder Gemüse, andere irgendwelche Waren. Ich half Opa, die großen Tische aufzubauen und die Waren auszulegen. Wir hatten Gürtel, Portemonnaies und Handtaschen. Alles aus Leder. Obwohl es noch stockdunkel war, war hier richtig viel los. Da wuselten Dutzende von Händlern herum.

Man grüßte sich und schnackte miteinander. Um kurz nach fünf Uhr strömten dann auch immer mehr Besucher an den Hafen.

Der Fischmarkt war eine Offenbarung. Da kamen auf kleinem Raum alle möglichen Menschen zusammen. Es gab den seriösen Geschäftsmann, den eingenässten Penner und große Touristengruppen von Asiaten, die überall Fotos machten. Ich liebte dieses Feeling. Das Gefühl, dass es egal war, wer du bist und wo du herkommst. Dass es keine Vorurteile gab. Alle Besucher auf dem Fischmarkt waren Besucher auf dem Fischmarkt. Nicht mehr und nicht weniger.

Das war eine sehr ehrliche Parallelwelt. Es passte in das Weltbild, das Oma und Opa mir immer wieder predigten: Beurteile einen Menschen niemals nach seinem Äußeren. Wenn ein Mensch ein guter Mensch ist, dann ist er ein guter Mensch. Egal wie er aussieht, wo er herkommt oder was er besitzt. Das habe ich immer beherzigt.

»So, Marcel«, sagte Oma und kniete sich zu mir runter. »Du musst uns jetzt aber auch ein bisschen beim Verkaufen helfen.«

»Wirklich, Omi?«

»Klar. Pass auf, ich erkläre dir jetzt die wichtigste Regel. Die Menschen hier wollen nie den Preis bezahlen, den wir auf die kleinen Schildchen geschrieben haben.«

»Hmmm.«

»Das gehört dazu. Das ist ein Markt. Die Leute wollen hier feilschen. Nimm diesen Gürtel. Er kostet zehn Mark. Wenn ein Kunde sagt, dass er nur 8 Mark bezahlen will …«

»… dann sage ich, er kostet aber 12 Mark.«

Omi grinste mich an und kniff mir in die Wange. »Ganz genau, mein Schatz. Immer den Preis hochtreiben.«

Das Feilschen machte mir am meisten Spaß, und weil ich noch so ein kleiner, niedlicher Budschi war, gewann ich das Feilschen auch meist. Die Leute zahlten den Preis, den Oma mir vorher ins Ohr geflüstert hatte.

Ich fand es spannend, Oma und Opa beim Arbeiten zuzusehen. Sie waren gar nicht so, wie sie sonst waren. Sie waren nicht Oma und Opa. Sie waren Verkäufer, die mit den Kunden handelten. Als wären sie in eine andere Rolle geschlüpft. Das fand ich sehr spannend. Oma erklärte mir, dass sie auf der Arbeit keine Rolle spielte. Dass sie einfach nur eine andere Seite von sich zeigte, wenn sie mit Kunden feilschte. Wer eine Rolle spielt, dem glaubt man nicht mehr. Man sollte immer man selbst sein, brachte sie mir bei. Die Kunst läge darin, die unterschiedlichen Facetten seines Wesens in den richtigen Momenten auszuspielen. Und zu zeigen.

*

Im Sommer 1997 lernte ich Jimmy kennen. Jimmy war ein Junge aus meiner Parallelklasse. Ein freches Kerlchen. Jimmy war der Typ, der jeden Lehrer mit ein paar lockeren Sprüchen in den Wahnsinn treiben konnte. Der unangefochtene Klassenclown. Eine Legende auf dem Schulhof. Jimmy war ganz genau wie ich. Und wir wurden schnell beste Freunde.

»Hey, Marcel«, sprach er mich in der großen Pause auf dem Schulhof an. »Hast du nicht Lust, heute bei uns Mittag zu essen?«

»Bei euch?«

»Ja«, sagte er. »Meine Eltern haben ein China-Restaurant in der Stadt. Ming-Town. Du bist eingeladen.«

»Klar«, sagte ich sofort zu. Ich kannte Ming-Town. Jeder kannte Ming-Town. Ming-Town war eines der größten Restaurants von Buxtehude, da wollte ich schon immer mal hin. Mit Mama ging ich eher selten essen. Dafür reichte das Geld meist nicht. Sie kompensierte das, indem sie mir zu Hause was Leckeres kochte. Für mich war die Einladung also etwas Besonderes, etwas wirklich Außergewöhnliches. Nach der Schule trafen wir uns auf dem Pausenhof und liefen von dort gemeinsam in die Innenstadt. Das Restaurant war riesig. Im Eingangsbereich war ein großer Teich, über den eine Bambusbrücke führte und in dem echte Fische schwammen. So etwas hatte ich noch nie gesehen. Das ganze Restaurant war Highend. An den großen, schweren Stühlen waren Holzschnitzereien angebracht.

Es gab sogar original asiatische Sitzkuhlen direkt am Boden. Überheftig.

Als die Kellnerin Jimmy sah, begrüßte sie uns ganz besonders herzlich und gab uns den besten Tisch im Laden. Ein runder Drehtisch, der extra für die Familie reserviert war. Die Angestellten behandelten uns hier, als wären wir VIPs. Was wir irgendwie ja auch waren. Immerhin war Jimmy der Sohn vom Chef. Für mich war das ein ganz neues Feeling.

»Bestell, was du willst«, sagte Jimmy und schob mir die Karte rüber. Er kannte sie bereits auswendig.

»Keine Ahnung«, sagte ich. »Kannst du was empfehlen?«

»Fastenspeise der Buddhisten«, sagte er sofort. »Das ist so mit Pilzen und Mais und einer sehr geilen Sauce. Und dazu Maracujasaft.«

Ich nickte. Dann aß ich die Fastenspeise der Buddhisten und trank einen Maracujasaft aus der Dose. Es war wirklich extrem lecker.

»Wenn du willst, können wir morgen wieder hier hingehen«, bot er mir an, während die Kellnerin uns zum Nachtisch ein gebackenes Eis brachte.

»Klar«, freute ich mich. »Sehr gerne.«

»Und danach können wir zu mir gehen und was spielen.«

»Unbedingt!«

Und so gingen wir am nächsten Tag erst zu Ming-Town, wo ich meine Fastenspeise der Buddhisten bestellte, und fuhren dann mit dem Bus zu Jimmy. Die Familie wohnte ganz am Rand von Buxtehude. In der Ecke der Stadt war ich noch nie gewesen. Ich schaute mich um. Die Gegend hier war kaum besiedelt. Wir waren mitten in der Natur.

»Da wohne ich«, sagte Jimmy und zeigte auf ein großes Haus, das direkt vor einem riesigen Waldgebiet stand.

Ich staunte nicht schlecht. Ich hatte noch nie so ein großes Grundstück gesehen. Das Haus war keine Villa, aber schon ein riesiges, umzäuntes Anwesen. Ich hatte das Gefühl, ich wäre in einer ganz anderen Welt. Das war überhaupt kein Vergleich mit unserer kleinen Bude. Allein Jimmys Zimmer war schon so groß wie unser gesamtes Wohnzimmer.

»Hammer!«, sagte ich. Er hatte sogar einen eigenen Fernseher in seinem Zimmer stehen. Das war für mich völlig unvorstellbar. »Und das gehört alles dir?« Ich starrte auf seine Spielzeugvorräte, die im ganzen Raum verteilt waren. Er hatte wirklich alles. Actionfiguren, Spiel-konsolen, Brettspiele.

»Klar«, sagte er und zuckte mit den Schultern, als wäre das alles nichts Besonderes. Wir schmissen unsere Ranzen in die Ecke, und ich durchstöberte sein Zeug.

»Was ist das?«, fragte ich ihn und zog zwei Pistolen aus einer Kiste. Jimmy grinste.

»Das sind Softair-Waffen.«

Ich kannte so was nicht. Jimmy nahm die Pistole und führte sie mir vor. Eine Luftdruckwaffe, die kleine Kügelchen verschoss. Er zielte auf meine Hand.

»Aua.«

Ich nahm die andere Waffe und ließ mir von ihm zeigen, wie sie funktionierte. Dann griffen wir uns eine Handvoll Dosen, gingen in den Wald und machten dort ein paar Schießübungen. Erst auf die Dosen. Dann auf uns.

Es machte wahnsinnigen Spaß. Als wir wieder in das Haus gingen, kamen uns Jimmys große Brüder entgegen. Lee und Samy. Ich kannte sie schon vom Sehen. Die beiden holten Jimmy öfters von der Schule ab. Lee und Samy waren absolute Kings. Sie waren Anfang 20 und bei der Bundeswehr. Große, durchtrainierte Soldaten, die ständig in Camouflage-Hosen und ziemlich engen Muscle-Shirts rumliefen. Sie sahen aus, als wären sie in der Lage, ihren Feinden mit einem einzigen Handgriff das Genick zu brechen. Ich malte mir auch aus, dass sie exotische Kampfkunsttechniken beherrschten. So wie Bruce Lee. Aus ihrem Zimmer kam meist lauter HipHop. Die Beastie Boys oder Sachen vom WuTang-Clan.

Während die beiden sich in der Küche etwas zu essen machten, zog mich Jimmy zu Lee ins Zimmer.

»Komm mal mit«, flüsterte er. »Ich zeige dir was richtig Cooles.«

Er machte das Licht an, und ich sah mitten im Raum eine riesige Holzspanplatte, auf der die beiden ein historisches Militärschlachtfeld nachgebaut hatten. Das war eine wirklich große Fläche, vielleicht vier mal vier Meter groß, und überall standen kleine Soldatenfiguren, die Lee und Samy stundenlang vorher selbst bemalt hatten. Es gab auch kleine Panzer, kleine Häuser und Haubitzen. Stationäre Maschinengewehre.

»Wow«, sagte ich. »Deine Brüder ziehen dieses Soldaten-Ding ja wirklich richtig durch, was?«

»Total.«

»Wir brauchen auch so was«, sagte ich. Ich wollte unbedingt auch diese kleinen Soldaten haben.

»Ja, es gibt in der Stadt so einen Laden, die verkaufen das Zeug. Da holen meine Brüder auch immer ihre Modelle.«

Ich kannte das Geschäft. Es hieß Miniaturenkönig. Ich war einmal mit Opa dort gewesen. Der Laden war direkt in der Innenstadt. Klein und mit unendlich vielen Modellfiguren vollgestopft. Eine richtige Fundgrube. Jimmy und ich beschlossen, auch einmal dort vorbeizuschauen. Von diesem Tag an begann ich, die kleinen Soldatenfigürchen zu sammeln.

Zwei Jahre vergingen, und Jimmy und ich waren noch immer unzertrennlich. Nach der Schule absolvierten wir noch immer unseren mittlerweile obligatorischen Ming-Town-Besuch, aßen die immergleiche Fastenspeise der Buddhisten mit Maracujasaft aus der Dose und gebackenem Eis und fuhren an einem Freitag mal wieder zum Miniaturenkönig. Jimmy und ich stellten unsere Fahrräder vor dem Laden ab und streiften durch die Gänge. Der Laden wirkte extrem muffig. Alles war vollgestopft mit kleinen Kästen, in denen die unterschiedlichen Figuren offen und unverpackt herumlagen. Es gab einen Kasten für die Soldaten. Einen Kasten für die Panzer. Und einen Kasten für die Haubitzen. In den anderen Regalen wurden auch Miniatureisenbahnen verkauft, aber das interessierte uns nicht. Wir wollten die Militärspielzeuge. Allerdings kamen wir nur zum Stöbern. Ein Soldat kostete 2 Mark. Und das waren nur die einfachen Soldaten. Die coolen Fahrzeuge und Panzer waren noch mal ein gutes Stück teurer. Ich nahm ein Figürchen, drehte es in meiner Hand und schaute es mir genau an. Das winzige Gewehr in den winzigen

Händen, die Uniform, die Stiefel. Alles war so liebevoll und detailliert ausgearbeitet. Ich hätte sie gern gehabt. Ich hätte sie wirklich gern gehabt. Dann atmete ich schwer aus und legte sie ernüchtert wieder weg.

Ich konnte sie mir momentan einfach nicht leisten und sagte das auch. Ein paar hatte ich mir in der Vergangenheit zwar schon gekauft, aber mittlerweile war das Geld wieder ziemlich knapp.

»Wie, nicht leisten?«

Jimmy verstand das nicht sofort. Seine Familie hatte ja genug Geld. Er musste nur etwas sagen, und seine Eltern drückten ihm ohne groß nachzufragen einen 10-DM-Schein in die Hand. Ich hätte mich nicht einmal getraut, meine Mama danach zu fragen. Ich hätte das unverschämt gefunden. Sie hatte ja genug zu zahlen. Und dann sollte ich sie nach Geld für eine blöde Miniaturfigur fragen? Das konnte ich nicht bringen. Das wäre mir unangenehm gewesen. Auch wenn ich sie wirklich gern gehabt hätte.

»Lass gehen«, sagte ich. Ich war enttäuscht, wollte es mir aber nicht allzu stark anmerken lassen.

Jimmy zuckte nur mit den Schultern und trottete mir hinterher.

Wir schoben unsere Fahrräder ein Stück und setzten uns dann auf eine kleine Bank an der gegenüberliegenden Bushaltestelle. Ich zog zwei Capri-Sonnen aus dem Rucksack und reichte Jimmy eine rüber.

»Was ist denn dein Problem?«, fragte er. »Die kosten doch jetzt auch nicht so viel.«

»Aber zu viel für mich.«

Mir war das Thema unangenehm.

Wir schwiegen. Dann grinste er plötzlich sein typisches Jimmy-Grinsen.

»Die Figuren sind dir zu teuer? Dann lass uns die Dinger klauen.«

»Klauen?«

»Ja. Klauen. Noch nie gemacht?«

Ich schaute auf den Boden. Doch. Ich hatte schon einmal etwas geklaut. Es lief damals nur nicht so wirklich toll. Es war etwa zwei Jahre her. Ich war neun Jahre alt und mit einem Jungen aus der Nachbarschaft befreundet. Matze. Matze war zwei Jahre älter und hatte wirklich einen ziemlich miesen Einfluss auf mich. Der Typ war irgendwie nicht ganz richtig in der Birne. Er hatte schwere Aggressionsprobleme, fing oftmals grundlos an, Leute anzuschreien. Mama mochte es gar nicht, dass ich mit ihm rumhing. Aber er wohnte nun einmal direkt nebenan, und wenn er nicht gerade seine Ausraster hatte, war er eigentlich ganz okay. Man konnte Spaß mit ihm haben. Er war ein bisschen crazy drauf, aber das war ich auch. Als er sturmfrei hatte, lud er mich zu sich ein und schlug vor, dass wir die Schubladen im Schlafzimmer seiner Eltern durchsuchen sollten. Ich war natürlich sofort dabei und fand bei ihnen eine kleine quadratische Packung.

»Was ist das?«, fragte ich ihn.

»Keine Ahnung, mach mal auf«, rief er mir zu, ohne sich wirklich für das silberne Päckchen zu interessieren.

In der Packung war ein Luftballon. Zumindest dachte ich, dass das ein Luftballon wäre.

»Warum hat deine Mama einen Luftballon in ihrem Schlafzimmerschrank?«

Matze kam zu mir, verdrehte die Augen und klärte mich auf.

An diesem Tag lernte ich, was ein Kondom ist. Und was man damit alles anstellen kann. Wir gingen mit dem Gummi in den Wald und hielten es in einen Bach. Es füllte sich mit Wasser.

»Krass, guck mal, wie riesig das wird«, freute ich mich. Als wir das Gefühl hatten, es passt nicht noch mehr Wasser in das Kondom, knoteten wir es zu, trugen die Kondom-Wasserbombe gemeinsam durch den Wald und schmissen sie auf den ersten Spaziergänger der uns entgegenkam. Dann liefen wir lachend weg.

»Das ist megagut«, freute ich mich. »Hat deine Mama noch mehr Kondome im Schrank?«

»Glaub nicht«, sagte Matze leicht genervt. »Aber ich weiß, wo wir die kriegen können.«

Wir schnappten uns unsere Fahrräder und fuhren zu der großen Rossmann-Filiale in der Innenstadt. Dort streiften wir langsam und möglichst unauffällig durch die Gänge. Wir hatten uns die Arbeitsteilung überlegt. Matze stand Schmiere, und ich packte mir mehrere Packungen Billy Boys in die Tasche. Ich war extrem aufgeregt.

»Und?«, flüsterte er. »Hast du?«

»Ja. Hat uns jemand gesehen?«

»Ne, glaub nicht.«

Wir waren beide aufgeregt. Matze hatte einen knallroten Kopf.

»Lass uns gehen«, drängte ich.

»Ja«, sagte er und schaute sich nervös um. »Aber nicht an der Kasse vorbei. Das ist viel zu gefährlich.«

»Wieso gefährlich?«

»Wenn die sagen, dass wir unsere Taschen leeren sollen oder so. Wir müssen sofort weg. Jetzt.«

Matze bekam richtige Paranoia. Er rastete richtig aus und steckte mich mit seiner Panik an. »Hörst du nicht, Marcel? JETZT!«

Er zog mich am Pullover und begann loszulaufen. Scheiße. Ich hatte keine Ahnung, was er vorhatte, aber ich hatte keine Wahl mehr, als ihm zu folgen. Er lief zu einem der Notausgänge, riss die Tür auf und löste damit einen lauten Alarm aus. Ich lief ihm so schnell ich konnte hinterher. Der Lärm war wirklich ohrenbetäubend. Die Tür führte auf den Parkplatz, wir sprangen über die kleine Absperrung und liefen und liefen und …

»Na, was soll das denn werden?«

Verdammt. Ein Mitarbeiter hatte uns eingeholt und am Kragen gepackt. Matze wehrte sich mit Händen und Füßen, aber gegen den erwachsenen Mann, der doppelt so groß und so schwer war wie wir, hatte er keine Chance. Dann fing Matze laut an zu schreien. Auch das brachte nichts. Der Rossmann-Mensch brachte uns zurück in die Filiale, setze uns in einen Büroraum und fischte die Kondompackungen aus meinen Taschen.

»Du klaust Kondome?«, fragte er verwundert. »Wie alt bist du denn? Sechs?«

»Neun «, sagte ich trotzig.

»Ihr wartet hier. Wir rufen jetzt die Polizei.«

Das war das Stichwort, das nötig war, um Matze richtig fertigzumachen. Er drehte völlig durch, wibbelte nervös auf seinem Stuhl herum. »Scheißescheißescheiße. Nicht die Polizei.«

»Bleib ruhig«, sagte ich. »Uns kann doch gar nichts passieren. Wir sind noch viel zu jung.«

»Meine Eltern bringen mich um«, sagte er, und ich sah, wie ihm der Schweiß von der Stirn lief. Er fing an zu weinen. Ich wusste, dass er aus einem miesen Elternhaus kam. Wahrscheinlich malte er sich schon die Prügel aus, die er heute Abend kassieren würde. Ich versuchte, ihn zu beruhigen. Vergeblich. Matze war völlig am Ende. Als die Polizisten kamen und wir ihnen erklärten, warum wir die Kondome geklaut hatten, lächelten sie. Ich glaube, sie taten das als Kinderstreich ab. Matze war nur noch ein Häufchen Elend. Er sagte kein Wort mehr. Dann brachten uns die Polizisten zu ihrem Wagen.

»Wartet hier«, sagten sie, nachdem sie uns auf die Rückbank gesetzt hatten. »Wir klären noch was mit dem Personal. Dann fahren wir euch nach Hause.«

Matze hatte gar keine Farbe mehr im Gesicht. Die Situation war angespannt. Wir saßen im Polizeiwagen und schwiegen. Ich schaute aus dem Fenster. »Blöd gelaufen«, sagte ich. Matze antwortete nicht. Ich drehte mich zu ihm herüber und sah plötzlich, dass da eine kleine Pfütze im Polizeiwagen war. Er hatte sich eingepisst. »Bah.«

»Und?«, fragte Jimmy und riss mich aus den Gedanken. »Wie sieht's aus?«

»Ich bin mir nicht sicher«, sagte ich.

»Willst du die Figuren haben, oder willst du sie nicht haben?«

Mama war damals nicht so begeistert, als die Polizisten mich nach Hause brachten. Aber sie war mir auch nicht lange böse. Immerhin hatte ich nur ein paar Kondome geklaut, um Wasserbomben zu basteln. Aber wenn ich schon wieder erwischt werden sollte? Dieses Mal würde sie mir das nicht einfach so nachsehen.

»Marcel, willst du die Figuren haben, oder willst du sie nicht haben?«, wiederholte Jimmy seine Frage.

»Ja, schon.«

»Wenn man etwas haben will, dann muss man sich das nehmen.«
Das klang irgendwie klug für mich. Auf der anderen Seite fand ich es
falsch, jemandem etwas wegzunehmen, was einem nicht gehörte. Bei
den Kondomen hatte ich kein großes Problem damit. Rossmann war
eine riesige Kette, die würden das nicht einmal merken, redete ich mir
damals ein. Aber der Miniaturenkönig? Das war ein kleiner Laden, der
einem alten Mann gehörte. Der musste ja auch von irgendwas leben.

»Der alte Kerl hat Tausende von kleinen Figürchen da in dem Laden
drin. Denkst du, das tut dem weh, wenn da ein paar fehlen? Der verkauft
die eh viel zu teuer. Die sind vielleicht ein paar Pfennige wert oder so.«

»Also gut«, sagte ich. »Lass uns die Dinger klauen.«

Ich trank meine Capri-Sonne aus, schmiss das Tetrapack in den
Müll und machte mit Jimmy einen Plan.

Dieses Mal wollte ich besser vorbereitet sein. Dieses Mal sollte es
nicht so laufen, wie beim Kondom-Klau im Rossmann. Jimmy schien
bei solchen Nummern schon einiges an Erfahrung zu haben. Er hatte
direkt eine Idee, wie wir am besten vorgehen könnten.

»Wir machen es folgendermaßen: Du lenkst den Kassierer ab. Frag
ihn irgendwas. Egal was. Ich packe mir in der Zwischenzeit die Figuren
in die Tasche. Dann komme ich an die Kasse und bezahle eine der
Figuren. Dann wirkt es so, als wären wir richtige Kunden. Okay?«

»Okay.«

Ich atmete einmal tief durch. Dann gingen wir wieder in den Laden
zurück. Um nicht zu viel Aufmerksamkeit auf uns zu ziehen, stöberten
wir erst noch ein wenig herum. Dann nickte mir Jimmy zu.

Ich ging an die Kasse und verwickelte den älteren Mann in ein
Gespräch.

»Entschuldigung, ich suche eine Soldatenfigur.«

»Ja, mein Junge. Was denn für eine? Soldatenfiguren haben wir
viele.«

»Eine moderne Soldatenfigur. Nicht so was altes. Gibt es auch welche, die nicht bloß Maschinenpistolen, sondern Raketenwerfer in der
Hand haben?«

Der alte Mann schaute mich an, als wäre ich der letzte Vollidiot. Ich redete einfach weiter. Erzählte ihm von irgendwelchen Filmen, die ich mal gesehen habe, wo der Held eben auch einen Raketenwerfer in der Hand hatte, und kam erst zum Ende, als Jimmy wieder neben mir stand.

»Also nicht? Schade«, sagte ich.

Jimmy legte ein kleines Figürchen auf den Tresen und zog ein 2-Mark-Stück aus der Hose.

Der alte Mann schaute Jimmy an. Dann mich. Dann nahm er sich einen langen Stock, der neben seiner Kasse lag und zeigte mit der Spitze des Stocks auf Jimmys Jeans.

»Was hast du denn da drin?«

»Wie bitte?«

»Du hast mich schon verstanden.«

Jimmy und ich schauten uns an. Wir wurden kreidebleich. »Ich …« Jimmy merkte sofort, dass er keine Chance hatte. Es brachte nichts zu leugnen. Er zog die Figuren aus der Hose und legte sie auf den Tresen. Er blickte auf den Boden. Die Sache war ihm unfassbar peinlich. Der alte Mann griff zu seinem Telefon und rief die Polizei.

So eine Scheiße, nicht schon wieder, dachte ich nur.

»Du«, sagte der Opa und zeigte mit seinem Stock nun auf mich. »Mach deine Taschen auch leer.«

»Ich habe nichts geklaut«, sagte ich.

»Stülp deine Taschen um.«

Ich warf Jimmy einen kurzen Blick zu, dann machte ich, was der alte Mann von mir wollte.

»Gut, du hast scheinbar wirklich nichts mitgenommen. Verschwinde hier.«

Jimmy nickte mir zu. »Schon okay, geh schon.«

»Ich bringe dein Fahrrad zum Restaurant, okay? Ruf mich später an.«

Ich legte meine Hand auf die Schulter meines Freundes und sagte ihm noch ein paar aufmunternde Worte. Dann verließ ich den Laden und schob das Fahrrad von Jimmy zu Ming-Town, schloss es dort ab, ging zum Laden zurück und holte mein eigenes Fahrrad, mit dem ich dann schließlich nach Hause fuhr.

Als ich die Tür aufschloss, kam mir Mama schon entgegengestürmt.

»Sag mal, Marcel, hast du jetzt völlig den Verstand verloren? Du hast schon wieder etwas gestohlen?«

Huch. Ich war überrascht. Wie konnte Mama das so schnell herausfinden. »Und dann reitest du auch noch ein anderes Kind mit rein?«

»Was …?«

Ich verstand nicht ganz, was los war. »Die Mutter von Jimmy hat gerade angerufen. Sie ist stinksauer!«

»Ich verstehe das, Mama, ich wollte eigentlich gar nicht …«

»Wie kannst du das dem armen Jungen nur antun. Die beiden werden gleich vorbeikommen. Du wirst dich dann entschuldigen!«

Moment. Entschuldigen? Was war hier eigentlich los.

»Wie meinst du das, Mama? Wieso soll ich mich denn bei Jimmy entschuldigen?«

»Das fragst du noch? Du hast ihm …«

Da klingelte es schon an der Tür. »Mach jetzt bloß keinen Fehler, Marcel!«, schimpfte Mama noch. »Die arme Familie hat schon genug gelitten.«

Ich begriff jetzt überhaupt nicht mehr, was Sache war. Mama machte die Tür auf, und Jimmy und seine Mutter kamen in die Wohnung. Jimmys Mama bekam einen knallroten Kopf, als sie mich sah.

»Von dir hätte ich das nie gedacht, Marcel!«, schimpfte sie direkt los. »Meinen armen Jimmy so reinzureiten. Schäm dich! Pfui Deibel!«

Ich schaute Jimmy fragend an, aber er blickte nur emotionslos zurück.

»Was ist hier eigentlich los?«, fragte ich.

»Was hier los ist? Du hast meinem Sohn die Figuren in die Hosentasche gesteckt.«

»Was? Das ist doch völliger Quatsch! Frau …«

»Lüg nicht!«, schrie sie. »Jimmy hat es bestätigt. Ihr wart in diesem … in diesem … Spielzeugladen, und weil du dir die Figuren nicht leisten konntest und zu feige warst, sie selbst zu klauen, hast du sie meinem Jungen untergeschoben.«

Ich war fassungslos. »Das stimmt nicht! Ja, wir wollten die Figuren klauen, aber wir haben das gemeinsam …«

»Schluss jetzt, Marcel!«, unterbrach mich Mama. Sie nahm die Mutter von Jimmy am Arm und führte sie in die Küche. »Wir reden jetzt über alles.«

Jimmy und ich gingen in mein Kinderzimmer. Er sagte kein Wort. Ich stand ihm gegenüber und schaute ihn an.

»Spinnst du? Was erzählst du denn da?«

Er lächelte und reagierte gar nicht.

»Jimmy? Hallo? Willst du mich verarschen?« Dann schaute er mich mechanisch an. Als wäre er gar nicht er selbst, kam er ein paar Schritte auf mich zu und blickte mir fest und entschlossen in die Augen. Mit verstellter Stimme sagte er in einem süffisanten Ton: »Wieso? Was habe ich denn getan? Du bist doch der Schuldige. Du hast mir die Figuren in die Tasche gesteckt.«

Ich ging ein paar Schritte zurück, setzte mich auf mein Bett und versuchte, meine Fassung zu bewahren. Wie konnte er das nur machen? Er war doch mein bester Freund. Und er rammte mir gerade eiskalt ein Messer in den Rücken. Ich musste mich zusammenreißen, nicht gleich loszuheulen.

»Ich habe extra dein Fahrrad noch zum Restaurant gebracht«, stotterte ich. Jimmy lächelte.

»Ja. Hast du bestimmt gemacht, weil du Schuldgefühle hast.«

Er grinste. Es war ihm einfach scheißegal. Er wollte seine Haut retten und opferte mich. Es tat ihm nicht einmal leid. Es war ihm einfach egal.

Dann rief ihn seine Mutter.

»Jimmy, komm wir gehen.« Ich blieb völlig zerstört in meinem Zimmer zurück.

Als Mama reinkam, fing ich an zu weinen. Das war so falsch. So gemein. So verlogen. Sie setzte sich an mein Bett und sagte mir, ich solle die Geschichte jetzt mal erzählen, wie ich sie erlebt habe. Ich erzählte ihr alles.

»Mama, schau doch: Wie soll ich ihm das in die Tasche gesteckt haben? Er hatte eine enge Jeans an. Das hätte er doch gemerkt?«

Mama überlegte. Dann strich sie mir über den Kopf. »Ich glaube dir«, sagte sie. »Trotzdem hast du versucht zu klauen. Drei Wochen kein Fernsehen. Drei Wochen Stubenarrest.«

Der Stubenarrest war mir völlig egal. Mich nahm es einfach mit, dass mein bester Kumpel mich so eiskalt an die Klinge lieferte, nur um seinen eigenen Hals zu retten. Jimmy war mein allerbester Freund. Ich hätte die Tat sogar freiwillig auf mich genommen, wenn er das von mir verlangt hätte. Ich verstand es einfach nicht. Wie eiskalt konnte er nur sein?

Am nächsten Tag wollte ich die Sache mit Jimmy in der Schule klären. Ich wollte einfach nur wissen, warum er das getan hatte. Aber Jimmy war nicht in der Schule. Also fuhr ich nachmittags zu seinem Haus. Ich klingelte, und sein großer Bruder Lee öffnete die Tür.

»Was willst du denn?«, blaffte er mich an.

»Ist Jimmy da?«

»Für dich nicht.«

Ich verstand nicht, warum Lee auf einmal so feindselig war.

»Ich würde gern mit ihm reden, es geht um die Sache von gestern.«

Lee kam vor die Haustür und vergewisserte sich, dass niemand in der Nähe war. Dann beugte er sich zu mir runter. »Hör mir mal zu, kleiner Mann. Wenn du dich noch einmal meinem Bruder nährst, wenn du ihn noch einmal ansprichst, egal ob in der Schule oder sonst wo, dann …«

Er fuhr mit seinem Zeigefinger den Hals entlang. Ich verstand die Geste.

»Okay«, sagte ich.

»Gut, und jetzt verpiss dich.«

Seitdem habe ich nie wieder ein Wort mit Jimmy gewechselt. Immer wenn ich ihn auf dem Schulhof sah, bin ich traurig geworden. Ich war extrem enttäuscht. Außerdem bekam ich einen Brief, dass ich für die nächsten zwei Jahre beim Miniaturenkönig Hausverbot hätte. War mir egal. Ich wollte eh nie wieder einen von diesen blöden Miniatursoldaten sehen, die mich an meinen besten Freund erinnerten, den ich gerade verloren hatte.

∗

Ein paar Wochen später saß ich bei Davide in der Wohnung und erzählte ihm die ganze, traurige Geschichte mit Jimmy. Davide war mein anderer bester Freund, den ich damals hatte. Ich kannte ihn schon, seit ich denken konnte. Er wohnte direkt in der Nachbarschaft. Davide war Italiener, 1,60 Meter klein, aber der lustigste Mensch der Welt. Mit Davide konnte ich nicht nur wahnsinnig gut lachen, ich konnte mit ihm auch über alles sprechen.

»Was für ein Arschloch«, sagte er und schüttelte nur den Kopf. »Leute wie Jimmy denken sie wären was Besseres als wir.«

»Wie meinst du das?«, fragte ich ihn.

»Keine Ahnung. Ist mir schon oft aufgefallen. Menschen, die Geld haben, denken, sie können machen, was sie wollen.«

Davide und ich waren Menschen, die sich eher nicht jede Woche ein neues Fahrrad leisten konnten. Ich zuckte mit den Schultern.

»Komm«, sagte er und versuchte mich abzulenken. »Lass uns was Lustiges machen.«

»Was denn?«

»Weiß nicht. Ich habe sturmfrei. Mama kommt erst abends wieder. Wir könnten ihre Schränke durchsuchen.«

Ich nickte. Schränke durchsuchen war eine gute Sache. Das hatte sich schon in der Vergangenheit bewährt, dachte ich. Damals mit Matze hatte es zumindest zu weiterführenden Beschäftigungsmöglichkeiten geführt. Doch statt Kondomen fanden wir dieses Mal etwas viel Besseres.

»Schau mal, Davide.«

Ich zog eine Videokassette aus dem Kleiderschrank seiner Mama. »Wieso ist die nicht bei den anderen Kassetten?«

Eigentlich gab es im Wohnzimmer einen Videokassettenschrank, aber uns war sofort klar, dass das hier etwas anderes war. Etwas anderes seien musste. Denn während die anderen Kassetten ganz penibel mit Filmnamen beschriftet waren, stand auf dieser Kassette einfach nur XXX. Ich hatte das Gefühl, als hätte ich einen Schatz gefunden.

»Vielleicht irgendein krasser Horrorfilm oder so?«

Wir grinsten uns an. Dann machten wir uns ein Glas kalte Milch und setzten uns auf das große Sofa im Wohnzimmer. Davide zog die Vorhänge zu, damit wir ein wenig Kinoatmosphäre bekamen. Ich nahm die Fernsehbedienung und schaltete das Gerät an.

Der Film begann recht harmlos in einer Schule.

»Schau mal, nur Ollen in der Klasse«, sagte ich.

Die Mädchen trugen alle äußerst knappe Schuluniformen. Also wirklich äußerst knappe Schuluniformen.

Die Dialoge waren ein bisschen blöd, und wir checkten auch nicht wirklich, worum es ging. Irgendwelche Mädels hatten irgendwas angestellt und mussten nachsitzen. Als die Stunde dann vorbei war, versuchten die Mädels, den Lehrer davon zu überzeugen, dass sie doch eigentlich nichts Schlimmes gemacht hatten und … Junge!

Davide und ich starrten uns mit großen Augen an. Dann schauten wir wieder auf den Bildschirm.

Passierte das da gerade wirklich?

Die Schulmädchen überzeugten den Lehrer *wirklich* mit allen Mitteln, dass sie nichts angestellt hatten. Was passierte da bitteschön?

Was machten sie mit dem Lehrer?

Was machte der Lehrer mit ihnen?

So was hatte ich noch nie gesehen. Und Davide auch nicht. Wir rückten beide in eine andere Ecke der Couch.

Ich schaute zu meinem Kumpel rüber und sah, dass er begann, sich gepflegt einen von der Palme zu hobeln.

An diesem Nachmittag ließ ich ein kleines Stück Kindheit hinter mir.

Als wir fertig waren, packten wir den Film zurück in seine Hülle und legten ihn wieder in das Schlafzimmer von Davides Mama. Dann spielten wir ein wenig in seinem Zimmer. Ich bemerkte plötzlich, dass da überall Pappkartons rumstanden.

»Wieso stehen da eigentlich überall Pappkartons?«, fragte ich ihn.

»Ach so, das hatte ich dir noch gar nicht erzählt. Wir ziehen weg.«

Mein Herz blieb für einen kurzen Moment stehen. »Wie, du ziehst weg?«, fragte ich Davide völlig schockiert.

»Ja, Mama hat eine größere Wohnung für uns gefunden.«

Er sagte das ganz beiläufig. Als wäre das keine große Sache. Mein Hals schnürte sich regelrecht zu. Das konnte doch nicht wahr sein! Würde ich neben Jimmy jetzt schon wieder meinen besten Freund verlieren?

»Nein, beruhige dich«, sagte Davide. »Wir ziehen nicht weit weg. Wir bleiben in Buxtehude. Wir ziehen nur in eine andere Straße.«

»Und wann?«

»In drei Wochen schon. Hatte ganz vergessen, dir das zu erzählen.«

»Krass. Okay. Und freust du dich?«

»Klar«, grinste Davide. »Mein neues Zimmer wird viel größer als das alte.«

»Wo genau ist die neue Wohnung denn?«

»Keine Ahnung, hier … Dingsstraße, irgendwo hier in der Nähe.«

»Dingsstraße … du musst doch wissen, wo du hinziehst!«

Davide winkte ab. »Ich vergesse den Namen von der Straße immer. Ich sag's dir noch.«

Ich dachte nicht weiter darüber nach.

Die Zeit war gekommen. Ich stand bei Davide auf der Matte, um ihm und seiner Mama zu helfen, die letzten drei Kisten Spielzeug in das Auto zu räumen. Die Wohnung war komplett leer.

»Schon krass, oder?«

»Total.«

Wir streiften noch einmal durch das leere Wohnzimmer, wo früher die Couch stand, erinnerten uns an den Porno, den wir hier gemeinsam gesehen hatten, und grinsten vor uns hin.

»Komm jetzt, Davide«, rief seine Mutter. »Wir müssen los.« Ich begleitete meinen besten Freund aus der leeren Wohnung, sah, wie seine Mutter ein letztes Mal die Haustür abschloss, sich dann ins Auto setzte, und verabschiedete ihn mit einer Umarmung.

»Okay, Marcel, lass uns dann nächste Woche treffen und chillen, ok?«

»Ja, alles klar!«

Davide stieg ins Auto, winkte mir aus dem runtergekurbelten Fenster noch einmal zu, und ich verfolgte, wie der alte klapprige Fiat die Straße abbog und dann nach und nach am Horizont verschwand. Ich ging nach Hause und setzte mich auf mein Bett und spielte ein wenig mit meinem Game Boy. Ich war gespannt auf die neue Wohnung. Wie sie wohl aussehen würde? Vielleicht würde ich schon morgen nach der Schule einmal spontan vorbeifahren. In die … Moment. Wie hieß doch gleich die Straße? Ich dachte nach. Wie hieß die verdammte Straße, in die Davide ziehen wollte? Digga! Er hatte tatsächlich vergessen, es mir zu sagen! Ich wusste überhaupt nicht, wo Davide jetzt hingezogen ist!

Ich lief zu Mama in die Küche.

»Mama, weißt du, wo die Familie von Davide hingezogen ist?«

»Nein, woher soll ich das denn wissen, Marcel?«

»Scheiße!«

Ich überlegte, wie ich ihn erreichen konnte. Handys hatten wir damals noch nicht. Die neue Festnetznummer hatte ich auch nicht. Wir hatten auch sonst keine gemeinsamen Bekannten.

»Er wird sich schon melden«, versuchte meine Mutter mich zu beruhigen. Doch ich blieb nervös. Denn nicht nur Davide ist umgezogen – auch Mama und ich planten wegzuziehen. Mama hatte seit einem Jahr einen neuen Freund. Er hieß Christian. Ein wirklich guter Kerl. Ich mochte Christian sehr und akzeptierte ihn sofort als meinen Stiefpapa. Er wohnte in einem großen Haus, und wir würden in knapp zwei Wochen zu ihm ziehen. Bis dahin würde sich Davide schon bei mir melden, dachte ich. Hoffte ich. Ich zählte die Tage runter. Noch 14 Tage. Noch zwölf Tage. Noch zehn Tage. Davide meldete sich nicht. Sieben Tage. Fünf Tage. Verdammt, Davide. Drei Tage. Zwei Tage. Und dann war es so weit. Wir zogen um. Und Davide hatte sich nicht mehr gemeldet.

*

Schon in dem Moment, als Mama durch die Tür kam, spürte ich, dass der Abend gelaufen war. Ihr Blick sagte alles. Sie hatte noch gar nicht die Schuhe ausgezogen, war noch gar nicht richtig angekommen, da verfinsterte sich ihr Gesicht. Ich saß auf der Couch und schaute Fernsehen. Aus dem Schlafzimmer kamen Geräusche von irgendeinem Computerspiel.

»Wo ist Christian?«, fragte mich Mama, obwohl sie die Antwort wohl schon kannte. Sie hörte ja die Geräusche von der Maschinenpistole, mit der er seine virtuellen Gegner wegballerte.

»Ich glaube im Schlafzimmer«, sagte ich vorsichtig. Ich spürte schon, dass Ärger in der Luft lag.

Mama zog ihre Jacke aus, schmiss sie auf die Couch und marschierte direkt zu Christian.

»Mensch, Christian«, schimpfte sie los. »Du hängst ja immer noch am Computer.«

»Ja und? Ich kann doch machen, was ich will.«

»Was ist denn das für ein Leben? Bekomm doch endlich mal etwas auf die Reihe.«

»Du sprichst mit mir, als wäre ich ein Kind!«, schrie Christian sie an.

»Du verhältst dich ja auch wie eins«, schrie Mama zurück. »Den ganzen Tag nur am Zocken! Übernimm doch mal ein bisschen Verantwortung!«

Ich drehte den Fernseher lauter. Ich konnte das nicht mehr hören. Diese ständigen Streitereien. Wir wohnten jetzt seit zwei Monaten bei Christian. Und eigentlich hatte alles ganz gut angefangen.

Das Haus war ziemlich groß, und es stand in einer echt guten Gegend. Nicht mehr so abseits wie unsere alte Wohnung. Wir waren jetzt nah am Zentrum. Mama, Christian und ich wohnten in der Kellerwohnung. In den oberen Stockwerken wohnten die Eltern von Christian. Ich hatte zum ersten Mal in meinem Leben so ein richtiges Familyfeeling. Als wären Oma und Opa, Mama und Papa alle in einem Haus. Es gab plötzlich auch einen ganz strukturierten Alltag:

Wir saßen jeden Abend zusammen und aßen gemeinsam. Jeden Abend um 19 Uhr. Das kannte ich vorher gar nicht. Doch irgendwann legte sich ein Schatten über dieses Leben. Als Mama und Christian noch nicht zusammenwohnten, waren sie ein Herz und eine Seele. Seitdem wir in dem Haus waren, war unser Leben ein einziges Chaos.

»Jetzt mach endlich den scheiß Computer aus«, brüllte Mama. »Der Junge sitzt schon wieder vor der Glotze. Beschäftige dich doch lieber mal mit ihm.«

Ich schaltete den Fernseher aus, ging in mein Zimmer und verkroch mich in mein Bett. Dann presste ich mir meine Kopfkissen auf die Ohren. Ich wollte das alles nicht mehr mitbekommen.

Nach einer guten Stunde kam Mama zu mir rein.

»Schatz, kommst du? Abendessen ist fertig.«

Ich atmete einmal schwer aus und folgte ihr dann in die Küche. Christian saß schon an seinem Platz und zwinkerte mir zu. Aber ich sah sofort, dass auch er miese Laune hatte.

Mama stellte jedem von uns einen Teller mit Fischstäbchen und Kartoffelpüree vor die Nase, dann setzte sie sich zu uns und begann zu essen. Niemand sprach. Die Stimmung war fürchterlich.

Es war, als würde die Stille in diesem Raum tonnenschwer sein und direkt auf meinen Schultern liegen. Mir verging der Appetit. Auch Christian stocherte nur in seinen Fischstäbchen rum.

»Was ist denn los?«, fauchte Mama ihn an. »Schmeckt es nicht?«

»Geht«, murmelte er vor sich hin. »Ist ja halb verbrannt.«

Das war genau der Tropfen der das Fass zum Überlaufen brachte. »Meine Güte«, motzte Mama ihn an. »Wenn du nicht den ganzen Tag wie ein Zombie vor dem Computer hängen würdest, dann könntest du ja auch mal etwas kochen. Aber dafür ist der Herr sich ja zu fein.«

»Ich habe Urlaub! Verstehst du? Urlaub! Da kann ich machen, was ich will.«

Ich schob meinen Teller weg und ging wieder in mein Zimmer. Ich hatte genug. Die beiden bekamen wahrscheinlich nicht einmal mit, dass ich nicht mehr am Tisch saß, so sehr waren sie mit sich selbst beschäftigt. Ich legte mich ins Bett und schlief mit Bauchschmerzen ein.

Als ich am nächsten Tag von der Schule nach Hause kam, sah ich sofort, dass etwas anders war. Ich brauchte ein paar Sekunden, um mich zu orientieren.

»Mama, irgendwas … stimmt hier nicht«, sagte ich.

»Ja. Ich habe etwas umgeräumt«, strahlte sie mich an. »Weißt du, es wird Zeit für ein paar Veränderungen in diesem Haus.«

Oh je. Ich konnte mir schon denken, dass das Christian gar nicht gefallen würde. Christian war jemand, der die Dinge genauso liebte, wie sie waren. Er war nicht der Typ, der gut mit Veränderungen klarkam. Mama hingegen war immer unter Strom. Sie wollte ständig etwas verändern, etwas optimieren, die Dinge besser machen, als sie waren. Und wenn es sich nur um ein paar Möbel handelte, die jetzt woanders standen. Ich konnte mir schon denken, wie das ausgehen würde.

Und so kam es dann auch. Ich saß in meinem Zimmer und machte gerade meine Hausaufgaben, als plötzlich ein lautes Geschrei im Wohnzimmer ausbrach. Ich wusste, was das bedeutete. Christian war zu Hause.

»Sag mal spinnst du?«, hörte ich ihn rumbrüllen. »Du kannst doch nicht einfach alles umstellen? Ohne mich zu fragen!«

Ich schloss meine Tür und drehte das Radio an. Aber ich hörte trotzdem noch das Geschrei der beiden wie ein ständiges Hintergrundrauschen.

Die beiden blafften sich an, als würde es um Leben und Tod gehen. Für mich war das die Hölle. Nachts lag ich wieder im Bett und konnte nicht schlafen, weil die Streitereien in ihrem Schlafzimmer weitergingen. Ich hielt das alles kaum noch aus. Aber ich hatte die Hoffnung, dass bald alles besser werden würde. Dass bald der Wendepunkt kommen würde. Ich hoffte auf Dänemark.

*

In den Sommerferien fuhren Mama, Christian und ich ans Meer. Es war der erste Urlaub überhaupt, den ich mit meiner Mama machte. Ich freute mich schon seit Wochen darauf. Auch die ständigen Streitereien zu Hause konnten mir das nicht kaputt machen. Ich hatte einfach die Hoffnung, dass in Dänemark alles besser werden würde. Dass der Urlaub ein Wendepunkt war. Mama und Christian hatten ein Ferienhaus für uns gemietet. Die Autofahrt war noch halbwegs harmonisch, doch als wir ankamen, begannen schon die ersten Streitereien. Mal wieder. Ich ließ mich davon aber nicht runterziehen.

»Mama, wollen wir zum Meer gehen?«

»Lass uns doch erst einmal alles einräumen, Marcel.«

»Ach, das können wir auch später machen.«

Mama verdrehte die Augen. »Also gut«, sagte sie und ließ sich von mir aus dem Haus ziehen.

»Ah ja, und die ganze Einräumarbeit bleibt jetzt an mir hängen oder was?«, brüllte Christian uns noch nach, aber das war mir ganz egal. Wir hatten Urlaub. Und Urlaub bedeutete für mich auch eine Auszeit von dem täglichen Generve.

Mama und ich spazierten ein wenig durch die Gegend. Es war richtig warm, aber der scharfe Wind sorgte dafür, dass einem nie zu heiß wurde. Die Luft roch salzig. Nach Meer. Ich schloss die Augen und versuchte, diese Gerüche, diese Geräusche, diese Wärme irgendwie in meinem Kopf zu speichern. Als eine Erinnerung. Über mir krähten die Möwen. Mama und ich überquerten die großen Sanddünen und standen plötzlich direkt vor dem Meer. Vor der rauen Nordsee.

»Schön, oder?«

»Ja, mein Schatz.«

»Mama?«

»Ja?«

»Kannst du versuchen, dich im Urlaub ein bisschen weniger mit Christian zu streiten?«

Mama schaute mich an. Dann strich sie mir über den Kopf. »Wir versuchen es, okay, mein Schatz?«

»Okay.«

Als wir wieder nach Hause kamen, hatte Christian die Koffer noch immer nicht ausgepackt. Er saß vor dem Fernseher und schaute sich irgendein dänisches Programm an, das er eh nicht verstand. Ich schaute zu Mama hoch. Ich sah, dass sie kurz davor war, etwas zu sagen, es dann aber doch wieder runterschluckte. Vielleicht mir zuliebe. Dann ging sie ins Schlafzimmer und räumte die Koffer allein ein. Auch beim Abendbrot gab es dieses Mal keinen Streit. Vielleicht, dachte ich, würde es ja wirklich so klappen, wie ich mir das gewünscht hatte.

Doch ich spürte von Tag zu Tag, wie die Stimmung düsterer wurde. Es gab zwar jetzt keinen offenen Streit mehr, aber die Energie in unserem kleinen Ferienhaus wurde immer negativer. Es war, als würde sich eine Gewitterwolke über uns zusammenbrauen, die sich jeden Moment entladen konnte.

Am dritten Tag saßen wir gemeinsam im Wohnzimmer und spielten »Mensch ärgere dich nicht«.

Christian lag schon gut in Führung, und das kostete er auch aus. »Oh je, Schatz. Da habe ich ja schon wieder eine Figur von dir rausge- kegelt, hm? Blöd, blöd.«

Er schnippte die kleine Spielfigur demonstrativ vom Spielfeldrand. Ich beobachtete Mama. Beobachtete, wie sich ihre Gesichtszüge immer mehr zusammenzogen. Aber sie sagte nichts. Sie blieb ruhig.

Als Christian das Spiel dann gewonnen hatte, lehnte er sich in sei- ner Stuhllehne zurück. »Da haben wir mal wieder schwarz auf weiß, wer der Gewinnertyp in diesem Haus ist, hm?«

Ich weiß nicht genau, was es war, was Mama in diesem Moment so wütend machte, aber wahrscheinlich war es die gesamte aufgestaute Wut der letzten Tage, die sich jetzt in ihr entlud. Sie nahm das Spiel- brett und schmiss es um.

»Gewinnertypen sind bescheiden statt großkotzig«, motzte sie los. »Du bist alles andere als ein Gewinner. Und ich habe die Schnauze voll von dir.«

Christian war selbst ein wenig schockiert von diesem völlig unerwarteten Ausbruch und brachte keinen geraden Satz heraus.

»Schatz, das … war … doch nur ein … nur ein Spaß«, versuchte er sich zu rechtfertigen. Aber es brachte nichts. Mama war komplett außer sich. »Ich habe keine Lust mehr. Keine Lust mehr auf dich. Keine Lust mehr auf diesen Ort. Keine Lust mehr auf diesen Urlaub. Ich fahre nach Hause.«

Dann stand sie auf, griff sich ihre Handtasche und verließ das Haus. Christian und ich blieben völlig perplex am Tisch zurück.

»Hm«, sagte Christian. »Das lief ja nicht so gut.«

Er schaute mich beinahe hilfesuchend an. »Und jetzt?«, fragte ich.

»Sie … kommt bestimmt gleich wieder.«

Ich zuckte mit den Schultern. Nach etwa zehn Minuten wurde Christian dann doch nervös.

»Marcel, komm, steig ins Auto«, rief er mir zu. »Wir suchen Mama.«

Ich setzte mich nach hinten und schaute aus dem Fenster, ob ich Mama irgendwo sah. Christian fuhr extra langsam und kreiste immer wieder in der Gegend. Aber Mama war nicht da. Während ich aus dem Fenster starrte, spürte ich, wie eine tiefe Trauer in mir hochkam. Es war so eine merkwürdige Situation. Eine Situation, die ich eigentlich so nicht wollte. Nach einer guten halben Stunde fanden wir Mama dann. Sie war tatsächlich am Bahnhof.

»Mama, bitte steig ein«, sagte ich aus dem heruntergekurbelten Fenster. Sie saß auf einer Bank am Bahnsteig. Und sah mich mitleidig an. Mama dachte einen Moment lang nach. Dann stieg sie in den Wagen. Sie hatte wohl eingesehen, dass sie etwas überreagiert hatte.

Dennoch war der Urlaub von diesem Moment an gelaufen. Wir hatten das Haus für zwei Wochen gebucht. Am fünften Tag reisten wir wieder ab.

*

Als wir aus dem Urlaub zurückkamen, war ich trauriger denn je. Mich nahm das alles mit. Ich brauchte einen Freund, mit dem ich darüber reden konnte. Aber ich hatte niemanden mehr. Ich saß in meinem

Zimmer und starrte an die Decke. Mama bemerkte das gar nicht. Sie war in dieser Zeit zu sehr mit sich selbst und der ganzen Situation beschäftigt, die ihr die Kraft raubte. Aber Christian bekam mit, dass es mir nicht gut ging.

Er klopfte an meine Tür. »Hey, Marcel, alles okay?«

»Ja, alles okay«, log ich. Ich lag auf meinem Bett und war zu träge, um aufzustehen.

Christian setzte sich zu mir. »Du wirkst so traurig«, sagte er mir direkt auf den Kopf zu. »Ist es, weil Mama und ich uns …«

»Nein«, blockte ich ab. Es war mir unangenehm, mit Christian darüber zu reden.

»Aber warum dann? Du bist gar nicht mehr du selbst.«

Ich dachte kurz nach. »Es ist wegen Davide«, sagte ich dann.

»Was ist mit ihm? Ich habe ihn lange nicht mehr gesehen. Habt ihr Streit?«

»Nicht so richtig … es ist etwas komplizierter.«

»Erzähl es mir doch.«

»Also … es klingt jetzt irgendwie komisch. Aber Davide ist auch umgezogen. Und er hat vergessen, mir seine Adresse zu geben. Ich weiß jetzt nicht mehr, wo er ist.«

Christian fing an zu lachen.

»Das meinst du nicht ernst, oder?«

Ich lief rot an.

»Doch.«

»Dein bester Freund ist umgezogen und hat vergessen, dir seine Adresse zu geben? Und jetzt findet ihr euch nicht mehr?«

»Ja-ha«, sagte ich geknickt. Christian merkte, dass mir das naheging. Er wurde wieder ernster.

»Okay, komm, steh auf. Wir gehen ihn suchen.«

Ich schaute ihn an. »Wie meinst du das?«

»Komm, zieh dich an.« Ich streifte mir meine Jacke über und stieg dann mit Christian in sein Auto. Wir cruisten durch die ganze Stadt in der Hoffnung, Davide irgendwo zu finden. Wir fuhren alle alten Orte ab, an denen wir früher immer gespielt haben. Jeden Park. Jeden Spielplatz. Wir fuhren auf alle Schulhöfe in Buxtehude, um zu sehen, ob er da vielleicht irgendwo chillte. Aber da war er nicht. Da saßen nur irgendwelche Jugendlichen, die kifften.

Nach vier Stunden fuhren wir wieder nach Hause. Aber auch wenn wir Davide nicht gefunden hatten, schlief ich am Abend mit einem guten Gefühl ein. Einfach weil ich spürte, dass Christian meine Sorgen ernst nahm. Dass er sich darum kümmerte. Es war ungewohnt.

Als ich am nächsten Tag aus der Schule kam, begrüßte mich Christian schon mit einem breiten Lächeln.

»Hey, Marcel, ich habe was für dich«, sagte er und hielt mir einen Zettel hin.

»Was ist das?«, fragte ich. Auf dem kleinen Papier stand eine Nummer.

»Ich habe heute noch mal ein wenig recherchiert«, sagte Christian. »Das ist die Nummer von Davide.«

Ich schaute ihn mit großen Augen an. »Ist das dein Ernst?«

Christian nickte. Ich nahm ihn in den Arm. Das war die beste Nachricht seit Langem.

Ich weiß bis heute nicht, wie ihm das gelungen ist, aber in dem Moment war es mir auch völlig egal. Ich starrte die Zahlenkolonne an.

»Na los«, sagte Christian. »Ruf ihn an.«

Ich nickte, ging ins Wohnzimmer und griff zum Telefon. Dann wählte ich ganz langsam die Nummer. Ich zitterte. Mein Herz schlug wie verrückt. Ich war so wahnsinnig aufgeregt und presste den Hörer ganz nah an mein Ohr. Es klingelte zweimal. »Hallo?«, hörte ich eine Frauenstimme. Ich erkannte sie sofort. Das war die Mama von Davide.

»Ja, hallo, hier ist Marcel«, sagte ich. Meine Stimme überschlug sich fast. Ich verhielt mich wie ein verliebtes Mädchen. »Hallo, Marcel! Das ist ja schön, von dir zu hören.«

»Ja, ähm, ist Davide da?«

Ich hörte wie sie ihn rief. Und dann kam er an den Apparat.

»Hallo?«

»Ja, Davide! Ich bin's!«

»Marcel?!«

»Ja, Mann! Wieso hast du mir nicht gesagt, wo du wohnst?«

»Ich … hatte es vergessen! Wieso hast du mir nicht gesagt, wo du wohnst? Ich habe dich gesucht!«

»Ich dich auch, Mann! Lass uns treffen!«

Wir verabredeten uns für den Nachmittag an Davides neuer Adresse, die er mir jetzt *endlich* gab. Christian fuhr mich hin. Ich war wirklich aufgeregt. Als der Wagen vor dem Haus hielt, sah ich ihn da schon vor seiner Eingangstür sitzen. Ich öffnete das Auto und lief auf ihn zu. Er sah mich und lief mir entgegen. Ich fühlte mich wie in einer ultrakitschigen Hollywood-Schnulze. Aber ich fühlte das wirklich. Wir schlossen uns in die Arme und weinten auch ein kleines bisschen.

»Mann, Davide, ich habe dich echt vermisst!«, sagte ich.

»Komm«, nickte er. »Ich zeige dir jetzt unsere neue Wohnung.«

Ich schüttelte den Kopf und verstand echt nicht, wie das passieren konnte. Er wohnte eigentlich nur zwei Straßen weiter. Dann führte er mich durch die neue Wohnung. Sie war sehr viel größer, als die alte. Im Wohnzimmer lagen Sarah, Davides Schwester, und ihr Freund Björn auf der Couch.

»Hey, Marcel«, begrüßte sie mich herzlich. »Dich haben wir ja lange nicht mehr gesehen.«

Björn hatte einen Block in der Hand und zeichnete etwas.

»Was machst du da?«, fragte ich ihn.

Er zeigte mir das Blatt. Ich schaute es mir lange an. »Schon mal was von Graffiti gehört?«, fragte er mich, und mir fielen die Zeichnungen auf den Autobahnmauern wieder ein, die ich damals auf der Fahrt nach Lüneburg entdeckt hatte. Ich war sofort angefixt.

»Erzähl mir mehr«, bat ich ihn. Björn schien sich zu freuen, dass jemand Interesse an seinen Werken zeigte, und nahm mich mit in Sarahs Zimmer. Dort waren jede Menge Zeichnungen von ihm.

»Das sind meine Pieces«, sagte er.

»Pieces?«

»So was wie … Kunstbilder. Es gibt verschiedene Formen von Graffiti, weißt du? Es gibt Tags, das sind einfach nur … Namen, die irgendwo hingeschrieben werden. Und es gibt aufwendigere Kunstwerke. Pieces.«

Ich saugte seine Worte auf wie ein Schwamm. Er brachte mir ganz viel bei. Einmal half er mir sogar, ein wenig zu zeichnen. Sarah hatte eine ganze Wand mit seinen Bildern vollgehängt. Immer wenn ich bei Davide war, ging ich in ihr Zimmer und studierte seine Zeichnungen. Ich versuchte sie nachzumachen.

Irgendwann war ich den Graffiti komplett verfallen. Und suchte verzweifelt nach einer Gelegenheit, meine eigenen Versuche einmal auszuprobieren.

∗

Und die kam ganz unerwartet. Mit elf Jahren besuchte ich für ein paar Tage meinen Onkel. Er wohnte in Winsen. Winsen ist ein kleiner Vorort von Harburg und Harburg ist ein Vorort von Hamburg. Etwa eine halbe Stunde von Buxtehude entfernt. Onkel Thomas wohnte eher ländlich, und neben seinem Haus war ein großer Schuppen. Ich liebte es, in dem Schuppen herumzustöbern. Zugegeben: Es gab sonst auch nicht sonderlich viel zu tun bei Onkel Thomas. Er wohnte ja auf dem Land. Da war sonst nichts. Ein paar Kühe. Ein paar Felder. Ein Fernseher und der Schuppen. Dann fand ich in diesem Schuppen eine Sprühdose. Schwarzer Autofelgenlack. Als ich die Dose sah, bekam ich Gänsehaut. Ich nahm sie und steckte sie mir in den Rucksack. Das war sie, die perfekte Gelegenheit!

Am Abend, als es draußen schon lange dunkel war, sagte ich Onkel Thomas, dass ich noch eine Runde mit seinem Hund drehen würde. Er hatte einen großen, alten Jack Russell Terrier. Schrottie.

»Nur 'ne Runde ums Haus«, sagte ich.

»Ja, ja, mach nur.«

Onkel Thomas hatte keine Angst um mich. Wovor auch? Erstens hatte ich einen Hund dabei. Zweitens wohnte er in der Pampa. Es gab schlichtweg nichts, was mir hätte passieren können. Außer dass ich vor Langeweile starb. Ich zog mir einen Hoodie über, griff meinen Rucksack und machte mich mit Schrottie auf den Weg. Ich wollte heute zum ersten Mal sprühen. Bisher hatte ich nur Trockenübungen auf Papier gemacht. Das war meine große Gelegenheit, mich einmal richtig auszuprobieren. Schrottie und ich gingen an der Landstraße entlang. Das war die verlassenste Landstraße, die man sich nur vorstellen kann. Es gab nur diese ewig lange Straße und Felder, die bis zum Horizont reichten. Alle paar Meter war eine Straßenlaterne. Wir liefen die Straße entlang. Weiter und weiter. Es war ein warmer Sommerabend. Man hörte das Zirpen in den Gräsern. Und ich war aufgeregt. Ich war so wahnsinnig aufgeregt. Ich wollte unbedingt ein Tag sprühen. Ein Graffito. Ich fand nur keinen Ort dafür. Ich überlegte kurz, ob ich einen Laternenmast dafür missbrauchen sollte, aber das war Unsinn. Und dann sah ich es endlich. Ganz hinten am Horizont. Da stand ein einsames Stromhäuschen. Drei Meter lang. Zwei Meter hoch. Ich spürte einen richtigen Adrenalinkick. Ich ging etwas schneller. Und noch etwas schneller. Und dann stand ich vor dem Kasten, mitten in der größten nur vorstellbaren Ödnis und schob richtig krassen Nervenkitzel. Meine Hände wurden schwitzig. So richtig nass. Ich versuchte, meine Atmung zu kontrollieren, aber ich war übelst aufgeregt. Komm, Marcel, zieh das durch! Ich nahm einen ganz tiefen Atemzug, vergewisserte mich noch ein letztes Mal, dass wirklich niemand in der Nähe war, und fing dann an, mein Tag auf den Stromkasten zu sprühen. Ich machte es genauso, wie ich es auf dem Papier vorher geübt hatte. Natürlich gelang es mir nicht so gut. Aber als ich fertig war, überkam mich ein unglaubliches Glücksgefühl. Mein erstes eigenes Graffito. Ich atmete den Geruch von frischem Lack ein, drehte mich um und machte mich auf den Weg nach Hause. Noch immer hatte ich panische Angst, dass mich vielleicht doch jemand gesehen haben könnte. Obwohl wir wirklich am Arsch der Heide waren. Wer weiß, vielleicht war irgendeine Spitzmaus geheimer Zeuge des Beginns meiner Sprayer-Karriere.

*

Zurück zu Hause hatte sich nichts geändert, und irgendwann ging es nicht mehr. Die Situation war so unerträglich geworden, dass Mama und Christian sich trennten. Zum Glück. Ich habe Christian zwar wirklich wahnsinnig gern gehabt, aber die beiden waren so dermaßen auf Eskalationskurs, dass ich jeden Tag Angst hatte, dass sie sich eines Tages gegenseitig die Köpfe einschlagen würden, wenn sie weiter gemeinsam in einem Haus wohnten.

Mama und ich zogen um. Nicht weit weg. Mama hatte eine Wohnung in unmittelbarer Nähe gefunden. Zwei Blocks weiter, keine 200 Meter von Christians Haus entfernt. Weimarer Straße. Die Wohnung war ziemlich teuer für unsere Verhältnisse. Eigentlich war sie zu teuer für uns. Das Geld reichte ja sowieso schon vorne und hinten nicht. Jetzt musste Mama auch noch die hohe Miete zahlen.

Oft kam ich nach Hause und sah, wie Mama auf der Couch saß und den Kopf in ihren Händen hielt. Vor ihr ein Stapel Rechnungen.

»Ist alles in Ordnung, Mama?«

»Ja, natürlich, Marcel«, sagte sie. Ich setzte mich zu ihr. Ich spürte, dass nicht alles in Ordnung war. Ich wartete darauf, dass Mama etwas sagte. Dass sie mit mir über die Dinge sprach. Aber sie sagte nichts. Sie sortierte nur ihre Briefe.

»Ich gehe jetzt ins Bett, okay?«, unterbrach ich die Stille nach einer Weile.

»Okay, Marcel.« Mama gab mir einen Kuss. »Schlaf gut, mein Schatz.«

Dann legte ich mich in mein Zimmer und schlief ein. Nachts wachte ich auf und sah, dass noch Licht im Wohnzimmer brannte. Ich schaute auf den Wecker. Es war halb vier Uhr morgens. Ich rollte mich aus dem Bett und tapste ins Wohnzimmer. Da saß Mama noch immer vor dem Stapel Rechnungen.

»Mama … was machst du denn da?«

»Wieso bist du noch wach, Marcel?«

Ich stand nur da und schaute sie an. Dann wurde sie etwas milder. »Ich muss arbeiten, mein Schatz.« Sie nahm mich in den Arm und streichelte mir über den Kopf. »Mach dir keine Sorgen, wir bekommen das alles irgendwie hin. Ich habe schon einen Plan.«

Das machte es für mich nicht wirklich besser. Natürlich machte ich mir Gedanken. Dass sie mir nichts über unsere finanzielle Situation sagte, machte es für mich nur noch schlimmer. Ich spürte, dass irgendwas nicht stimmte, aber ich wusste nicht, was.

Mama meinte es gut. Sie wollte mich nicht belasten, wollte nicht, dass ich mir Gedanken über Dinge machte, die ich sowieso nicht ändern konnte. Wie denn auch? Ich war ja noch ein kleiner Budschi.

Ich begriff erst sehr viel später, dass Mama die Wohnung in erster Linie auch für mich genommen hatte. Ich hatte nämlich ein eigenes, ein großes Zimmer. Mama hingegen musste im Wohnzimmer schlafen. Es war bloß eine 2-Zimmer-Wohnung. Ich glaube, sie wollte, dass ich wenigstens ein schönes Zuhause hatte, auch wenn es drumherum viele Probleme gab.

Ich wusste nicht, was schlimmer war. Der ständige Streit, den sie mit Christian hatte oder die traurigen Phasen, in denen Mama sich jetzt immer wieder befand. Mich belastete das. Ich wusste auch nicht, mit wem ich darüber sprechen sollte. Ich wollte es Oma nicht sagen, weil sie dann mit Mama gesprochen hätte. Und ich hatte das Gefühl, Mama hatte schon genug mit sich selbst zu tun. Da sollte ihr nicht auch noch jemand reinreden.

Kurz darauf machte Mama eine Umschulung. Sie ließ sich zur Sozialpädagogin ausbilden. Sie wollte mit Kindern und älteren Menschen arbeiten. Nebenbei ging sie weiterhin Gelegenheitsjobs nach, um die Miete zahlen zu können.

Wenn ich von der Schule kam, war Mama nicht da. Sie kam oft erst spät abends nach Hause. Ich war in dieser Zeit sehr auf mich selbst gestellt.

II. JUGEND

»Hey, Marcel, was geht?« Ich stand gerade auf dem Schulhof in der Raucherecke, da kam Julian auf mich zu. Julian war ein Kollege aus der Parallelklasse. Er war auch zwölf Jahre und einer der wenigen Jungs in dem Alter, die schon angefangen hatten zu rauchen. Aber das war bislang auch das Einzige, was uns verband. Julian kam aus ziemlich gutem Hause. Auf dem Schulhof hatten alle Respekt vor ihm. Auch wegen seiner Eltern. Die beiden waren Atomphysiker oder so etwas. Zumindest arbeiteten sie in einem Atomkraftwerk, was alle ziemlich cool fanden. »Hast du 'ne Kippe für mich?«

Ich hielt ihm meine Marlboro-BigBox hin und er zog sich eine Zigarette raus.

»Was geht ab?«, fragte er, und wir kamen ein wenig ins Gespräch. Es war das erste Mal, dass wir überhaupt miteinander sprachen.

»Nicht viel, bei dir?«

»Ach, das Übliche.« Er zündete sich seine Kippe an. »Spielst du?«, fragte er mich völlig unvermittelt.

»Wie meinst du das?«

»Na, ob du zockst. Playstation? N64? Game Boy? Irgendwas.«

»Klar«, sagte ich und tauschte mich ein wenig mit ihm aus. Seit meinen Papa-Besuchen in der Kindheit war ich ein leidenschaftlicher Zocker.

So fanden wir schnell eine gemeinsame Basis.

»Komm doch mal rum«, bot er mir an. »Wir können ja mal zusammen eine Runde spielen.«

Eine Woche später stand ich dann tatsächlich bei Julian vor der Tür. Seine Eltern hatten ein großes mehrstöckiges Haus im besten Viertel der Stadt.

»Komm rein«, begrüßte er mich, und ich folgte ihm in sein Zimmer. Im Flur nahm ich einen ganz merkwürdigen süßlichen Geruch wahr. Ich kannte ihn, konnte ihn aber nicht richtig zuordnen.

»Das ist Gras«, sagte Julian abgeklärt. »Mein Bruder ist Kiffer.«

Er zeigte auf die verschlossene Zimmertür, aus der laute Musik kam. Ich hörte nur Bässe. Julian zuckte mit den Schultern, dann führte er mich in sein Zimmer und schmiss seinen Fernseher und seine N64-Konsole an. Wir spielten eine Runde Mario Party. Während wir gerade im Meer nach Schatzkisten tauchten und uns an den weißen Skelettquallen vorbeimanövrierten, wurde es im Flur immer lauter und unruhiger. Julian schien das gar nicht wahrzunehmen. Er war voll im Tunnel und bloß darauf fokussiert, dass sein Donkey Kong nicht gegen den Hai schwamm.

»Hey, Jungs, was geht ab?« Ich schreckte hoch und drehte mich zur Tür, wo ein paar Typen standen. Alle so um die 17 oder 18 Jahre alt, mit übergroßen, weiten T-Shirts und runtergezogenen Baggy-Hosen.

»Hey, Simon«, sagte Julian und starrte weiter auf den Fernseher. »Das ist mein Kumpel Marcel. Marcel, das ist mein großer Bruder Simon.«

Simon trug eine große goldene Kette um den Hals. Aus seinem Zimmer konnte man jetzt auch die Musik hören, die bisher nur aus Bässen bestand. Füchse von den Absoluten Beginnern.

Simons Augen waren knallrot. Er grüßte mich kurz, dann zog er wieder ab.

»Der ist stoned.«

Ich schaute Julian fragend an.

»Na, der ist völlig bekifft. Ist sein Hobby. Der raucht sich jeden Tag weg.«

»Und was sagen deine Eltern dazu?«

»Ach, die haben irgendwie so eine rosarote Brille auf. Die kriegen das gar nicht so mit.«

Es entstand eine kurze Pause. Julian starrte weiter hochkonzentriert auf seinen Bildschirm, aber ich wurde nachdenklich.

»Sag mal«, fragte ich. »Hast du eigentlich schon mal gekifft?«

Julian hielt kurz inne. Ich schien ihn mit dieser Frage ein wenig aus dem Konzept gebracht zu haben. Er drückte auf Pause und drehte sich zu mir um.

»Ne. Du?«

»Ne.«

Wieder entstand eine kurze Pause. Aber wir beide hatten ziemlich sicher den gleichen Gedanken.

Am nächsten Tag traf ich Julian wieder in der Raucherecke der Schule.

»Marcel«, sagte er und nahm mich ein wenig zur Seite. »Ich habe ein bisschen nachgedacht, weißt du?« Er zog nervös an seiner Zigarette. »Wegen dieser Sache, über die wir gestern gesprochen haben …« Ich wusste nicht so wirklich, worauf er hinauswollte. »Na ja …«, sprach Julian weiter. »… gestern Abend, als mein Bruder unterwegs war, da … da habe ich ein bisschen Gras von ihm geklaut. Hast du Bock, das mal zu testen?«

Ich dachte einen kurzen Moment nach. Klar hatte ich Bock, das auszuprobieren. Ich war wirklich neugierig und machte mir keinen großen Kopf. Für mich war das nichts Schlimmes. Immerhin habe ich schon meinen Papa damals kiffen sehen. Auch wenn ich als kleines Kind noch nicht verstand, was genau er da eigentlich machte. Aber auf der anderen Seite, wusste ich mittlerweile auch, dass es sich bei Cannabis um eine illegale Droge handelte und … ach, egal.

»Wann?«

»Heute Nachmittag. Du kommst mit zu mir.«

»Einverstanden.«

Nach der Schule schloss ich mein Fahrrad auf und schob es neben Julian her. »Ich habe sturmfrei«, erzählte er mir, als er gerade die Haustür aufschloss.

»Dein Bruder ist auch nicht da?«

»Ne, der kommt erst abends wieder«, sagte Julian, ging in sein Zimmer und zeigte mir dort seinen Schatz. Einen vorgedrehten Joint. Er hatte ihn sorgfältig in ein Taschentuch eingewickelt und das Taschentuch in seiner Schublade versteckt.

»Wie, meinst du, ist es?«, fragte ich.

»Lass es uns rausfinden«, grinste er. Dann holte er ein Feuerzeug, steckte sich den Johnny in den Mund und zündete ihn an.

»Uhhhhh«, stöhnte er nach einem tiefen Zug und ließ sich tief in seine Couch fallen. »Das ist krass.«

Er reichte mir den Joint. Ich überspielte meine Aufregung und nahm ebenfalls einen langen und tiefen Zug. Ich spürte, wie der Rauch meine Lungen füllte. Er war scharf. Ich musste husten.

»Chill mal«, lachte Julian. Dann nahm ich noch einen Zug. Es dauerte ein paar Sekunden, und ich spürte, wie mein Kopf immer schwerer wurde. Wie das Zeug langsam wirkte. Alles fühlte sich plötzlich betäubt an. Ich legte mich neben Julian auf sein Sofa und fühlte mich wie ein König. Ich hatte das Gefühl, als hätte jemand eine Käseglocke über mich gelegt. Plötzlich waren mir alle Sorgen, die ich hatte, so egal. Die Schule war egal. Die Probleme zu Hause waren egal – das Gras hatte mich einfach vom Leid der Welt abgetrennt. Ich liebte es.

»Julian, das müssen wir wieder machen«, sagte ich, während ich die Zimmerdecke anstarrte. »Das ist so ziemlich das geilste Gefühl der Welt.«

Mein Kumpel lachte. »Oh ja.«

∗

Als ich abends nach Hause kam, wartete Mama schon im Wohnzimmer auf mich. »Wo warst du denn den ganzen Tag?«, fragte sie. Es war ungewöhnlich, dass sie um diese Zeit schon zu Hause war. Normalerweise war sie ständig unterwegs und kam nie vor 20 Uhr zurück.

»Ich war bei einem Kumpel«, sagte ich und versuchte mir nicht anmerken zu lassen, dass ich noch immer ziemlich high war.

Sie schaute mich skeptisch an. Sie sah, dass ich meinen Schulranzen auf dem Rücken hatte – also den ganzen Tag über noch gar nicht zu Hause gewesen seien konnte. Mama hatte einfach den Blick für solche Dinge.

»Hast du denn deine Hausaufgaben schon gemacht?«

»Ne, die mache ich no… oh Mann!« Plötzlich bohrte sich ein Gedanke in meinen zugekifften Kopf. Ein ganz, ganz schlimmer Gedanke. Morgen war Donnerstag! Dritte Stunde. Mathe. Da stand eine Klassenarbeit an. So ein Mist, das hatte ich ganz vergessen. Schon wieder.

»Was ist los, Kind?«, fragte meine Mutter, als sie wahrnahm, wie ganz langsam die Farbe aus meinem Gesicht verschwand. »Ich schreibe morgen noch eine Arbeit …«

»Dann aber los«, sagte Mama und scheuchte mich in mein Zimmer. Ich setzte mich an meinen Schreibtisch, schlug das Schulbuch auf und starrte die Formeln an. Ich hatte keine Ahnung von dem Stoff. Es ging um Parabeln. Aber ich wusste nicht mal, was eine Parabel überhaupt ist. Ich nahm einen Block und ein Blatt Papier und wollte irgendwas notieren. Wollte irgendwas aufschreiben. Aber ich wusste nicht, was. Ich blätterte das Buch durch, immer und immer wieder, vor und zurück. Es war einfach so viel, dass ich keinen Plan hatte, wo ich hätte anfangen sollen. Mein Magen zog sich zusammen. Ich schaute auf meinen kleinen Digitalwecker. 21 Uhr. Wie sollte ich das bloß schaffen? Ich schaute mir wieder die Formeln an. Es war, als würde das alles eine fremde Sprache sein. Eine Sprache, deren Schriftzeichen ich noch nicht einmal entziffern konnte. Ich schluckte. Meine Bauchschmerzen wurden immer heftiger. Irgendwie müsste ich das doch hinbekommen. Komm schon, Marcel. *Eine Parabel ist der geometrische Ort aller Punkte, deren Abstand zu einem speziellen Brennpunkt …* Verdammt! Ich hatte keine Chance! Ich klappte das Buch zu und legte mich mit meinen Klamotten ins Bett und drückte mir mein Kissen ins Gesicht. Ich fing an zu weinen.

Ich fühlte mich wie ein Versager. Wie ein fürchterlicher Versager. Ich begriff einfach gar nichts. In mir wuchs ein Gefühl von Verzweiflung.

In dem Moment kam Mama zu mir ins Zimmer.

»Schatz, was ist denn los?«, fragte sie mich.

Sie setzte sich zu mir ans Bett und versuchte mich zu trösten. Ich erklärte ihr, was das Problem war. Dass ich lernen will, aber dass ich nichts verstand. Dass ich mich wie gelähmt fühlte.

»Schau mal, mein Schatz. Betrachte das doch mal ganz nüchtern«, sagte sie und dachte kurz nach. »Es ist völlig egal, ob du jetzt noch zehn Minuten lernst oder ob du die ganze Nacht weinst. Das wird an der Situation nichts mehr ändern.« Ich nickte. »Leg dich jetzt hin und versuch zu schlafen. Dann stellst du dir morgen den Wecker 20 Minuten früher und gehst noch mal alle Formeln durch und schreibst die Arbeit so gut, wie du kannst.«

»Ja, Mama.«

»Und nächstes Mal erinnerst du dich an das Gefühl, dass du heute hattest. Und machst es besser. Lernst vorher.«

Es machte Sinn, was sie sagte.

»Weißt du, Mama, da ist noch etwas«, flüsterte ich. Jetzt, wo ich schon einmal mit ihr über meine Sorgen sprach, dachte ich, könnte ich ihr auch gleich alles erzählen.

»Was ist denn los, mein Liebling?« Sie zog mir die Decke bis zum Hals.

»Ich habe Angst, dass ich es nicht auf die Realschule schaffe.«

Sie schaute mich etwas verwundert an. »Wie meinst du das?«

Ich war in der sechsten Klasse. In der sogenannten Orientierungsstufe. Unsere Noten entschieden darüber, auf welche weiterführende Schule man uns schicken würde.

»Mir ist ja klar, dass ich nicht aufs Gymnasium komme«, sagte ich. »Da will ich auch gar nicht hin. Ich weiß, dass ich dafür nicht klug genug bin. Aber …« Ich sortierte meine Gedanken. »… ich will auch nicht auf die Hauptschule. Ich will nicht zu den ganz Dummen.«

»Marcel, das hat doch nichts mit dumm sein zu tun.«

»Ich will einfach auf die Realschule, Mama. Zu den ganz normalen Kindern. Und ich habe Angst, dass ich das nicht schaffe.«

Dass ich unbedingt auf die Realschule wollte, war etwas, dass mich schon seit Jahren verfolgte. Es gehörte zu meinem Selbstbild. Wenn ich in den Spiegel sah, dann sah ich mich als jemanden, der mittelmäßig war. Ich fühlte mich auch so. Mittelmäßig. Ich wollte nie etwas Besonderes sein. Es reichte mir, zum Durchschnitt zu gehören. Zu den ganz normalen Menschen.

Meine Klassenkameraden waren alle anders. Sie hatten Vorbilder. Michael Jackson, Lothar Matthäus oder sonst wen. Sie wollten nach ganz oben. Sie wollten Stars sein. Sie wollten reich sein. Sie wollten geliebt werden. Mein Plan war ein anderer: Ich wollte einfach nur durchkommen.

Vielleicht wurde ich so erzogen. Bescheiden zu sein. Nicht nach den Sternen zu greifen, sondern lieber mit beiden Beinen auf dem Boden zu stehen, weil man sonst den Halt verlieren könnte. Aber den verlor ich gerade auch so. Zumindest fühlte es sich für mich so an.

»Es ist völlig egal, auf welche Schule du kommst, Marcel. Du tust einfach, was du kannst, und dann sehen wir, wo die Reise hingeht. Egal ob Realschule oder Hauptschule. Das macht dich nicht zu einem besseren oder schlechteren Menschen, verstehst du?«

Ich nickte. Aber es änderte nichts an meiner Angst, nicht gut genug zu sein. »Und jetzt schlaf. Morgen hast du eine Mathearbeit vor dir.« Mama machte das Licht aus und ich stellte mir den Wecker für den nächsten Morgen. 6 Uhr. Damit würde ich noch eine Stunde Zeit haben, mir die Formeln gut ausgeschlafen anzuschauen. Ich schloss die Augen und döste sofort weg.

Am nächsten Morgen verpennte ich. Und zwar total. Ich vercheckte es nicht bloß, um 6 Uhr aufzustehen, ich verplante es überhaupt, pünktlich in die Schule zu kommen. Mit einer guten Viertelstunde Verspätung setzte ich mich auf meinen Platz.

»Wo warst du?«, fragte mich mein Sitznachbar. »Ganze Nacht gelernt für Mathe?«

»So ungefähr«, grummelte ich.

Die Arbeit war eine Katastrophe. Natürlich. Ich konnte gar nichts. Nach ein paar Minuten entschied ich mich, ein leeres Blatt abzugeben. Es hatte ja keinen Sinn. Was sollte ich eine Stunde lang auf Formeln starren, die ich eh niemals begreifen würde? Ich setzte mich zurück an meinen Platz, vergrub meinen Kopf in den Händen und hoffte, dass die Zeit einfach vorbeiging. Doch sie zog sich wie Kaugummi. Die 45 Minuten fühlten sich an wie eine Ewigkeit. Wie die längsten 45 Minuten meines Lebens.

In der großen Pause zündete ich mir schlecht gelaunt eine Kippe in unserer Raucherecke an.

»Yo, Marcel, was geht ab?«, begrüßte mich Julian.

»Gar nichts«, antwortete ich mies gelaunt.

»Jetzt zieh mal nicht so eine Fresse. Ich habe gute Neuigkeiten. Ich habe gestern bei meinem Bruder wieder etwas Zapperapzapp gemacht. Und mir dieses Mal direkt ein paar Gramm Weed eingesteckt.«

»Merkt der das nicht?«, fragte ich.

»Neee, der vertickt das Zeug doch. Der hat richtig große Mengen zu Hause rumliegen. Das kriegt der gar nicht mit.«

Der Gedanke an einen Joint heiterte mich tatsächlich etwas auf. Ich dachte zurück an dieses betäubende Gefühl. Und ich hatte nichts nötiger als ein wenig Betäubung.

»Meine Mutter arbeitet heute«, sagte ich. »Du kannst nach der Schule zu mir kommen.«

»Klasse.«

∗

»Gib mir mal die Chips rüber«, rief ich Mario zu. Ich lag völlig dicht auf der Couch in Julians Zimmer und starrte auf seinen Fernseher. Julian zockte ein neues Spiel auf seiner Playsi, das gerade alles andere in den Schatten stellte. Tony Hawks Pro Skater 2. Ich sah, wie er an einer Reling entlanggrindete und gerade einen neuen Punkterekord aufstellte, als mich die Chipstüte direkt ins Gesicht traf. Ich war zu high, als dass ich sie noch hätte auffangen können. Um Julian und mich war mittlerweile eine Clique entstanden. Mit Mario, Sascha und Jens hingen wir eigentlich täglich ab. Entweder bei Julian zu Hause oder bei mir. Meist abwechselnd. Was uns alle verband, war die Liebe. Die Liebe zum Gras. Kiffen war für uns so etwas wie eine Religion. Sie half uns, die bösen Geister zu vertreiben. Seit ich mit Julian vor einigen Monaten meinen ersten Zug genommen hatte, war ich wirklich süchtig nach dem Zeug geworden.

Wir rauchten unser Ott in allen möglichen Variationen. Besonders gern rauchten wir Bong oder Eimer. Eine Bong ist im Prinzip eine Shisha ohne Schläuche. Man inhalierte den Dampf direkt. Das knallte noch sehr viel mehr. Und ein Eimer ist eine improvisierte Bong, die man sich aus einem Eimer baute. Auf dem Couchtisch stand eine große Packung Aldi-Eistee Pfirsich. Der Beste, den es gab. Dazu mehrere Tüten Chips, Flips und Zwiebelringe.

»Wie waren eigentlich eure Zeugnisse?«, fragte Mario in die Runde. Heute war der letzte Tag vor den Schulferien. Eigentlich wären unsere Zeugnisse *das* Thema des Abends gewesen, aber wir waren alle so breit, dass wir ganz vergessen hatten, uns gegenseitig auf Stand zu bringen. Machte nichts. Die wenigsten von uns wollten jetzt über die Schule nachdenken, immerhin hatten wir sechs Wochen Ferien vor uns.

»Passt schon«, sagte ich. Dabei war ich eigentlich ziemlich happy. Ich hatte es auf die Realschule geschafft. Gerade so. Es stand wirklich auf der Kippe, aber meine Lehrer wussten wohl, dass ich gerade eine ziemlich eigene Phase durchmachte und nicht wirklich dumm war. Sie gaben mir sozusagen Realschule auf Bewährung.

»Wenn du dich anstrengst, dann packst du das locker«, gab mir meine Klassenlehrerin mit auf den Weg, »Aber wenn du so weitermachst wie jetzt, dann sehe ich schwarz.«

»Hey, Jungs«, fragte ich in die Runde. »Was geht denn morgen?«

»Nichts«, sagte Mario. »Ich fahre mit meinen Eltern nach Italien. Zwei Wochen Urlaub.«

»Mies. Und bei dir, Sascha?«

»Bin auch raus«, sagte er. »Ich bin auf so einer Jugendfreizeit.«

Julian legte mir den Arm um die Schulter und zog mich zu sich heran. »Keine Sorge, Bruder. Ich bleibe dir erhalten. Lass uns morgen im Park chillen. Das Wetter ist wirklich gerade Bombe.«

Am nächsten Tag saß ich mit Julian auf einer Parkbank in Buxtehude Süd und zog mir einen dicken Joint durch. Ich lehnte mich zurück und genoss die Sonne. So könnte es immer sein, dachte ich mir. Das Leben war unbeschwert. Ich hatte für nichts und niemand irgendeine Verantwortung. Nicht mal für mich selbst. Ich lebte einfach so vor mich hin und genoss die Tage, wie sie kamen.

»Hast du noch irgendwas vor?«, fragte mich Julian.

»Ne. Sonntag ist Konfirmandenunterricht. Da muss ich in die Kirche. Sonst keine Pläne. Du?«

»Nichts.«

So ließ es sich leben.

»Welchen Tag haben wir heute eigentlich?«, fragte Julian irgendwann. Ich musste nachdenken. Ich wusste es nicht. Ich hatte überhaupt gar kein gesundes Zeitgefühl mehr. Ich hatte mir einfach alles weggekifft.

»Ich glaube … Samstag?«

Julian zuckte mit den Schultern und lehnte sich zurück. Ich schaute mich um. Der Park war komplett leer.

Normalerweise wimmelte es hier nur so von Spaziergängern. Aber obwohl wir bestes Wetter hatten, schien heute niemand unterwegs zu sein. Vielleicht war es den Leuten einfach zu heiß.

Ich nutzte die Gelegenheit und zog meinen Edding aus der Tasche. Dann setzte ich mein Tag auf die Parkbank.

»Was machst du da?«, fragte Julian.

»Ach, ich markiere nur kurz mein Revier«, sagte ich.

»Du bist immer noch voll auf diesem Graffiti-Film, oder?«

»Normal.«

Ich liebte Graffiti. Aber es ging mir gar nicht mal um den Akt an sich, es ging mir nicht bloß um den Adrenalinkick, wenn ich irgendwo etwas hinkritzelte. Für mich waren Graffiti eine Möglichkeit zu zeigen, dass es mich gab. Dass ich da war. Marcel Eris wurde von niemandem groß wahrgenommen. Ich war ein kleiner Kiffer, der sich irgendwie so durchschlug. Ich war einer von vielen. Ein Teil der Masse. Aber als ███ war ich mehr, ich war ein Teil der Stadt. Ich malte mein Tag überallhin. Die Leute sahen es. Sie waren gezwungen, es zu sehen. Sie waren gezwungen, mich zu sehen. Mich wahrzunehmen. Dieser Gedanke gefiel mir.

»Du bist doch bescheuert«, lachte Julian. Ein paar Jahre später kam er dann auch noch auf den Geschmack. Aber bis dahin war Graffiti Ding.

»Und macht dich das Gekritzel glücklich?«, fragte er.

»Das ist nicht nur Gekritzel, das ist ... ein Zeichen, dass es mich gibt, verstehst du?«

»Nein.«

Ich überlegte, wie ich Julian das erklären könnte.

»Du magst doch HipHop.«

»Klar.«

»Graffiti gehören dazu. So wie Rap und DJing und Breakdance.«

»Ich checke nicht, was das eine mit dem anderen zu tun hat.«

»Es geht darum, Grenzen zu überwinden. Beim Rap sind das sprachliche Grenzen. Beim Breakdance körperliche.«

»Und bei Graffiti?«

Ich dachte kurz nach. »Keine Ahnung. Soziale Grenzen vielleicht. Ich zeige den Menschen in der Stadt, dass ich auch dazugehöre. Obwohl ich nicht zu den Reichen gehöre. Zu denen, die was zu sagen haben. Obwohl ich halt ein Niemand bin. Verstehst du?«

»Nein.«

»Komm, lass durchziehen«, sagte ich, steckte den Stift wieder ein, killte den Johnny mit einem letzten Zug und trat ihn dann aus.

»Sehen wir uns morgen?«

»Sicher. Ich komme nach meiner Konfi-Stunde mal vorbei, okay?«

»Alles klar.«

Ich drehte mich noch einmal um und bewunderte mein kleines Werk an der Parkbank. Ja, das war schon ziemlich gut gelungen. ▆▆▆▆. Jetzt wusste jeder in der Stadt, dass das meine Bank war.

Am nächsten Morgen klingelte mein Wecker um 9 Uhr. Ich rieb mir die Augen und hatte sofort schlechte Laune. Ich hasste es, früh aufzustehen. Besonders in den Ferien. Aber ich musste in die Kirche gehen. Ich musste mir bestätigen lassen, dass ich bei den Konfirmationsstunden anwesend war. Das war wirklich nervig.

Ich war zwar schon irgendwie gläubig, aber wie die meisten Jungs in meinem Alter wollte ich mich hauptsächlich konfirmieren lassen, weil ich wusste, dass man von Verwandten zu diesem Anlass jede Menge Geld zugesteckt bekam. Geld, das ich ganz wunderbar in mein neues Hobby investieren konnte: Gras besorgen. Also rollte ich mich aus dem Bett, machte mich fertig und radelte zur Kirche. Ich setzte mich mit den anderen Jugendlichen in den großen Gemeinschafts-raum und hörte mit halbem Ohr zu, was der Prediger uns über das Glaubensbekenntnis erzählte. Ich dachte die ganze Zeit nur an den Joint, den ich nachmittags mit Julian rauchen würde. An das Gefühl, high zu sein. Das brachte mich über die Stunde.

Als sie endlich vorbei war, setzte ich mich auf mein Fahrrad und fuhr wieder nach Hause. Aber schon als ich in unsere Straße einbog, merkte ich, dass irgendetwas nicht stimmte. Ich sah, dass vor unserer Wohnung zwei Polizeiautos standen. Ich dachte mir aber zunächst nichts dabei.

Vielleicht hatten die Nachbarn irgendwas angestellt. Ich parkte mein Fahrrad und ging den Treppenflur hoch. Da sah ich, dass unsere Haustür offen stand. Scheiße. Hoffentlich war nichts passiert. Ich sprintete die restlichen Treppen rauf und lief in die Wohnung. Da sah ich, wie vier Polizisten in meinem Zimmer standen und meine Schub-laden durchwühlten. Im Wohnzimmer saß Mama und schaute mich mit ihrem zornigsten Blick an.

»Was ist denn los?«, fragte ich.

»Marcel! Hast du gestern eine Parkbank beschmiert?«, fragte Mama.

»Ich öhm … nein?«

Einer der Polizisten stellte sich zu mir. »Wir haben einen Hinweis bekommen, dass du gestern eine Parkbank beschmiert hast.«

Ich schaute, wie die Polizisten mein Zimmer weiter durchwühlten. Sie hielten mir mehrere Eddings unter die Nase. »Die hier müssen wir konfiszieren.«

Ich schaute die Beamten ungläubig an.

»Im Ernst?«

»Ja. Und sei froh, dass du erst 13 bist. Sonst würdest du richtig Ärger bekommen.«

Aber den bekam ich auch so. Von Mama. Für die erste Hausdurchsuchung meines Lebens bekam ich für den Rest der Ferienzeit Stubenarrest. Das war bitter. Aber es hielt mich nicht von meiner großen Leidenschaft ab.

Der Geruch nach Kaffee und frischen Zeitungen lag mir sofort in der Nase. Ein Jahr war vergangen, und in dem Moment, als ich den Laden von Herrn und Frau Pampa betrat, bekam ich einen üblen Flashback. Ich war 14 Jahre alt und fühlte mich wieder wie ein kleiner Junge.

Das kleine Büdchen war eine Institution in Buxtehude. Ein klassischer Tante-Emma-Laden. Er war ziemlich klein, aber es gab dort alles, was man brauchte. Lebensmittel, Zeitschriften und jede Menge Süßigkeiten. Die Kinder aus Buxtehude standen Schlange vor dem Geschäft. Auch für mich war es damals das Größte, dort bunte Schnüre oder Weingummi-Schlümpfe zu kaufen. 10 Pfennig das Stück. Verpackt in so richtig schöne Oldschool-Papiertüten.

Und jetzt war ich wieder hier. Aber dieses Mal war alles anders. Dieses Mal wollte ich mir keine Süßigkeiten kaufen. Dieses Mal wollte ich stehlen. Das letzte Jahr lief ziemlich mies. Ich hatte es zwar auf die Realschule geschafft – aber ich konnte mich dort nicht halten. Meine Noten waren eine Katastrophe. Ich saß den Unterricht ab, ohne irgendetwas mitzubekommen. Ich hörte die Lehrer reden, aber verstand ihre Worte nicht. Es war, als wäre ich in einer ganz anderen Welt. Ich sackte richtig ab. Und je schlechter meine Leistungen wurden, desto mehr floh ich vor der Realität. Als mein Klassenlehrer mir am Ende des Schuljahres auch noch sagte, dass ich nicht versetzt werde und auf die Hauptschule runtermüsste, war alles vorbei. Von diesem Tag an war ich nur noch bekifft. Das stellte mich vor ein Problem. Irgendwo musste ich das Geld für den Stoff ja herbekommen. Also beschloss ich, in den Laden der Pampas zu gehen. Um zu klauen.

Ich redete mir die Sache selbst schön: Es sei ja kein großes Ding. Nur ein bisschen Tabak. Nichts Wildes. Ich brauchte einfach nur ein bisschen Geld, und ein guter Kollege von mir konnte den Tabak fast zum regulären Marktpreis weiterverkaufen. Herr und Frau Pampa würden es überleben. Hoffte ich zumindest. Als ich den Laden betrat, sah ich, dass Frau Pampa hinter der Kasse stand. Eine kleine Frau mit grauen Haaren und einer Brille auf der Nase, die einen immer sofort anstrahlte. Ich war schon ziemlich high, als ich in den Laden ging. Ich schaute mich um. Der Tabak stand direkt neben der Kasse. Ich stöberte ein wenig herum und wartete auf die richtige Gelegenheit. Der Laden war fast leer. Nur ein älterer Mann stand am Zeitschriftenregal. Ich wartete ab. Wartete auf die perfekte Gelegenheit.

Ich schaute den alten Mann an. Er schien etwas zu suchen. Irgendwann rief er Frau Pampa irgendetwas Undeutliches zu.

»Ich habe Sie nicht verstanden«, sagte sie, während sie sich beinahe in Zeitlupe auf den Typen zubewegte. »Was haben Sie gesagt?«

»Ich wollte nur wissen, ob Sie die aktuelle *SportBILD* dahaben. Die kommt doch immer am Montag. Oder dienstags? Ich bin mir gerade nicht sicher.«

Ich atmete tief durch. Das war sie. Meine große Chance. Ich nutzte die Gelegenheit, ging hinter die Kasse und packte mir so viele Tabakpäckchen in die Taschen, wie ich nur konnte. Fünf, sechs, sieben Stück. Es war dieser Tabak für Selbstdreher. Ich rechnete im Kopf schnell alles zusammen. Sieben Päckchen Tabak gibt zwei Tage Ott. Beste! Ich trug eine blaue Angelweste von Helly Hansen mit Innentaschen, und als alle Innentaschen voll waren, zog ich mich langsam wieder zurück. Ich checkte mein Kleingeld, das ich noch dabei hatte. 2,30 Euro. Irgendwas musste ich kaufen, sonst wäre es zu auffällig geworden. Ich ging zu der großen Eistruhe und holte mir ein Domino-Eis raus. Auf dem Weg zur Kasse kam ich dann am Schokoladenregal vorbei.

Ich hatte übelst Bock auf Rittersport Knusperschokolade. Rittersport Knusperschokolade war auf Highness das Allerbeste, was es gab. Kiffen und Knusperschokolade. Eine unschlagbare Kombination. Ich rechnete durch. Ich konnte mir nicht beides leisten. Aber ich wollte auch unbedingt das Eis haben.

Hm. Na gut, dachte ich mir dann in meinem verkifften Kopf: Ob ich nur den Tabak klaue oder den Tabak und ein Eis, spielt für mein Karma-Konto auch keine große Rolle mehr. Also steckte ich die Knusper-schokolade in meine Tasche, ging zur Kasse und bezahlte das Domino-Eis.

Frau Pampa schaute mich ernster als sonst an. Sie war ganz merk-würdig. Sie legte ihren Kopf schräg und schien beinahe durch mich durchzusehen.

»Alles okay, Frau Pampa?«, fragte ich.

»Was hast du da in deiner Tasche, Junge?«

Scheiße.

»Weiß ich nicht.«

»Weißt du nicht? Ich habe aber gerade gesehen, wie du eine Tafel Schokolade eingesteckt hast.«

Auch das noch. Ich biss mir auf die Lippe.

»Na komm«, sagte Frau Pampa in ihrer noch immer irgendwie lie-bevollen Tonart. »Hol die Schokolade aus der Tasche.«

Ich nickte und zog die Rittersport-Tafel aus der Jacke und legte sie auf den Tresen. Frau Pampa schaute mich schon beinahe mitleidig an.

»Du musst jetzt mit mir nach hinten kommen. Es tut mir sehr leid, aber ich muss jetzt die Polizei rufen.«

Oh Mann, Frau Pampa. Obwohl ich sie gerade bestohlen hatte, war sie noch immer nett zu mir. Sie entschuldigte sich regelrecht dafür, dass sie die Polizei rufen musste. Ich hatte ein extrem schlechtes Gewissen.

Ich folgte Frau Pampa in den kleinen Personalraum. »Setz dich«, bat sie mich.

Ich setzte mich auf den Bürostuhl und beobachtete die alte Frau, wie sie auf ihrem Oldschool-Telefon die Polizei anrief.

»Ja, guten Tag. Pampa hier. Ich habe leider einen Ladendiebstahl zu vermelden. Es tut mir sehr leid, aber ich würde Sie bitten, jemanden vorbeizuschicken. Ja, genau. Die Adresse haben Sie? Ja. Ja. Gut. Danke und bis gleich.«

Ich schaute mich in dem Raum um. Es handelte sich wohl um eine Mischung aus Lager und Pausenraum. Es gab zwei Stühle, einen klei-nen Tisch, einen Kühlschrank, und alles war mit Kisten vollgestopft.

Außerdem stand da eine alte Kaffeemaschine. Daher kam also der frische Kaffeegeruch in dem Laden.

»Ich müsste jetzt einmal deine Personalien aufnehmen, Marcel.«

Dass Frau Pampa sogar meinen Namen kannte, machte es noch viel schlimmer für mich. Aber natürlich kannte sie ihn. Ich war seit meiner Kindheit in diesem Laden. Und außerdem waren wir in Buxtehude. Jeder kannte hier jeden. Irgendwie. Wie konnte ich nur auf die Idee kommen, ausgerechnet diese Frau zu beklauen?

Ich zog meinen Perso aus der Jackentasche.

»Es tut mir wirklich leid, Frau Pampa«, sagte ich und meinte es auch so.

»Mir tut es auch leid«, sagte die nette, alte Dame, und ich schämte mich in Grund und Boden.

Nach etwa 15 Minuten kamen zwei Polizisten in den Raum. Ich saß wie ein Häufchen Elend auf meinem Stuhl.

»Na, was hat er denn angestellt?«, fragte einer der Beamten die ältere Dame.

»Der junge Herr hat eine Packung Schokolade gestohlen?«

»Und sonst nichts?«, fragten die Polizisten.

»Und sonst nichts.«

Sie schauten mich an. Mir war klar, dass sie mich jetzt gleich durchsuchen und die Tabakpackungen in meinen Innentaschen finden würden. Mir lief der Schweiß von der Stirn. Verdammt. Mama würde mich umbringen. Sie würde mich einfach umbringen.

»Dann zeig uns doch mal deinen Ausweis.«

Ich griff in meine Hosentasche um mein Portemonnaie herauszuziehen, wo mein Schülerausweis drin war, da unterbrach uns Frau Pampa.

»Alles gar nicht nötig. Ich habe seine Personalien schon notiert.«

Sie reichte den beiden Polizisten den Zettel, auf dem sie meinen Namen, mein Geburtsdatum und meine Adresse notiert hatte. Die beiden Beamten lächelten sich gutmütig an. Sie kannten Frau Pampa schon. Anscheinend war ich nicht der erste Ladendieb, den die alte Lady erwischt hatte.

»Frau Pampa hat schärfere Augen als jeder Ladendetektiv, Junge, das solltest du dir merken«, ermahnte mich der Polizist, und er schien aus Erfahrung zu sprechen. »Wir müssen dich jetzt durchsuchen.«

Fuck. Ich hatte gehofft, dass ich noch irgendwie davonkomme. Ich fing an zu zittern. Wenn sie den Tabak finden würden, wäre ich richtig am Arsch. Denk nach, Marcel, irgendwie musst du aus der Sache rauskommen. Ich spürte, wie mir der Schweiß über den Rücken lief. Wie ich immer nervöser wurde. Ich schaute mich im Raum um. Dachte über alle Möglichkeiten nach. Sollte ich einfach weglaufen? Versuchen zu fliehen? Keine Chance. Verdammt, verdammt, verdammt. Ich spürte meinen Pulsschlag. Der Raum wurde immer enger. Ich bekam Atemnot.

»Also gut, junger Mann, dann steh mal bitte auf und …«

Frau Pampa fasste den Polizisten am Arm. »Ist schon gut«, sagte sie. »Ich habe ihn doch schon durchsucht. Er hat nichts eingesteckt. Nur die Schokolade.«

Ich schloss die Augen. Würde ich damit tatsächlich durchkommen?

»Also gut«, sagte einer der Beamten. Dann können wir uns das ja sparen. Du wohnst gleich um die Ecke? Dann werden wir dich jetzt nach Hause bringen.«

Ich atmete tief durch. Ich hatte noch gar nicht so wirklich begriffen, was hier gerade passierte, aber so wie es aussah, machten die Polizisten tatsächlich keine Anstalten, mich noch durchsuchen zu wollen.

»Also los«, forderte man mich auf, und ich verließ mit den Beamten den Laden.

»Darf ich das Eis mitnehmen?«, fragte ich Frau Pampa noch. »Natürlich, Marcel. Du hast es ja bezahlt. Aber ich muss dir dennoch ein Jahr Hausverbot geben.«

»Okay, alles klar.«

Ich fühlte noch einmal nach, ob der Tabak noch in meinen Innentaschen war.

Dann wurde ich von den beiden Bullen flankiert nach Hause gebracht. Wir gingen zu Fuß. Ich wohnte ja nur eine Straße entfernt. Ich aß mein

Eis, genoss das gute Wetter und plauderte ein bisschen mit den beiden. Ich fühlte mich unbesiegbar.

Als Mama die Haustür öffnete und wir da so vor ihr standen, zwei
Cops, ich und ein Eis, war sie für einen kurzen Moment perplex.

»Polizei Buxtehude«, stellte sich der Beamte vor. Als wäre es nicht
offensichtlich, wer er war. »Es gab Probleme mit Ihrem Sohn.«

»Was war denn jetzt schon wieder los?«, fragte Mama sichtlich
genervt. Sie stellte sich auf das Schlimmste ein.

»Wir haben Ihren Sohn dabei erwischt, wie er eine Tafel Schokolade
geklaut hat.«

Meine Mutter schaute uns drei an.

»Ist das Ihr Ernst?«

»Ja, Frau Eris. Er hat Hausverbot bekommen.«

»Eine Tafel Schokolade?«

»Ja, eine …«

»Wie teuer war die Tafel Schokolade?« Die Cops schauten sich an,
sie merkten plötzlich, wie bescheuert das alles war.

»Soweit ich … also … nach meinem Stand müssten das gut 89 Cent
gewesen sein«, stotterte der Bulle.

»Ist das jetzt Ihr Ernst?« Dann schaute Mama mich an. »Ist das jetzt
dein Ernst? Rein mit dir.«

Sie sprach noch ein wenig mit den Cops, schmiss dann die Tür zu
und schaute mich an. Sie wusste nicht, ob sie mich auslachen oder
bestrafen sollte.

»Eine Tafel Schokolade?«

Ich weiß nicht, was mich in diesem Moment dazu brachte, aber ich
hatte so gute Laune, dass ich nicht erwischt worden war, ich war noch
so voller Adrenalin, dass ich meine Westentaschen öffnete und den
Tabak rauszog.

»Nee, Mama, schau mal, das hier wollte ich eigentlich klauen.« Ich
grinste breit.

Mama fand das allerdings gar nicht lustig. Ich bekam von ihr den
übelsten Anschiss, den man sich nur vorstellen kann.

»Und die haben den Tabak nicht gefunden?«

»Nichts«, sagte ich. »Ich bin eiskalt davongekommen.«

»Bester Mann, Marcel.« Ich saß mit ein paar Jungs im Foyer meiner alten Grundschule im Stieglitzweg, lehnte mich an die Wand und schloss die Augen. Draußen regnete es. Die Grundschule war unser Rückzugsort bei so einem Wetter.

Das Gebäude war nie abgeschlossen, sodass wir uns am Nachmittag hier bequem in das Foyer setzen konnten, um zu kiffen. Ich nahm zwei tiefe Züge von meinem Joint. Ich wollte möglichst schnell high werden, um die ganze Scheiße zu vergessen. Dann reichte ich den Johnny weiter. Ich hatte jetzt einen neuen Freundeskreis. Ein paar Typen von meiner neuen Schule. Der Hauptschule. Ich fühlte mich noch immer mies. Und im letzten Jahr war dazu auch noch unsere alte Clique auseinandergebrochen. Wir hingen jetzt nicht mehr bei Julian ab, weil Julian mittlerweile Besseres zu tun hatte, als uns ständig sein Zimmer zum Kiffen zur Verfügung zu stellen. Er wurde älter und merkte, dass er sich jetzt auch um seine Schule kümmern musste, damit er im Leben irgendwas werden konnte. Vielleicht wollte er auch einfach nicht so enden wie ich. Ich fühlte mich, als würde ich zurückbleiben.

In dieser Zeit hatte ich eine ungeheure Wut im Bauch. Und ich traf jemanden, dem es genauso ging.

»Hey, hey«, hörte ich plötzlich eine laute Stimme und öffnete die Augen. »Was macht ihr kleinen Punks denn hier?«

Ich sah wie ein älterer Mann mit dickem Kugelbauch auf uns zugestürmt kam,

»Wer ist das denn?«

»Scheiße, der Hausmeister«, sagte Dulli Ali. Dulli Ali hieß eigentlich Andreas und war ein guter Kollege von uns. Er war meist völlig tiefenentspannt. Aber Dulli-Ali hatte auch Tage, an denen er nicht ganz bei sich war. Tage, an denen er einfach ausrastete. Wo der Dulli in ihm die Überhand gewann und er dir auch mal ein Messer an die Kehle halten konnte. »Kommt, weg hier.«

Ali stand auf und lief los. Die anderen folgten ihm. Nur ein Junge blieb stehen.

»Ne, ne … dem Typen baller ich eine«, sagte Rene.

Der Hausmeister kam immer näher, die anderen Jungs waren schon an der Eingangstür und liefen, so schnell sie konnten. Nur Rene stellte sich breitbeinig auf.

»Ey, komm, wir müssen weg«, sagte ich und zog Rene an der Jacke.

»Denkst du, ich habe Angst vor dem?«

»Ne, Mann, bin mir sicher, du würdest den wirklich locker wegklatschen. Aber das Ding ist, er würde dann die Polizei rufen. Und dann hätten wir mehr Probleme, als wenn wir jetzt einfach weglaufen.«

Rene schaute mich an. Dann schaute er auf den dicken Mann, der immer näher kam. Ich merkte, wie es in ihm arbeitete. »Komm schon, lass durchziehen«, sagte ich jetzt etwas drängender. »Es wird noch genug Gelegenheiten für eine gute Schlägerei geben.«

Rene brauchte noch ein wenig, dann lief er los.

Als wir in der Stadt waren und den Hausmeister schon vergessen hatten, legte er seine Hand auf meine Schulter. »Du hast recht gehabt«, sagte er. »Das war die bessere Entscheidung.«

Ich nickte.

»Ich bin übrigens Rene.«

»Marcel.«

An diesem Tag wurden wir zu Freunden. Es dauerte nicht lange und wir waren Brüder.

Ein paar Monate später waren Rene und ich gemeinsam auf dem Weinfest. In der gesamten Innenstadt waren kleine Zelte und Buden aufgebaut. Überall wurden Wein und Crêpes verkauft. Es war eine der wenigen Gelegenheiten im Jahr, an denen auch abends noch etwas in Buxtehude passierte. Wo auch nach 21 Uhr noch die halbe Stadt unterwegs war. Es war Spätsommer. Die Luft war warm, und es roch nach gebratenen Mandeln. Rene und ich streiften durch die Straßen. Wir hatten schon ein paar Bier getrunken und waren auf der Suche nach Stress. Für uns gehörte das dazu. Und wenn uns jemand begegnen würde, der sich mit uns prügeln wollte, dann würden wir dieser Schlägerei nicht aus dem Weg gehen, das war uns klar. Wir liefen gerade einen kleinen Schleichweg entlang, als uns zwei Jungs entgegenkamen. Max und Max. Die beiden waren bei uns auf der Schule. Eine Klasse über uns. Sie waren beide groß und ordentlich trainiert. Und sie waren ständig scharf auf Stress. So wie wir.

Wir gingen aneinander vorbei, ohne dass wir den beiden Jungs Platz gemacht hätten. Oder sie uns. Rene prallte mit einem der Kerle zusammen. Schulter an Schulter.

»Junge, was ist mit dir? Hast du ein Problem?«, fragte er Rene.

Rene drehte sich um und grinste. »Ja, ich habe ein Problem. Mit deiner Fresse, du Pisser.«

Das war das Signal. Die beiden gingen direkt aufeinander los und fingen an, sich zu prügeln. So lief das mittlerweile ständig. Es gab einfach Menschen, die Bock hatten, sich zu kloppen. Die brauchten nur ein paar Schlagworte auszutauschen, um sich gegenseitig zu bestätigen, dass man dasselbe wollte, und los ging es. Ich und der andere Max standen am Rand und schauten zu. Rene teilte ordentlich aus. Wie immer. Rene hatte einen kräftigen Punch. Seine Rechte war berüchtigt in Buxtehude. Wenn er zuschlug, dann tat das verdammt noch mal weh. Ich sah, wie der kleinere Max neben mir immer unruhiger wurde. Rene hatte klare Oberhand. Er schlug zu. Zweimal, dreimal. Sein Gegner konnte nur noch abwehren. Er war komplett passiv. Irgendwann hielt es der kleine Max nicht mehr aus und lief auf die beiden zu, um seinem Kumpel zu helfen.

»Hey, hey, lass!«, sagte ich und zog ihn zurück. Das war ein sauberer Einzelkampf. Eins gegen eins. Sowohl Max als auch Rene wussten, was sie da taten. Sie hatten einfach beide Bock, ein bisschen Frust rauszulassen. Dabei gab es klare Regeln. Rene hätte niemals weiter zugeschlagen, wenn sein Gegner wirklich fertig war. Wenn er sich nicht mehr gewehrt hätte. Oder wenn er »Stopp« gesagt hätte. Aber das tat Max nicht. Im Gegenteil. Er war noch in bester Stimmung, sich ein wenig zu raufen. Dass sich dann aber ein Dritter einmischte, das ging gar nicht.

Ich zog den zweiten Max weg.

»Lass«, sagte ich noch mal. »Die beiden regeln das unter sich.« Ich war ganz ruhig, gar nicht aggressiv. Wollte nur die Regeln einhalten. Max griff sich in seine Hosentasche und fischte ein kleines Fläschchen raus. Er schubste mich weg, hielt mir die kleine Dose vor mein Gesicht – und sprühte mir eine ordentliche Ladung Pfefferspray in die Fresse.

Damit hatte ich nicht gerechnet. »Was zur Hölle …«

Innerhalb von Sekunden blieb mir die Luft weg. Es fühlte sich an, als hätte man mir Säure ins Gesicht geschüttet. Mein ganzes Gesicht brannte. Ich bekam keine Luft mehr. Ich sah nichts mehr. Meine Augen tränten. Ich hatte noch nie in meinem Leben solche Schmerzen. »Verdammte Scheiße, was ist mit dir?«, fluchte ich und krümmte mich zusammen. Ich fühlte mich, als wäre ich in der Hölle. Ich rieb mir mein Gesicht, aber alles wurde nur noch schlimmer.

»Meine Augen!«, schrie ich. »Ich bin blind!«

Ich legte mich auf den Boden und krümmte mich vor Schmerzen. Ich sah nur noch Schemen. Nur noch Umrisse. Sah, wie sich immer mehr Menschen um mich herum versammelten. Scheiße, wie das brannte.

Dann hörte ich Rene. »Was hast du mit meinen Bruder gemacht?«, schrie er. Ich versuchte meine Augen zu öffnen. Ich sah nur, wie er sich den anderen Max schnappte und ihn an die Wand schubste. Dann packte er ihn am Hals, presste ihn gegen die Mauer und verpasste ihm drei, vier Schläge ins Gesicht, bevor er abließ und sich zu mir hockte.

»Marcel, alles okay?«

»Mhhjmgehtso«, ich konnte nicht mal richtig sprechen. Meine ganzen Schleimhäute waren völlig verätzt. Es brannte wie Feuer. Ich musste würgen. Irgendjemand kam und brachte mir ein Glas Wasser. Es hatte sich mittlerweile eine große Menschentraube um uns gebildet. Nach ein paar Minuten waren auch die Bullen da. Auch das noch.

»Was ist denn hier passiert?«

»Ach«, sagte Rene und vergewisserte sich, dass die beiden Maxe abgehauen waren. »Da waren so zwei Typen, die mit Pfefferspray rumgespielt haben. Mein Freund hat das abbekommen.«

»Geht es Ihnen gut?«, fragte der Polizist.

Ich nickte und versuchte mir die Schmerzen aus dem Gesicht zu reiben.

»Haben Sie gesehen, wer das war?«

»Nein«, sagte Rene. »Irgendwelche älteren Kerle.« Natürlich haben wir die beiden nicht angeschwärzt. So was machte man nicht. Auch wenn sich die beiden nicht an die Regeln einer klassischen Straßenschlägerei gehalten hatten, blieben wir unserem Kodex treu. Ihre Strafe hatten sie ja bekommen. Ich hielt es nicht für ausgeschlossen, dass Rene einem von beiden zumindest die Nase gebrochen hatte, so hart, wie er zuschlug.

Rene und ich hatten bald einen bestimmten Ruf in Buxtehude. Wir waren die zwei Jungs, die sich nichts bieten ließen. Die zwei Jungs, die schnell zuschlugen. Aber auch die zwei Jungs, die füreinander einstanden. Es war nicht unbedingt der Ruf, der Mama sonderlich stolz machte. Aber mir gefiel das. Rene und ich waren ein Dreamteam. Wie Bud Spencer und Terrence Hill.

*

Am nächsten Tag stand ich mit Rene auf dem Schulhof und rekapitulierte unseren legendären Kampf.

»Bam, Digga, dann hast du zugeschlagen. So: Bam, Bam. Zweimal direkt auf die Nase. Und ich bin mir ganz sicher dass ich gehört habe, wie die *zerbrochen* ist.«

Rene grinste. »Ja, kann schon sein«, sagte er. »Die hat auch so komisch nachgegeben, weißt du? Die war wie Gummi.«

»Ich sags doch, ich habe das Knacken gehört. KRCHK. Das *muss* seine Nase gewesen sein.«

Ich schlug zweimal mit der Faust in die Luft und ahmte seine Schlagkombi nach. »Bam. Bam, eiskalt, Rene.«

Wir lachten. Auch wenn ich die halbe Nacht nicht schlafen konnte, weil meine Schleimhäute noch immer völlig verätzt waren, hatten wir zumindest eine Story, die wir noch unseren Kindern erzählen konnten.

»Hey, Jungs, alles cool?« Ich drehte mich um. Da stand Jonas. »Über was redet ihr?«

»Ach nichts«, sagte ich und meine gute Laune war sofort wieder verflogen. Ich hatte keine große Lust auf Jonas. Jonas war ein abgefuckter Typ, den eigentlich niemand mochte. Ein richtiger Kauz. Er hatte lange, fettige Haare, war ungepflegt und trug immer komische Baumfällerhemden.

»Du, Marcel«, sagte er und wibbelte ganz nervös hin und her. »Ich wollte dich mal fragen, ob du nicht Interesse an einem kleinen Geschäft hast?«

»Was denn für ein Geschäft?«

Jonas zog seinen Rucksack aus und zog einen dicken Schlüsselbund hervor. »Ich dachte, das wäre vielleicht was für dich?«

»Was ist das?«, fragte ich und schaute mir den Bund an. Da waren gut sieben oder acht Schlüssel dran.

»Der ist der Generalschlüsselbund von deiner alten Realschule. Damit kommt man überall rein.«

»Laber keinen Scheiß«, sagte Rene.

»Doch, im Ernst. Damit kommt ihr in jeden einzelnen Klassenraum.«

»Wo hast du das her?«, fragte ich ihn.

Jonas grinste. »Ach, ich hing neulich ein bisschen auf dem Schulhof rum und sah, wie ein Sportlehrer gerade die Turnhalle aufschloss. Er ließ den Schlüssel aber stecken, als er reinging, und ich fand, das war eine gute Gelegenheit, und habe ihn dann abgezogen.«

»Aha.«

»Ja, und kein Plan, dachte, das wäre vielleicht was für dich, Marcel?«

Ich schaute mir den dicken Schlüsselbund an. Ich hatte keine Ahnung, was ich damit anstellen sollte, aber der Gedanke, den Generalschlüssel meiner alten Schule zu besitzen, gefiel mir.

»Was willste denn dafür?«

»Ach, mit zwei Gramm Ott wäre ich schon ganz glücklich«, sagte der versiffte Jonas. Ich grinste. »Okay, dann haben wir einen Deal.«

Die Zeit, in der ich Jonas den Schlüssel abkaufte, war eine Zeit, in der ich ständig Geldnot hatte. Klar. Ich habe ja nicht gearbeitet, aber wegen meines Graskonsums hohe Ausgaben gehabt. Also lag ich zu Hause in meinem Bett, den Schlüssel in meiner Hand, und dachte darüber nach, was ich mit dem Ding anstellen könnte, um an Geld zu kommen. Ich hatte einen Plan im Hinterkopf. Aber erst einmal wollte ich testen, was der Schlüssel wirklich kann. Gegen 21 Uhr rauchte ich mich high, fuhr dann zu meiner alten Schule und probierte ihn ein wenig aus. Es war schon dunkel draußen. Ich stand vor dem riesigen Schulgebäude und schaute mich um. Niemand war da. Ein ungewohntes Gefühl. Ich setzte mir Kopfhörer auf und pushte mich mit hartem Deutschrap. Zunächst versuchte ich mit dem Schlüssel die Lobby aufzuschließen. Ich steckte ihn in das große Eingangsschloss. Er passte. Ich drehte ihn um, und die Tür öffnete sich. Ich hatte ein breites Grinsen auf den Lippen. Es funktionierte tatsächlich. Dann lief ich durch die Gänge und versuchte einzelne Klassenräume aufzuschließen. Auch das funktionierte. Ich konnte mein Glück gar nicht fassen. Als Letztes ging ich noch zur Sporthalle. Auch sie ließ sich öffnen. Wahnsinn. Das waren die besten zwei Gramm Ott, die ich jemals in irgendetwas investiert hatte, freute ich mich. Und legte mir einen Plan für den nächsten Tag zurecht. Dann fuhr ich durch das dunkle Buxtehude zurück nach Hause.

Am nächsten Morgen hatte ich einen genauen Plan im Kopf. Nach dem Unterricht setzte ich mich auf mein Fahrrad und fuhr wieder zu meiner alten Realschule. Ich wusste, dass am frühen Nachmittag noch Sportunterricht war. Ich kannte ja noch die ungefähren Stundenpläne von früher. Ich stellte mein Fahrrad vor der Schule ab und ging ganz unauffällig über den Schulhof, Richtung Turnhalle. Ein paar ältere Schüler standen noch in der Raucherecke. Ich versuchte nicht aufzufallen, zog mir die Kapuze über den Kopf und ging an ihnen vorbei. Dann stellte ich mich vor die Sporthalle und schaute auf mein Handy. Kurz nach 12 Uhr. Gleich musste der Unterricht beginnen. Vor der Halle warteten rund 25 Schüler. Alle in meinem Alter. Ich atmete durch und hielt Abstand. Dann kam Herr Mannes, ein älterer Sportlehrer, und schloss die Tür auf. Als alle Schüler drinnen waren, schloss er die Halle von innen ab. So machten sie das immer, das wusste ich noch. Damit niemand von außen kommen und etwas klauen konnte. Ich wartete noch ein paar Minuten, schaute mich ein paar Mal um und schlich dann zur Eingangstür, um sie aufzuschließen. Ganz leise. Ganz vorsichtig. Ich zog die Tür langsam auf und ging geduckt Richtung Umkleidekabinen. Unten in der Halle wurde Basketball gespielt. Ich hörte die titschenden Bälle und das Quietschen der Schuhe auf dem Boden. Ich war extrem aufgeregt und hatte Schweiß auf der Stirn. Mein Adrenalinspiegel war auf Maximum. Ich betrat die Umkleide und konnte mein Glück kaum fassen: Ich hatte einen riesigen Schatz vor mir. Rund 25 unbeaufsichtigte Rucksäcke mit Wertsachen. Ich fing sofort an, alles, was ich fand, einzustecken. Ich schaute wieder auf die Uhr auf meinem Handy. Fünf Minuten gab ich mir. Dann wollte ich wieder draußen sein. Ich durchwühlte die Kleidung und die Rucksäcke der Schüler und packte alles ein, was es einzustecken gab. Hier zehn Euro. Da ein Zwanni. Mein Puls raste. Damit hätte ich erst mal für einige Zeit ausgesorgt, freute ich mich.

»Richtig räudiges Spiel.«

»Ja, miese Aufteilung auch«, hörte ich plötzlich irgendwelche Stimmen. Verdammt, wo kamen die her? Ich schaute mich um. Oh Gott, nein, dachte ich. Die machen Pause! Damit hatte ich nicht gerechnet. Der Unterricht dauerte ja noch. Ich hörte, wie ein paar Jungs die Treppen hochkamen. Aus der Freude über meinen genialen Coup wurde Panik. Ich schaute mich hektisch um. Ich muss hier raus, verdammt. Ich hörte die Jungs lachen. Sie kamen näher. Verdammt, ich schaffe es nicht mehr nach draußen. Ich komme hier nicht mehr raus! Sie würden mich sehen. Was machst du jetzt? Denk nach, Marcel! Ich fühlte mich als wäre ich auf Speed. Innerhalb von Sekunden ging ich alle Möglichkeiten in meinem Kopf durch. Die Schritte kamen näher und näher. Die Stimmen wurden immer lauter. Dann sah ich die Duschräume. Ich packte meinen Rucksack mit den geklauten Sachen und lief rein. Dann kauerte ich mich in die hinterste Ecke der Duschen.

»Ich bin am Verdursten, ey.«

»Ich auch, Alter. Richtig anstrengend heute irgendwie.«

Bitte kommt nicht in die Duschen, dachte ich. Bitte kommt nicht in die Duschen, bitte, bitte, bitte.

Ich hörte, wie die drei Jungs immer näher kamen. Wie sie die Umkleidekabine betraten. Ich kauerte mich komplett zusammen, zog Arme und Beine an. Die Schritte kamen näher und näher. Die Typen kamen doch wirklich in die Duschräume! Oh nein, oh nein, oh nein, wenn sie mich hier sehen, dann war ich vollkommen am Arsch. Ich zog meine Gliedmaßen noch näher an mich, machte mich in der Ecke der Dusche so klein, wie es nur irgendwie ging. Ich hatte panische Angst. Ich hielt die Luft an und spürte, wie das Adrenalin durch meine Venen rauschte.

»Mannes ist so ein richtiger Hurensohn heute wieder.«

»Ja, altes Schwein, echt.«

Ich hörte, wie die Jungs an den Wasserspender gingen und ihre Trinkflaschen auffüllten. Ich hielt noch immer die Luft an. Kein Mucks jetzt. Wir waren nur durch eine winzige Wand getrennt. Würden sie einmal um die Ecke schauen, dann hätten sie mich. Dann wäre alles vorbei. Ich drückte mich tiefer und tiefer in die Ecke der Dusche und schloss die Augen. Ich hoffte, dass sie meinen Herzschlag nicht hörten. Dann ergab ich mich meinem Schicksal. Wenn ich jetzt erwischt werde, dann ist es eben …

»Okay, kommt, wir müssen wieder runter, lass durchziehen.«

Ich hörte, wie sich die Schritte wieder entfernten. Ich harrte noch ein paar Sekunden aus und biss mir fest auf die Unterlippe. Als ich sicher war, dass die Typen wieder weg waren, stand ich auf und ging zurück in den Umkleideraum. Verdammt, war das knapp! Meine Hände waren ganz nassgeschwitzt. Okay, beruhig dich, Marcel. Nicht austicken jetzt. Ich atmete tief durch. Dann packte ich noch ein paar Handys in meinen Rucksack und machte einen Abflug.

Als ich zu Hause war, zählte ich meine Beute. Mit den Wertsachen, die ich weiterverkaufen konnte, hatte ich bestimmt 400 Euro gemacht. Wahnsinn! Okay, ich habe bestimmt ein Lebensjahr durch den Stress verloren, als ich mich in der Dusche verstecken musste, aber das war es mir wert. Der Schlüssel war eine fantastische Investition! Die nächsten Tage machte ich weitere Einbrüche in die Schule. Auch wenn ich wusste, dass ich für diese miese Nummer eines Tages in die Hölle kommen würde. Erst als ich mitbekam, dass die Diebstahlserie zu einem großen Thema unter Lehrern und Schülern gemacht wurde, ließ ich es bleiben.

»Und wo warst du gestern?«, fragte ich Rene.

»Jappi.«

Die Jungs fingen an zu lachen und gaben ihm High-Five. Jappi, Jappi, Jappi. Ich hörte diesen Namen ständig.

Jappi war eine Legende in Buxtehude. Und die Legende besagte, dass Jappi eine junge Thailänderin war, die sexuell sehr aufgeschlossen wäre. Eine junge Thailänderin, die sexuell so aufgeschlossen wäre, dass man sich bloß vor ihr Haus stellen und ein paarmal ihren Namen rufen musste, damit sie dann runterkam und jedem, der da stand, einen lutschen würde. Manchmal ließ sie sich auch bumsen. Ich glaubte nicht, dass das stimmte. Ich dachte, das wäre ein Mythos. Ich dachte, Jappi wäre eine witzige Erfindung meiner Freunde.

Aber alle sprachen von ihr. Irgendwann gab es unter meinen Jungs gar kein anderes Thema mehr. Jeder brachte die besten Storys von ihr an den Tisch. Welche sexuellen Gefälligkeiten sie habe springen lassen, wie man es ihr besorgt habe, wie sie mal drei Typen zur gleichen Zeit einen genuckelt hätte. Ich fand das alles kaum vorstellbar. Aber es beschäftigte mich so sehr, dass ich irgendwann Rene fragte.

»Sag mal, Digga … diese Sache mit Jappi …?«

»… ja?«

»Stimmt das echt? Also was die Jungs so über die erzählen?«

»Glaub mir, Marcel. Jedes einzelne Wort.«

Ich konnte es noch immer kaum glauben, aber wenn Rene das sagte, dann würde das stimmen, er würde mir keinen Scheiß erzählen, und Rene wusste immer, was Sache ist.

»Wie ist das denn?«, fragte ich dann interessiert weiter. »Da geht man dann einfach hin und kann sich einen lutschen lassen?«

»Ja, Mann.«

»Einfach so? Ich meine … kostenlos? Die ist keine Nutte oder so?«

»Nein, der macht das einfach Spaß.«

»Puh.«

»Ich habe voll viel Kontakt mit der. Wir schreiben ständig SMS.«

»Echt jetzt?«

»Ja. Lass doch später einfach mal hin. Mal schauen, was geht. Vielleicht lassen wir uns einen lutschen«, schlug Rene vor. Ich musste nicht lange nachdenken. Ich habe sofort Ja gesagt. Ich war 17. Mit 17 war ein einfacher Blowjob was Verlockendes.

Am frühen Abend holte mich Rene dann von zu Hause ab.

»Hast du ihr geschrieben?«, fragte ich.

»Ja, sie ist zu Hause.« Ich schloss die Haustür, und wir machten uns auf den Weg. Jappi wohnte in Buxtehude-Süd. Buxtehude-Süd ist nicht groß. Wir gingen ein paar Meter, kamen an der Grundschule Stieglitzweg vorbei und standen dann schon vor ihrem Haus.

Rene zeigte mit dem Finger auf das Dachgeschoss.

»Das ist es.«

»Und jetzt?«, fragte ich.

»Jappi! Komm runter! Lutschen!«, schrie er.

Ich schaute mich um. Ein paar Rentner gingen kopfschüttelnd vorbei. Dann öffnete sich ganz oben in dem Haus, vor dem wir standen, ein Dachfenster. Es erschien die dunkle Silhouette einer Frau. Im Zimmer brannte Licht. Die Frau lehnte sich aus dem Fenster: »Ja, komme gleich. Noch Zähneputzen«, rief sie zu uns runter.

Oh mein Gott. Es gab sie wirklich. Ich konnte es kaum glauben.

»Digga, die gibt es ja wirklich!«, sagte ich zu Rene.

»Ja klar, habe ich doch gesagt.«

Ich war dann doch schon auch ein bisschen aufgeregt. Es dauerte bestimmt noch zehn Minuten. Dann öffnete sich die Haustür, und Jappi stand vor uns. Eine hübsche, kleine Asiatin. Sie sprach kein Wort, schaute uns bloß an, nickte uns einmal zu und ging dann los. Richtung Grundschule. Wir folgten ihr wortlos. Sie weiß schon, was sie tut, dachte ich mir. Und ich selbst war eh von der gesamten Situation überfordert.

Wir kamen an der Grundschule an, und Jappi führte uns in eine dunkle, etwas vom Gehweg abgeschirmte Ecke.

»Digga, wie machen wir das denn jetzt?«, fragte ich Rene.

»Was meinst du?«

»Na ja, wer von uns beiden soll denn zuerst dran sein?«

»Keine Ahnung. Wollen wir eine Münze werfen oder so?«

Doch bevor es so weit kam, kniete sich Jappi schon vor uns und zog uns beiden die Hosen runter. Damit war die Diskussion beendet. Sie bediente uns gleichzeitig. Einen im Hand-, den anderen im Mundbetrieb. Es gab nichts mehr zu sagen. Wir haben unsere Hände hinter den Köpfen verschränkt und ganz gediegen baumeln lassen. Es war fantastisch. Mein erster Blowjob überhaupt.

Als wir fertig waren, ist Jappi einfach wieder abgezogen. Ohne etwas zu sagen.

Ich war in absoluter Top-Stimmung. Mit einem fetten Grinsen gingen Rene und ich zu Julian. Wir wollten den Abend feiern. Was für eine geile Nacht!

Bei den Jungs gab es natürlich nur ein Thema. Jappi.

»Aber sag mal, die bläst nur?«, fragte ich nach. Ich wollte das Spektrum des Möglichen erfragen.

»Ne, bumsen auch«, warf einer ein.

»Die bumst nicht«, sagte Rene.

»Doch, aber nur manchmal.«

»Sie gibt nur den Arsch«, mischte sich Julian ein.

Dann schwiegen alle. Hm. Das war schon merkwürdig.

»Vielleicht hat sie Angst vor Geschlechtskrankheiten?«, fragte Rene.

»Die könnte sie doch auch so bekommen«, warf wieder jemand in den

Raum. Ich nahm einen Zug von der Bong. Ich mischte mich nicht ein. Es war mir egal. Es war mir völlig egal. Sie hatte mir einen geblasen. Ich war high. Mich interessierten die Details nicht.

Bis Dulli Ali kam. Und sich mit einem sehr breiten Grinsen verschwörerisch nach vorne beugte.

»Jungs. Jetzt mal im ernst. Wisst ihr es wirklich nicht?«

»Wissen was nicht?«, fragte Rene.

»Na, warum da nichts geht?«

»Sag schon!«

Ali grinste. Es war ein sehr, sehr fettes Grinsen.

»Ali, sag jetzt. Was ist los?«

»Mann, die ist bestückt.«

»Wie bestückt?«, fragte ich. Ich checkte das nicht. »Was meinst du damit?«

Doch noch bevor Ali antworten konnte, verstand ich. Rene und ich schauten uns an. Wir wurden kreidebleich.

Alter! Mir wurde schlecht.

»Die hat 'nen Pimmel, Mann.«

Ich wollte es nicht glauben. Aber ich wusste irgendwie schon, dass das wahr ist. Ein paar Wochen später sprach es sich in ganz Buxtehude rum. Die Jappi war mal ein Er. »Puh, das hätte sie uns doch vorher sagen müssen«, jammerte ich. Ich fühlte mich ein bisschen schmutzig und so. Und aus Renes und meiner Heldengeschichte wurde eine Lachnummer. Marcel und Rene haben sich von einem Kerl einen blasen lassen. Mann, war ich plötzlich froh, dass wir keinen Popo bekommen haben.

*

An einem heißen Sommertag saßen wir mit der Clique auf der immergleichen Parkbank in Buxtehude Süd. Ich kniff meine Augen zusammen. Die Sonne blendete mich.

»Gib mal Eistee rüber«, sagte ich, und Rene zog aus einer der Aldi-Tüten einen großen 1,5 Liter-Tetra-Pack hervor. Aldi-Eistee Pfirsich. Der Beste, den es gab. Ich nahm einen großen Schluck, stellte die Packung wieder in den Schatten und zog einen vorgedrehten Joint aus meiner Zigarettenpackung. Dulli Ali hielt mir wortlos sein Feuerzeug hin. Ich nickte und zündete mir den Johnny an. Wir verstanden uns mittlerweile wortlos. Ich nahm einen großen Zug, inhalierte das Weed und spürte, wie sich meine Lungen mit Rauch füllten. Sofort hatte ich den süßlichen Cannabis-Geschmack in Mund und Nase. Nach einer Weile legte sich ein Schleier über mich. Alles war jetzt betäubt. Die Gedanken, die ich eben noch hatte, waren verschwunden. In meinem Kopf war jetzt nur noch eine angenehme Leere. Ich reichte den Johnny weiter an meine Jungs und lehnte mich zurück. So fühlt sich Glück an, dachte ich. Bei bestem Wetter im Park zu chillen, eine Pfütze auf den Boden spucken und sich high rauchen. Dulli Ali drehte die Musik ein wenig lauter. Er hatte seinen Ghettoblaster dabei, und wir hörten ein Tape, das gerade als der neue, heiße Shit galt. King Orgasmus One. Berlin Crime.

Ich schloss die Augen und genoss den Moment. Was wollte ich mehr? Ich hatte keine Verantwortung für nichts und niemanden, war mit meinen Jungs zusammen und hatte die beste Zeit meines Lebens. Dieser Augenblick, dachte ich mir, er könnte ewig dauern.

»Na, du Geile«, hörte ich Mario plötzlich laut rufen. »Wo warst du denn die ganze Zeit? Ich habe schon mein ganzes Leben auf dich gewartet.«

Ich öffnete die Augen und sah drei Mädchen an unserer Parkbank vorbeigehen. Unser Alter. Ziemlich hübsch. Klassisches Beuteschema.

»Ich war da, wo ich auch in den nächsten dreißig Jahren sein werde. In deinen Träumen, du Hässlicher.«

Mario spuckte auf den Boden und verdrehte die Augen. Wir mussten lachen. »Ganz schön schlagfertig für eine Frau«, drückte ich der Ollen noch einen Spruch rein. Sie blieb stehen und kam auf mich zu.

»Wie heißt du?«, fragte ich.

»Sabrina. Und du?«

»Marcel.« Ich schaute sie mir an. Sie war groß, sehr schlank, hatte lange, dunkle Haare. Genau der Typ Frau, den ich liebte.

Sie musterte mich von oben bis unten, lächelte mich an – und zog wieder ab. Scheiße, dachte ich. Hätte ich sie doch bloß nach ihrer Nummer gefragt. Sie ging mir den ganzen Abend nicht aus dem Kopf. Ich musste dieses Mädchen unbedingt kennenlernen. Also informierte ich mich bei ein paar Freunden, wer sie war, und klärte mir dann über drei Ecken ihre Nummer.

Ich verabredete mich mit ihr, wir gingen Eis essen. Erst einmal. Dann ein zweites Mal. Und schließlich waren Sabrina und ich ein Paar.

*

Und dann bekam ich Post. Ein grauer Briefumschlag. Maschinell bedruckt. Ohne den Brief zu öffnen, wusste ich, dass das nichts Gutes bedeuten konnte. Maschinell bedruckte Briefe bedeuteten nie etwas Gutes. Maschinell bedruckte Briefe bedeuten Ärger. Sie kamen von Behörden oder von Ämtern, und was wollten Behörden und Ämter bitteschön sonst, wenn sie keinen Ärger machen wollen? Ich hielt den Umschlag in den Händen, drehte ihn zweimal um und rieb mir die Finger. Ich wollte ihn nicht öffnen. Ich wollte ihn wirklich nicht öffnen.

Komm schon, bring's hinter dich, Junge!, sprach ich mir selbst zu und riss den beschissenen Umschlag auf.

Schon bevor ich das Schreiben überfliegen konnte, sah ich in großen Lettern ein Wort am Briefkopf. Zentral gedruckt. Feinstes Bürokratendeutsch. *Musterungsbescheid.*

Ich legte den Brief weg und ließ mich auf unseren Küchenstuhl sinken.

Auch das noch.

Ich wusste ja, dass der Brief kommen würde. Dass der Tag kommen würde, an dem ich diesen Brief in meinen Händen halten würde. Aber irgendwie hatte mein verkiffter Kopf dann doch gehofft, dass es an mir vorbeiziehen würde. Dass es mich nicht trifft, weil man mich aus irgendeinem Grund vielleicht einfach vergessen würde. Aber natürlich haben sie mich nicht vergessen.

Der Musterungsbescheid also. Ich nahm den Brief in die Hand und las ihn mir durch. »Sehr geehrter Herr Eris, mit diesem Schreiben teilen wir Ihnen mit, dass Sie sich am 07. Juli 2004 zwecks einer Tauglichkeitsprüfung im Kreiswehramt Stade einfinden müssen.«

Ich zerknüllte das Papier und schlug mit dem Kopf auf den Tisch. So ein Dreck!

Anfang der 2000er-Jahre gab es noch eine Wehrpflicht. Jeder 18-Jährige musste, wenn er als tauglich galt, ein Jahr lang zur Bundeswehr. Oder er leistete alternativ den sogenannten Zivildienst ab. Dann musste er für ein Jahr in einem Alters-, einem Pflege- oder einem Behindertenheim bedürftigen Menschen helfen. Ich hatte weder Lust auf das eine noch auf das andere. Irgendwie war mir schon bewusst, dass es mir vielleicht sogar ganz gut getan hätte. Beim Bund ein wenig Disziplin zu lernen wäre für mich sicher zumindest … sinnvoll gewesen. Schließlich war ich so ziemlich der undisziplinierteste Jugendliche, den es in der gesamten Stadt gab. Auf der anderen Seite war mir klar, dass ich nicht wirklich zu disziplinieren war. Das hatten schon ganz andere versucht, die daran brutal gescheitert waren. Und wenn Oma und Opa es nicht hinbekamen, dass der Junge irgendwas auf die Reihe kriegte, dann würde das auch kein gottverdammter General schaffen. Da war ich mir ganz sicher. Bund bedeutete also Absturz. Und Zivildienst war für mich immer mit dem Gedanken verbunden, irgendwelchen Menschen die Windeln wechseln zu müssen. Nicht dass ich nicht den höchsten Respekt vor Leuten gehabt hätte, die anderen Leuten die Windeln wechseln würden. Aber ich wollte einfach keiner von ihnen sein. Ich war sehr vieles, aber ganz sicher nicht der Windelwechsel-Typ. Ich hätte gar nicht so viel kiffen können, wie nötig gewesen wäre, um meinen Kopf derart auszuschalten, dass ich so etwas überstehe. Also blieb mir nur eine Möglichkeit. Ich musste mich ausmustern lassen.

Ausmustern lassen bedeutete: körperlich oder geistig nicht in der Verfassung zu sein, beim Bund dienen zu können. Körperlich hatte ich so viele Drogen im Körper, dass das eigentlich ein Selbstläufer werden müsste. Geistig würde ich denen einfach ein Schauspiel bieten, dass sie gar keine andere Wahl hatten, als mich für untauglich zu erklären. Ich würde ihnen einfach erzählen, dass ich Bock auf den Bund hätte, um irgendwelche Leute abzuballern. Wie in Videospielen. Das sollte eigentlich genügen.

Und auch wenn ich mir meiner Sache ziemlich sicher war, war ich die Tage vor der Musterung zu Tode genervt. Ich wusste zwar, dass ich nicht zum Bund müsste. Aber ich hatte einfach auf die Musterung selbst überhaupt kein Bock. Meine Kollegen machten es nicht besser.

»Die stecken dir einen Finger in den Arsch, das weißt du, oder?«, griff Rene das Thema auf.

»Laber keinen Scheiß!«

»Doch, Marcel! Du musst dich ausziehen, nach vorne beugen und dann steckt dir irgend so eine fette Quallenärztin einen Finger hinten rein.«

»Das macht gar kein' Sinn, Digga! Warum sollte die das tun?«

»Prostatauntersuchung oder so, kein Plan. Ist aber echt so.«

»Außerdem packt die dir auch an die Eier«, warf Mikey ein.

»Laber kein' Müll!«

»Ist echt so. Hodenuntersuchung oder so.«

Ich nahm einen großen Zug von meinem Joint. Ich hatte schon jetzt überhaupt kein Bock mehr auf diese Scheiße. Die Laune der anderen stieg, je abgefuckter ich wurde.

»Wirst bestimmt richtig viel Spaß haben morgen!«

»Halt die Schnauze, Digga.«

Die anderen lachten.

»Habt ihr nicht irgendwelche echten Tipps? Irgendwas, was ich brauchen kann?«

»Na, die werden dich auf Drogen überprüfen. Bevor du da hinfährst, zieh dir einen durch. Nicht, dass du das bei deinen verdrogten Blutwerten noch nötig hättest …, aber schaden kann es nicht.«

»Ja, und ansonsten: Sei einfach du selbst. So jemanden wie dich wollen die garantiert nicht beim Bund.«

»Jungs«, merkte ich noch an. »Meine Mutter ist die ganze Woche nicht da. Sie ist auf einer Fortbildung. Wenn das morgen durch ist, können wir uns treffen und bei mir ein bisschen feiern und so.«

»Gute Sache«, freuten sich die anderen.

Ich machte einen Abflug. Ich musste am nächsten Tag früh raus. Der Musterungstermin war für 8.30 Uhr angesetzt. Das war entgegen meinem natürlichen Biorhythmus. Ich machte mir noch einen Gute-Nacht-Joint und legte mich früh schlafen.

Am nächsten Morgen lag ich um 6 Uhr in der Früh hellwach in meinem Bett. Eineinhalb Stunden bevor mein Wecker klingelte. Das ist mir noch nie passiert. Aber ich hatte die letzten Wochen über so miese Laune wegen dieser Musterungsnummer, dass ich die ganze Nacht über die schlimmsten Albträume hatte. Sie handelten von übergewichtigen Krankenschwestern und ultraschwulen Untersuchungen. Ich starrte an die Decke und sprach mir Mut zu. Na komm schon, Marcel. Ein paar Stündchen, und du hast es hinter dir. Dann zündete ich mir meinen vorgedrehten Joint an und rauchte mich high.

Um kurz vor 8 Uhr stand ich fertig vor der Haustür meiner Großeltern.

»Opa, komm schon, wir müssen los.«

Opa kam aus dem Haus geeilt und zog sich noch vor der Tür seine Jacke über. Er schaute erstaunt auf seine Uhr.

»Was ist denn mit dir los, Junge? Du bist nicht zu spät, sondern zu früh dran. Scheint ja, als würdest du dich mächtig auf den Termin freuen …«

»Geht so, Opa. Lass einfach losfahren, ich will es endlich hinter mich bringen.«

Wir waren überpünktlich am Kreiswehrersatzamt. Ein großes, schmuckloses 1970er-Jahre-Gebäude.

»Okay, Opa, dann holst du mich später wieder ab, ja?«

»Klar, Marcel, ruf einfach an.«

»Danke, Opa!«

Ich schlug die Autotür hinter mir zu, lief eine Runde über das Gelände, zog eine fast leere Flasche Wodka aus dem Rucksack und exte den Rest aus. Dann rauchte ich in aller Ruhe meinen Johnny zu Ende. Als ich durch war, schnippte ich ihn weg und betrat das große Gebäude. Die Schilder führten mich eine Treppe hoch. Dann stand ich in einem langen Flur. Auf der rechten Seite waren mehrere verschlossene Holztüren, auf der linken Seite gab es raumhohe Fenster, die auf den Hof hinauszeigten. Der Boden war mit altem PVC-Boden belegt. Es roch nach Fäulnis. Ich hatte das Gefühl, ich war in einer Mischung aus Schulgebäude und Krankenhaus gelandet. Ekelhaft.

Ich betrat ein kleines Zimmer, wo ein Kerl mit Kittel an seinem Schreibtisch saß.

»Ja, Moin, ich bin hier wegen der Muster…«

»Name!«, harschte mich der Typ ziemlich unfreundlich an.

»Marcel Eris.«

Er nahm eine Liste, fuhr sie mit seinem Finger entlang, stieß dann offensichtlich auf meinen Namen und setzte ein Häkchen. Ich schaute mich um. Er schien wohl so etwas wie der Chefarzt in diesem Haus oder zumindest in diesem Flur zu sein. Oberster Musterungsbeauftragter oder so. Für mehr hat es bei ihm wahrscheinlich nicht gereicht.

Hinter seinem Schreibtisch stand eine große Bücherwand mit ein paar medizinischen Wälzern. Anatomie I. Anatomie II. Anatomie III. Ich dachte immer, dass das eine Filmreihe wäre.

In der Wand war eine Durchgangstür angebracht, sie war offen. In dem kleinen Raum stand nur ein kleiner Schreibtisch an dem eine ultraheiße Blondine saß. Das war wahrscheinlich seine Assistenzärztin oder seine Sekretärin oder so. Trotz weißem Kittel konnte man erahnen, dass ihre Oberweite so ziemlich genau dem entsprechen musste, was ich mir in meinen kühnsten Träumen vorstellte.

»Wir machen zunächst ein paar psychologische Tests mit Ihnen. Finden Sie sich bitte in Zimmer A.07 ein.«

»Alles klar«, sagte ich. »Aber ich muss vorher mal ganz dringend aufs Klo.«

Der Arzt verdrehte die Augen und erklärte mir den Weg. »Danach aber in Zimmer A.07!«

»Ja, schon verstanden.«

»Hey, Eris.« Der Arzt drückte mir einen Plastikbecher in die Hand. »Sie können da direkt reinpinkeln. Brauchen wir für den Drogentest.«

Ich ging meinen Bedürfnissen nach, brachte den Becher weg und machte dann den Psychologie-Test. Dort wurde ich von einem Arzt allerlei Zeugs gefragt. Können Sie sich vorstellen, bei der Bundeswehr zu dienen? Können Sie sich vorstellen, an einem Kriegseinsatz teilzunehmen?

Ich versuchte mich wie der letzte Dulli zu verhalten und beantwortete die Fragen möglichst auf blöd.

Als ich fertig war, wurde ich in einen großen Warteraum gebracht. An den Wänden standen mehrere Plastikstühle, in der Mitte ein Tisch mit ein paar Zeitschriften. *Spiegel, Stern, MotorBILD.*

»Haben Sie Ihre Sportsachen dabei?«, riss mich die heiße Blondine von vorhin aus meinen Gedanken. Sie stand plötzlich vor mir im Raum.

»Ja, klar.«

»Gut. Wir werden jetzt einen Fitnesstest mit Ihnen machen. Gehen Sie bitte den Gang herunter. Vorletzte Tür. Dort können Sie sich umziehen. Dahinter ist die Sporthalle. Die Kollegen warten dort auf Sie.«

Sie drückte mir einen Schlüssel in die Hand. »Die Tür schließen Sie dann wieder ab und bringen mir den Schlüssel zurück. Verstanden?«

Verstanden? Wirkte ich wie ein geistig Behinderter, oder was? Ich nickte, nahm den Schlüssel und schlurfte zu diesem Umkleideraum. Ich war noch ziemlich high. Sport machen in diesem Zustand war eine absolute Zumutung. Das Allerletzte. Mein Hass stieg schon jetzt ins Unermessliche.

Als ich mich umzog, kamen noch zwei weitere Jungs dazu. Sie waren in meinem Alter und wirkten deutlich motivierter als ich. Beide waren ziemlich durchtrainiert und hatten einen Kurzhaarschnitt.

»Moin«, grüßte ich sie. Sie warfen mir einen kurzen Blick zu und nickten förmlich.

Während ich noch dabei war, mir im zugekifften Zustand die Jeans auszuziehen, standen die beiden schon in kompletter Sportmontur vor mir.

Entweder war ich wirklich todesstoned oder die beiden noch sehr viel motivierter, als sie wirkten.

»Los geht's, los geht's«, putschten sie sich gegenseitig auf und gingen dann in den großen Sportraum, wo zwei Ärzte warteten.

Ich trottete ihnen langsam hinterher. Dann bekamen wir Anweisungen. Zunächst mussten wir einen Kilometer laufen. Wir gingen auf die Laufbänder, und während die beiden Jungs sie gleich auf Stufe 12 stellten, versuchte ich mich an einem etwas gemütlicheren Tempo. Ich stellte das Gerät auf Stufe 7. Als die beiden fertig waren, hatte ich noch nicht einmal die Hälfte der Strecke hinter mir.

Die übermotivierten Bundeswehr-Freaks machten schon irgendwelche Kniebeugen-Übungen, als der leitende Arzt mein Laufband abstellte.

»Ist okay, Herr Eris, das reicht schon«, sagte er fast mitleidig. Sollte mir nur recht sein. Ich gab mir schließlich keine sonderlich große Mühe.

Auch bei den weiteren Tests machte ich nur das Nötigste. Ich fühlte mich ein wenig an den Sportunterricht in meiner Schulzeit erinnert. Nach etwa einer Stunde waren wir mit dem Fitnessteil fertig. Als Nächstes standen die medizinischen Untersuchungen an.

»Ziehen Sie sich bitte um«, sagten die Ärzte und wiesen uns einen Raum zu, in dem wir uns danach einfinden sollten. Ich ging zurück in das Büro, in dem auch die blonde Assistenzsekretärin saß um den Spindschlüssel zurückzubringen. Ich klopfte. Keine Reaktion.

»Hallo?«, fragte ich. Nichts. Die Tür war offen, also ging ich in das Büro und legte den Schlüssel auf den Schreibtisch. Bevor ich zu den Medizin-Checks ging, sah ich mich noch einmal um. Außer Bücher, Akten und medizinischen Unterlagen gab es hier nichts Spannendes. Aber … Moment. Ich hielt an und schaute noch mal ins Büro. Das konnte doch nicht wahr sein. Sie hatte ernsthaft ihre Handtasche auf dem Schreibtisch stehen lassen.

»Bruuder«, dachte ich. »Die verarschen mich doch …«

Ich schaute mich um, ob irgendwo in diesem Zimmer eine Kamera hing. Ob die mich hier testen wollten. Nichts. Ich ging noch einmal zurück in den Flur und schaute, ob jemand kam. Niemand. Meine Hände wurden ganz feucht. Ich dachte daran, dass ich zu Hause sturmfrei hatte. Dass wir die nächsten Tage dick Party machen wollten. Und jetzt diese Gelegenheit … Aber das konnte ich jetzt einfach nicht bringen, sagte ich mir selbst. Das ist viel zu krass. Das ist viel zu dreist. Das geht gar nicht. Ich schaute noch einmal über den Flur, ob jemand kam. Nichts.

Ach, scheiß drauf. Ich ging in das Büro der Assistenzärztin, griff in die Handtasche und schaute, ob sie da irgendwelche Wertsachen drin hatte. Nichts. Aber ich hatte Blut geleckt. Ich war jetzt schon mal dabei, also fing ich an, die Schubladen in ihrem Büro zu öffnen und – tatsächlich. Ich wurde fündig. Ich fischte ihr Portemonnaie und ihr Handy aus der obersten Schreibtischschublade. Ein brandneues Nokia. Jackpot! Ganz mechanisch packte ich alles in meine Taschen und verließ das Büro.

Instinktiv ging ich auf die Männertoilette, schloss mich in einer Kabine ein und zog das Geld aus dem Portemonnaie. 160 Euro. Ich lehnte mich gegen die Tür der Kabine und hielt einen kurzen Moment inne. Versuchte, wieder klar zu werden und mir so etwas wie einen Plan zurechtzulegen. Okay, Marcel, denk nach. Denk gut nach. Du hast gerade eine Bundeswehr-Ärztin bestohlen. Während deiner Musterung. Das ist alles sehr, sehr kritisch. Du darfst jetzt keinen Fehler machen. Mir war klar, dass ich auf gar keinen Fall das Handy und das Portemonnaie in der Tasche haben durfte. Wenn man mich erwischte, wäre ich komplett am Arsch. Das Geld hingegen war in meinen Augen unproblematisch. Im Fall der Fälle könnte ich sagen, dass das mein Geld war. Wie sollten sie mir das Gegenteil beweisen? Als würde die Schnalle wissen, dass sie genau 160 Euro dabei hatte. Niemals. Also packte ich das Cash in meine linke Socke und versteckte das Handy und das Portemonnaie auf einem Fenstersims im Toilettenraum. Da war ein kleiner Vorsprung, auf dem ein paar Rollen Toilettenpapier gelagert waren. Man konnte da nicht hochschauen, also stieg ich auf die Toilettenschüssel und lagerte das Zeug da. Wenn ich mit dem Musterungsscheiß durch war, würde ich noch einmal wiederkommen, alles einstecken und verschwinden. Für mich klang das nach einem guten Plan.

Ich verließ die Kabine und stellte mich ans Waschbecken. Ich ließ das kalte Wasser in meine Hände laufen und befeuchtete mein Gesicht. Dann schaute ich mich im Spiegel an.

Digga, was machst du nur?

Ich war mir selbst nicht ganz sicher, ob der Typ, der mir da im Spiegel entgegenblickte, ein Genie oder ein Wahnsinniger war. Zumindest war dieser 17-jährige Kerl da einfach ein verdammt dreister Motherfucker.

Ich verließ die Toilette und ging zu dem Raum, wo schon die anderen auf mich warteten.

»Eris, da sind Sie ja, wir dachten schon, Sie seien verloren gegangen«, ermahnte mich der Chefarzt und musterte mich von oben bis unten so abfällig, wie er nur konnte.

»Alles gut«, entgegnete ich ihm. »War nur kurz auf dem Klo.«

Dann ging die Untersuchung los. Ich wurde gewogen. Ich wurde vermessen. Ich musste einen Reflextest machen und genau in dem Moment, als der alte Typ mir sagte, ich solle mal die Hose runterziehen, und er mir hundertprozentig einen Finger in den Arsch stecken wollte, kam ganz aufgeregt die blonde Granate in den Raum und zog ihren Chef am Ärmel.

»Wilhelm, kommst du mal bitte kurz mit raus?«

Ich hatte meine Boxershorts schon auf Halbmast. Unangenehm.

Draußen im Flur wurde es immer unruhiger. Ich hörte, dass sich mehr und mehr Leute versammelten und immer aufgeregter miteinander sprachen. Natürlich war mir klar, worum es ging. Scheiße. Ich hatte gehofft, dass es zumindest so lange nicht auffällt, bis ich hier raus war.

Dann kam der Chefarzt wieder in das Zimmer. »Eris, ziehen Sie sich die Hose hoch und kommen Sie mit. Aber zackig!« Die Untersuchung war beendet. Glück gehabt. Der Arzt drückte mir einige Papiere in die Hand. »Füllen Sie das noch aus, und bringen Sie das dann zu meiner Kollegin in das Büro. Ich muss gerade etwas klären.«

Ich füllte den letzten Fragebogen aus und brachte ihn in das besagte Büro.

»Setzen Sie sich kurz, Herr Eris«, sagte die ältere Dame. Sie war bestimmt schon Anfang 60, trug eine Brille und tippte etwas in ihren Computer. Ich nahm meinen Sportbeutel zwischen die Beine und hörte wieder, wie es auf den Gängen unruhig wurde. Dann kam eine zweite Frau in den Raum und flüsterte der Oma etwas ins Ohr. Ich verstand nur Wortfetzen. »Handy geklaut … Geld … Müller und Eris … Letzten im Büro … müssen bleiben.«

Es reichte, um zu verstehen, was jetzt Sache war. Ich hatte plötzlich nur noch einen Gedanken. Ich musste unbedingt das Geld loswerden. Wenn sie das bei mir finden würden, wäre Game over. Da könnte ich mich niemals mehr rausreden. Ich beugte mich ganz vorsichtig nach vorne, tat so, als würde ich meinen Sportbeutel richten, zog das Geld aus meiner Socke und schmiss es unter den Schreibtisch.

»Herr Eris, Sie müssen bitte mitkommen«, sagte die ältere Dame, und ich folgte ihr in einen Büroraum, wo auch die anderen beiden Jungs schon kerzengerade auf einem Stuhl saßen.

»Einer von denen muss es gewesen sein!«, sagte die blonde Assistenzärztin und zeigte mit dem Finger auf uns. Neben ihr stand ein großer, breiter Typ in Soldatenuniform. »Sie sind die Einzigen hier.«

Ich setzte mich auf den freien Stuhl, neben die anderen beiden Jugendlichen. Sie starrten todernst geradeaus. Als wären sie schon richtige Soldaten.

»Ja, Moin, worum geht es denn hier eigentlich?«

»Klappe zu, Eris!«, motzte mich der Oberarzt an. »Irgendeiner von euch drei Spaßvögeln ist offensichtlich auf die schwachsinnige Idee gekommen, uns zu beklauen. Hier! Im Kreiswehrersatzamt! Ich weiß ja nicht, wie grenzdebil man sein muss, um zu denken, dass das nicht auffliegen würde, aber es gehört schon eine gehörige Portion Dummheit dazu, so dreistdoof zu sein.«

»Ich war es nicht!«, rief einer der beiden Jungs ungefragt dazwischen.

»Ich auch nicht!«, bekräftigte sein Kollege.

Alle schauten mich an. »Ich auch nicht«, sagte ich und versuchte, so überzeugend wie möglich zu wirken. Mir war klar, dass mir das nicht gelingen würde. Da saßen zwei Prototyp-Soldaten, die so richtig Bock auf Bundeswehr hatten, und ein völlig verpeilter Junkhead. Ich. Meine Ausgangsposition hier war wirklich alles andere als optimal.

»Es fehlt ein Portemonnaie mit 160 Euros und ein Nokia-Handy«, sagte die Ärztin. »Also los, Jungs. Raus damit. Wir werden den Täter eh ausfindig machen. Sagt uns lieber gleich, wer mir mein Zeug gestohlen hat.«

»Ich kann Ihnen versichern, dass ich niemals an Ihre Tasche gehen würde!«, sagte einer der beiden kahlrasierten Arschkriecher.

Dann wurde es wieder unruhig. Jemand kam in den Raum und sagte, dass das Geld gefunden wurde.

Keiner von uns sagte etwas. Der Oberarzt schlug mit der Faust auf den Tisch und wies den anderen Typen in der Soldatenuniform dann an, die Polizei zu rufen. Er verschwand im hinteren Raum.

»So leicht kommt ihr mir nicht davon, ihr Scheißer!«

Die Polizeistation war nicht weit entfernt. Vielleicht 100 Meter Luftlinie. Es dauerte also nicht lange, bis wir die Polizeisirene hörten, die signalisierte, dass die Beamten wohl vorgefahren waren. Warum sie für die zwei Straßen das Martinshorn anwarfen, verstanden sie wohl selbst nicht. Vielleicht wollten sie uns ein wenig Angst machen. Oder Respekt einjagen. Oder sonst was.

Dann betraten drei Polizisten den Raum. Jeder von uns wurde einem der Cops zugeteilt, und wir wurden in drei unterschiedliche Räume geführt.

Ich bekam den ältesten und abgefucktesten Bullen ab. Er war bestimmt zwei Meter groß, bullig, hatte eine Glatze und einen fetten Schnäuzer im Gesicht. Er sah nicht aus wie ein Mann, der Kompromisse machen würde.

»Haben Sie das Geld geklaut?«, fragte er mich ganz direkt.

»Nein, natürlich nicht.«

»Sie wissen, dass wir es rauskriegen. Sie können sich viel Ärger ersparen, wenn Sie es jetzt einfach zugeben.«

»Ich war's wirklich nicht!«

»Das Portemonnaie und das Handy. Wo sind die Sachen?«

»Ich sagte doch, ich habe keine Ahnung.«

»Also gut, Hose runter.«

»Äh, was?«

»Sie haben mich schon verstanden.«

Der Bulle schlug mit der Faust auf den kleinen Tisch, der in dem Raum stand. Er erklärte mir, dass er mich jetzt durchsuchen müsse. Aufgrund der Indizienlast müsse er da eine Ganzkörperuntersuchung durchführen.

»Muss das wirklich sein? «

»Es muss. Und jetzt: Bitte nach vorne beugen.«

Oh Mann. Und ich hatte mich doch so gefreut, dass ich zumindest den Teil überspringen durfte.

Nachdem der Bulle in meinen Körperöffnungen weder ein Portemonnaie noch ein Handy gefunden hatte, musterte er mich von oben bis unten. Es war ein richtiger Showdown. Er wusste genau, dass ich das Zeug geklaut hatte, und ich wusste, dass er es wusste. Er wusste hingegen, dass ich wusste, dass er mir nichts beweisen konnte. Ich war nicht bereit einzuknicken. Ich blieb standhaft. »Sie bleiben dabei, dass Sie nichts geklaut haben?«

»Ich bleibe dabei.«

»Also gut, Sie werden jetzt mit uns auf die Wache kommen. Dann werden wir Ihre Fingerabdrücke nehmen. Und dann werden wir Ihre Fingerabdrücke mit den Fingerabdrücken auf den Geldscheinen abgleichen.«

Verdammt! Damit hatte ich nicht gerechnet. Ich ließ mich auf den Stuhl fallen.

»Alles in Ordnung, Herr Eris? Keine Sorge, wenn Sie das Geld nicht geklaut haben, dann werden wir Ihre Fingerabdrücke ja auch nicht auf den Scheinen finden. Stimmt's?«

»Wissen Sie …«

Ich musste Zeit schinden. Ich musste mir irgendeinen Plan ausdenken. Verdammt, verdammt, verdammt. Der Typ war gut.

»Ja? Na los, Herr Eris. Sie können jetzt noch gestehen. Das macht es alles ein bisschen weniger schlimm.«

Ich hatte tausend Ideen und Gedanken im Kopf. Es waren so viele Puzzleteile, und ich versuchte, sie in Rekordzeit zu ordnen, um irgendwie, irgendwie noch meinen Kopf aus der Schlinge zu ziehen. Aber ich hatte noch keine Idee. Ich brauchte Zeit.

Die hatte ich nicht. Der Bulle verlor die Geduld mit mir. »Also gut, dann auf die harte Tour. Hände hinter den Rücken.«

»Muss das wirklich sein?«

Er grinste. Es musste sein.

Er legte mir Handschellen an und führte mich ab. Ich ging den gesamten langen Flur entlang, vorbei an den Mitarbeitern des Kreiswehrersatzamtes, vorbei an den zwei Mustersoldaten, die hämisch den Kopf schüttelten, als sie mich sahen, die Treppe runter und in den Polizeiwagen rein. Der 2-Meter-Bulle fuhr das volle Programm. Er wollte mir anscheinend wirklich imponieren und schaltete wieder Blaulicht und Martinshorn ein. Und so fuhren wir mit ohrenbetäubendem Lärm eine Straße weiter zum Polizeirevier Stade. Was für eine Show.

Während der Fahrt hatte ich dann endlich die Idee. Die entscheidende Idee, wie ich mich vielleicht doch noch retten könnte.

Auf dem Revier wurde ich aber zunächst einmal erkennungsdienstlich erfasst, wie es im schönsten Beamtendeutsch hieß. Man nahm mir Fingerabdrücke ab, machte Fotos von mir und glich meine Personalien ab. Dann wurde ich in ein Verhörzimmer gebracht. Der große 2-Meter-Bulle und ein Kollege von ihm setzen sich zu mir.

»Also gut, hören Sie. Ich sage Ihnen jetzt die Wahrheit«, begann ich das Gespräch. »Ja, ich habe das Geld genommen. Aber ich habe es nicht gestohlen.«

»Ach was?«

»Schauen Sie, es war so. Ich musste zu Beginn der Musterung in einen Becher pinkeln. Dafür bin ich aufs Klo gegangen. Und weil da kein Toilettenpapier mehr war, habe ich mir eine Rolle von dem kleinen Vorsprung runtergezogen. Dabei habe ich gespürt, dass da noch irgendwas lag. Irgendwas anderes. Ich bin auf das Klo gestiegen, habe nachgeguckt und gesehen, dass da ein Handy und ein Portemonnaie lagen. Ich wusste ja nicht, wem das gehört. Ich habe mir das Geld aus dem Portemonnaie genommen und es da liegen lassen.«

Die beiden Polizisten schüttelten den Kopf.

»Junge, das glauben Sie doch selbst nicht«, fuhr mich einer der beiden an.

»Doch. Es ist wahr! Sie können alle vor Ort fragen. Ich musste wirklich in so einen Becher pinkeln. Ich habe das Geld genommen, ja. Das war dumm. Aber ich habe es nicht geklaut. So was würde ich nie machen.«

Die Bullen nahmen meine Aussage auf. Natürlich glaubten sie mir nicht. Aber sie konnten mir auch nicht beweisen, dass ich schuldig wäre. Nach einer guten Stunde, in der ich meine Geschichte wieder und wieder bekräftigte, hatten sie keine Wahl: Sie mussten mich gehen lassen. Heute weiß ich, dass auch die Polizei gepokert hatte. Auf Geldscheinen sind Tausende von Fingerabdrücken. Sie hätten meine da niemals identifizieren können. Das wäre kriminaltechnisch zu aufwendig gewesen, eine solche Untersuchung für gerade mal 160 Euro anzuleiern. Aber ich war jung und hatte davon noch keine Ahnung. Die Polizisten riefen Opa an, der mich abholen musste.

Opa fuhr etwa eine halbe Stunde später vor und fand mich gut gelaunt auf dem Polizeirevier sitzen. Ich nahm meinen Rucksack und stieg zu ihm ins Auto.

»Du bist aber gut drauf, Junge.«

»War ein aufregender Tag, Opa. Du glaubst ja nicht, was da heute alles abging.«

Und dann erzählte ich ihm alles. Ich erzählte ihm von der Handtasche. Von dem Geld. Von der Polizei. Ich fühlte mich dabei, als wäre ich der absolute King. Der Typ, der auch noch mit der dreistesten Diebstahlsnummer überhaupt durchkam. Es gab einfach nichts und niemanden, der mich stoppen konnte. Opa hörte sich alles an und schüttelte nur den Kopf.

»Du spinnst, Junge. Du treibst es zu weit. Pass bloß auf, dass du nicht eines Tages im Knast landest.«

»Ja Opa, hast ja recht.«

Und er hatte recht. Heute denke ich mir, dass es besser gewesen wäre, wenn ich damals auf die Fresse gefallen wäre. Genau an diesem einen Tag. Dass ich nicht durchgekommen wäre. Nicht schon wieder durchgekommen wäre. Vielleicht hätte ich einfach dieses eine Mal die Konsequenzen für mein Handeln tragen müssen. Vielleicht hätte ich dann früher die Reißleine gezogen. Aber da ich bei allem immer mit einem blauen Auge davongekommen bin, habe ich einfach weitergemacht. Weiter und weiter und weiter.

Ein paar Monate später bekam ich einen Strafbefehl zugestellt. Wegen veruntreuender Unterschlagung, Ich musste nicht einmal vor Gericht erscheinen. Der Strafbefehl bedeutete, dass die Tat so geringfügig war, dass sich eine Verhandlung gar nicht gelohnt hätte. Der Richter drückte mir 35 Sozialstunden auf und gab mir die Möglichkeit, Widerspruch einzulegen. Das tat ich nicht. 35 Stunden waren eine gute Woche Arbeit. Das bekam ich hin. Ich hatte auch etwas Zeit, denn von der Bundeswehr habe ich nie wieder ein einziges Schreiben bekommen. Ich hatte die Möglichkeit, mir selbst auszusuchen, wo ich die Strafe abarbeiten würde. Ich entschied mich für den Waldfriedhof. Zu diesem Zeitpunkt erschien mir das passend. Denn die Zeit, in der ich meine Strafe abarbeiten musste, war eine Phase, in der ich mir allgemein sehr viele Gedanken über das Leben an sich machte. Das hing auch mit Sabrina zusammen.

*

Die Beziehung zwischen Sabrina und mir wurde immer enger. Wenn ich nicht bei meinen Jungs war, dann war ich meist bei ihr. Ich war wirklich ziemlich verknallt in dieses Mädchen. Sabrina wohnte noch bei ihrer Mutter. Ich mochte ihre Familie. Ich mochte sie wirklich gern. Sie nahmen mich auf, als wäre ich ein Teil von ihnen. Sabrinas Eltern waren getrennt. Ihre Mami hatte einen neuen Freund. Er hieß Peter. Peter war für Sabrina wie ihr echter Vater, und für mich war Peter ein wahnsinnig guter Kumpel. Oder besser gesagt: Für mich wurde Peter zu einem wahnsinnig guten Kumpel. Als wir uns kennenlernten, war das Verhältnis noch nicht ganz so entspannt. Ich nahm ihm das nicht übel. Peter sah in mir wohl einen faulen, perspektivlosen Kiffer. Und ich war ja auch ein fauler, perspektivloser Kiffer. Aber irgendwann erkannte er, dass ich wirklich gute Absichten bei Sabrina hatte – und er schloss mich auch ins Herz. Mittlerweile hatten wir ein richtig gutes Vertrauensverhältnis zueinander. Es gab Tage, an denen ich Sabrina besuchte und mehr mit Peter rumhing als mit ihr. Ich mochte den Kerl einfach. Peter war ein dufte Typ. Ein kleiner Macho, so wie ich. Er riss ganz gern mal einen derben Spruch, aber er meinte es nie böse. Und man konnte ihm auch nichts krummnehmen. Peter war ein Kerl, der mit beiden Beinen im Leben stand. Er hatte lange Zeit eine eigene Handwerksfirma. Als sie pleiteging, wurde er Chef in einer Zeitarbeitsfirma. Peter hatte bloß ein Problem: Er war Alkoholiker. Genauer gesagt: Er war ein hardcore Alkoholiker. Er war nicht der Kerl, der zwei, drei Bierchen am Abend trank. Peter war der Kerl, der locker eine Flasche Rum killte. Und sich danach noch zwei, drei Bierchen als Absacker genehmigte. Aber man merkte ihm das nicht groß an. Wenn Peter betrunken war, war er nicht anders, als wenn er nüchtern war. Er wurde nicht lauter oder aggressiver, wenn er getrunken hat. Peter war Peter. Und immer wenn ich abends kam, saß er auf seinem Sessel im Wohnzimmer, zwinkerte mir zu und hob seine Pulle.

Die letzten Monate über hatte sich Peter allerdings verändert. Er war nicht mehr so gut drauf wie sonst. Er war ruhiger. In sich gekehrter.

»Mensch, Peter, was denn los mit dir? Du bist ja so ruhig in letzter Zeit«, sprach ich ihn an und setzte mich dann zu ihm.

»Du, Marcel, alles schnieke, nur bisschen Magenprobleme.«

»Schlimm?«

»Wird schon, wird schon.«

»Dann geh doch mal Arzt.«

Er schaute mich mit großen Augen an.

»Habe ich was Falsches gesagt?«

»Peter geht nicht zum Arzt«, lenkte Sabrinas Mutter ein. »Peter hasst Ärzte.«

»Alles Quacksalber«, sagte er und würgte das Gespräch ab. »Ein echter Mann vertraut auf seine Selbstheilungskräfte.« Ein typischer Peter-Spruch.

Als ich später mit Sabrina in ihrem Zimmer war, erzählte sie mir, dass sie sich Sorgen machen würde. Peter sei schon seit einer Woche so komisch drauf. Immer hätte er diese Magenkrämpfe.

»Können wir ihn nicht doch überreden, zum Arzt zu gehen?«, fragte ich noch mal nach.

»Peter und Ärzte? Das funktioniert einfach nicht. Glaub mir. Wir haben alles probiert.«

Ich strich ihr über den Kopf. »Ach, Mensch. Es ist Peter. Das wird schon wieder.«

Sie nickte.

Am nächsten Wochenende waren Sabrina und ich auf einer Party. Sie war ein wenig außerhalb von Buxtehude, irgendwo auf dem Land, in einer Dorfdisko. Sabrina stand auf solche Partys. Es war ein bisschen prollig. Die gesamte Jugend aus den umliegenden Dörfern war gekommen. Die meisten waren Bauern. Wortwörtliche Bauern. Es war Sommer. Vor der Disko waren noch zwei riesige Zelte aufgebaut, sodass man auch draußen weitertanzen konnte. Ich war eigentlich nicht so ein begeisterter Diskogänger, aber ich wollte meiner Freundin den Gefallen tun. Ich hing ja sonst auch nur mit meinen Jungs ab. So alle paar Wochen mal einen Gefälligkeitsabend mit Diskobesuch musste da schon drin sein. Und irgendwie gefiel es mir auch. Die Leute waren gut drauf, die Stimmung war ausgelassen. Es lief meist 90er-Jahre Musik, dazu etwas HipHop. 50 Cent, JaRule, die Hits dieser Ära eben. Ich ging zur Bar und holte Sabrina und mir einen Gin Tonic. Wir tranken und unterhielten uns ein bisschen. Dann tanzten wir. Und tranken weiter. Es war ein schöner, harmonischer Abend.

Gegen zwei Uhr nachts fuhren wir wieder zurück nach Buxtehude und gingen zu Sabrina nach Hause. Als sie die Tür aufschloss, brannte im Wohnzimmer noch Licht. Sabrinas Mutter saß dort, mit einem Glas Wein.

»Ist alles in Ordnung, Mami?«, fragte Sabrina etwas besorgt.

»Ja, mein Schatz. Mach dir keine Gedanken.«

»Warum bist du noch wach?«

»Peter geht es nicht so gut. Sein Magen. Er ist sehr unruhig. Und ich kann auch nicht schlafen.«

»Sollen wir mal nach ihm sehen?«

»Nein, lasst ihn. Er muss zur Ruhe kommen. Hattet ihr einen schönen Abend?«

Wir nickten. Dann gab Sabrina ihrer Mama einen Kuss, und wir gingen hoch auf den Dachboden, wo Sabrinas Zimmer war. Ich war todmüde. Und ziemlich betrunken. Ich zog mit letzter Kraft meine Klamotten aus, legte mich ins Bett und fiel sofort in einen tiefen Schlaf.

»Marcel! Marcel! Wach auf.«

Ich spürte, wie jemand meinen Arm griff und mich wachschüttelte. Ich öffnete langsam die Augen, brauchte einen kurzen Moment, um zu realisieren, wo ich war.

Dann sah ich Sabrinas Mutter neben mir am Bett stehen. »Marcel!«

Ich war noch völlig verschlafen. Irgendwas musste passiert sein.

»Was ist los?«, fragte ich, setzte mich auf und rieb mir die Augen. Vor ein paar Sekunden war ich noch mitten in meiner Tiefschlafphase.

»Du musst uns helfen, es ist etwas mit Peter.« Ich schaute auf den Wecker. Es war 6.30 Uhr.

»Peter kommt nicht von der Toilette runter. Du musst mir helfen, ich kriege ihn da nicht mehr runter. Er ist zu schwer.«

»Was sagst du da?«

Ich brauchte noch ein paar Sekunden um klarzukommen. Zuerst dachte ich, das wäre irgendwie ein schlechter Scherz. Aber Sabrinas Mutter wirkte aufgelöst. So hatte ich sie noch nie gesehen. Nein, das war kein Scherz. Ich begriff, dass das sehr, sehr ernst war. Ich stand sofort auf und lief die Treppe runter.

Die Badezimmertür war offen. Und plötzlich war ich hellwach. Da saß Peter. Völlig zusammengekauert. Er trug nur eine Boxershorts. Sein Körper war komplett ausgemergelt. Seine Rippen zeichneten sich ab, er war abgemagert. Er saß auf der Toilette und wimmerte. Mein Hals schnürte sich zu, als ich ihn da so sitzen saß.

»Peter …«, sprach ich ihn an und ging einen Schritt auf ihn zu. Er drehte sich zu mir und blickte mich mit großen, angstvollen Augen an. Dabei winselte er vor Schmerzen.

Mir lief ein Schauer über den Rücken. Ich sah in Peters Augen, dass er Angst hatte. Todesangst. Sein Blick ließ mir das Blut in den Adern gefrieren. Aber ich versuchte die Gedanken sofort wieder zu vertreiben. Das war zu ernst. Ich musste jetzt reagieren.

»Was ist los, Peter? Peter? Ist alles okay?«

Er konnte nicht richtig reden. *»Ichkommnichrunter«*, flüsterte er mehr, als dass er es aussprach. Sabrina stand neben mir. Sie weinte. »Mach doch was«, flehte sie mich regelrecht an.

»Komm schon, Peter«, sagte ich. »Das kriegen wir irgendwie hin. Alles gut.«

Ich nahm seinen Arm und zog ihn hoch. Ich spürte, wie er zitterte. Als ich ihn berührte, blickte er mich wieder mit diesem panischen Blick an. Man merkte, dass er gar nicht verstand, was hier gerade passierte.

»Alles gut, Peter«, versuchte ich, ihn zu beruhigen. Ich wiederholte diesen Satz wie ein Mantra. »Alles gut, wir kriegen das hin.« Vielleicht sagte ich das auch, um mich selbst zu beruhigen. Denn nichts war gut in diesem Moment. Das spürte ich. Ich hob Peter hoch und trug ihn aus dem Badezimmer raus in sein Schlafzimmer. Ich legte ihn aufs Bett. Er krümmte sich sofort zusammen vor Schmerzen. Ihm tat offensichtlich wirklich alles weh.

»Sabrina«, sagte ich zu meiner Freundin. »Wir müssen jetzt einen Krankenwagen rufen.«

Sie hatte schon das Telefon in der Hand und wählte die 112.

Da hörten wir Peter, wie er etwas sagen wollte. Ganz leise. Ich beugte mich zu ihm runter.

»Was hast du gesagt, Peter?«

»Keinen Krankenwagen …«, flüsterte er in einem leidenden Ton. »Keine Ärzte.«

Ich musste schmunzeln. Obwohl es ihm so dreckig ging, dass er kaum noch sprechen konnte, brachte er noch seine Sprüche. Typisch Peter.

»Bleibt ihr bei ihm, ich gehe raus und weise den Rettungswagen an, wenn er kommt«, sagte ich zu Sabrina und ihrer Mutter. Das Haus stand in einem dicht besiedelten Wohngebiet, ich wollte, dass die Sanitäter nicht lange suchen mussten. Ich ging vor die Tür, zog mir eine Kippe aus der Big Box und nahm einen ganz tiefen Zug. Ich war innerlich so aufgewühlt wie schon lange nicht mehr. Immer wieder musste ich an den Blick denken, den Peter mir zugeworfen hatte. Diese Panik in seinen Augen. Was für eine Scheiße. Ich hatte meine Zigarette noch nicht aufgeraucht, da kam auch schon der Rettungswagen angefahren. Ich winkte den Jungs zu und erklärte ihnen auf dem Weg zur Wohnung, was passiert war.

Dann brachte ich sie ins Schlafzimmer, wo Peter noch immer zusammengekrümmt und wimmernd auf dem Bett lag.

»Er ist völlig dehydriert«, sagte einer der Sanitäter und gab Peter eine Infusion. Man merkte, wie er langsam ruhiger wurde und die Schmerzen kurz nachließen. »Wir müssen ihn aber mitnehmen«, sagten die Sanis.

»Es ist das Beste, Peter!«, sagte Sabrina, die noch Tränen in den Augen hatte. Ihre Mama saß die ganze Zeit am Bett und hielt Peters Hand. »Jetzt sei kein Dickkopf. Nicht dieses Mal.«

Er nickte, und die Sanis transportierten ihn auf einer Trage ab. Sabrinas Mutter fuhr mit ins Krankenhaus, Sabrina und ich blieben in der Wohnung zurück. Sie war völlig aufgelöst. Sie heulte die ganze Zeit, und auch mir fiel es sehr, sehr schwer, stark zu bleiben. Irgendwann konnte ich die Tränen nicht mehr zurückhalten. Ich machte mir wirklich Sorgen um den Mann.

»Hast du gesehen, wie dünn er war?«

»Ja«, sagte ich. »Aber er wird schon wieder. Es ist Peter.« Ich versuchte es mir auch selbst einzureden. Dann wiederholte ich die Worte. »Alles wird gut. Bestimmt wird alles gut.«

»Er war seit Jahren nicht mehr beim Arzt. Der Sturkopf. Hoffentlich ist es nichts Schlimmes.«

Ich nahm Sabrina in den Arm und strich ihr über den Kopf. »Er ist jetzt in den besten Händen.«

»Hoffentlich geht es ihm bald besser …«

»Ganz bestimmt tut es das.«

An Schlaf war jetzt nicht mehr zu denken. Nachdem Sabrina sich wieder etwas gefangen hatte, machten wir uns Frühstück. Dann ging ich nach Hause. Wir verabredeten uns für den Nachmittag, sie wollte zunächst allein ins Krankenhaus fahren, ich sollte dann später nachkommen.

Ich ging nach Hause, setzte mich auf mein Bett und rauchte eine Bong. Ich musste irgendwie runterkommen. Ich war völlig aufgewühlt. Die Bilder gingen mir einfach nicht mehr aus dem Kopf. Wie Peter da lag. Wie er mich anstarrte. Ich legte mich etwas hin und schaute meine Decke an. Ich kam einfach gar nicht mehr klar. Sie werden ihn schon wieder hinkriegen, sagte ich mir. Ist doch gut, dass er jetzt im Krankenhaus ist. Dort wird man ihn wieder hinbiegen. Dort wird man ihm helfen. Dann klingelte mein Handy und riss mich aus den Gedanken. Ich schaute auf das Display. Sabrina. Es war 11.30 Uhr. Wahrscheinlich war sie schon im Krankenhaus.

»Ja?«, nahm ich ab.

Sie sagte nichts. Sie weinte nur.

»Hallo? Sabrina? Alles okay?«

Sie brachte kein Wort heraus. Ich hörte sie einfach nur wimmern.

»Er …«

»Beruhig dich! Was ist los? Bist du im Krankenhaus?«

»Ich … Marcel … Peter ist gestorben.«

Mein Herz zog sich zusammen. Ich bekam Atemnot und musste das Telefon erst mal runternehmen. Das konnte doch nicht sein. Das hatte sie doch gerade nicht wirklich gesagt. Peter? Tot? Es fühlte sich so surreal an. Als würde ich das nur träumen. Als wäre das ein ganz, ganz schlimmer Albtraum, aus dem ich jeden Moment wieder erwachen würde. Ich riss mich zusammen und nahm das Handy wieder an mein Ohr.

»Peter ist gestorben«, wiederholte Sabrina. Auch sie konnte kaum sprechen. Fing immer wieder an zu weinen. »Im Krankenhaus. Kannst du kommen?«

»Natürlich«, sagte ich mit stockender Stimme und legte auf.

Ich wollte aufstehen und losfahren, aber es ging nicht. Ich konnte nicht. Ich hatte keine Kraft. Ich igelte mich in meinem Bett ein und heulte. Das hat mich so mitgenommen. So getroffen. Ich kam überhaupt nicht klar. Ich lag in meinem Bett und heulte meine Kissen voll. Ich fühlte mich so wahnsinnig elend. Nach einer halben Stunde hatte ich mich etwas gefangen. Ich atmete ein paar Mal tief durch. Ich wusste, dass ich jetzt für Sabrina und ihre Mama da sein musste. Dass das wichtig war. Ich riss mich zusammen und fuhr ins Krankenhaus, wo die beiden völlig aufgelöst in einem der Flure saßen. Ich nahm Sabrina in den Arm. Sie weinte.

»Was ist denn bloß passiert?«, fragte ich sie.

»Die Ärzte konnten nichts mehr für ihn machen.«

»Aber was hatte er denn?«

»Multiples Organversagen. Seine Organe waren vom Alkohol komplett zerfressen. Die Leber, die Niere. Alles kaputt. Alles wegen diesem scheiß Alkohol.«

Wieder musste ich mit den Tränen kämpfen. Wir hatten ja alle keine Ahnung gehabt, wie schlimm es um ihn stand.

»Marcel, wir gehen jetzt in den Sterberaum«, sagte Sabrinas Mutter. »Um uns ein letztes Mal von ihm zu verabschieden. Möchtest du mitkommen? Wir haben extra noch auf dich gewartet …«

Ich überlegte kurz, war hin- und hergerissen. Ich schaute auf den Boden.

»Nein«, sagte ich dann. »Ich warte draußen.«

Ich wollte ihn nicht mehr sehen. Ich wollte Peter genau so in Erinnerung behalten, wie ich ihn immer gekannt habe. Als lustigen, lebensfrohen Menschen. Als coolen Typen. Als Original.

Die zehn Minuten, die ich vor der Türe seines Sterbezimmers wartete, waren die vielleicht längsten zehn Minuten meines Lebens.

Am Nachmittag fuhren wir dann zu Sabrina nach Hause. Die nächsten Tage und Wochen waren eine schlimme Zeit. Die Stimmung war sehr gedrückt. Alle waren sehr traurig. Und jedes Mal, wenn ich zur Tür reinkam und den leeren Sessel im Wohnzimmer sah, blutete mir ein wenig das Herz. Da war kein Peter mehr, der auf dem Sessel saß und mir einen Spruch reingedrückt hat. Er war einfach nicht mehr da.

Zum ersten Mal in meinem Leben wurde mir schmerzhaft bewusst, wie vergänglich doch alles ist. Das hat mich komplett aus der Bahn geworfen. Und jetzt stand ich hier, auf dem Friedhof Buxtehude und war bereit, meine Strafe abzuarbeiten.

III. JUNKIE

Was damals so locker und unbeschwert als eine gute Zeit unter meinen Jungs begann, hat irgendwann seine Unschuld verloren. Das passierte nicht von heute auf morgen. Es war ein schleichender Prozess. Wir wurden älter, und einige von uns fanden ins Leben. Sie machten eine Ausbildung. Sie gingen einem Beruf nach. Sie hatten Freundinnen. Einige gründeten sogar schon Familien. Aber einige von uns blieben einfach hängen. Fanden den Absprung nicht. Ich hatte nach meinem Hauptschulabschluss zwar noch einen Realschulabschluss gemacht, aber das war es auch. Als ich ihn in der Tasche hatte, lehnte ich mich wieder zurück. Die Welt drehte sich weiter, die Dinge veränderten sich, aber ich hielt mich bloß an dem fest, was mich die letzten Jahre über am Leben gehalten hatte. Ich zockte, ich kiffte, ich lebte weiter im Heute, ohne einen Plan vom Morgen zu entwickeln. Ich versackte. Und je mehr ich begriff, dass ich mittlerweile jede Perspektive verlor, desto mehr betäubte ich die Gewissheit zu scheitern mit noch mehr Drogen.

»Marcel, kommst du mal vorbei?«, fragte mich Opa am Telefon, als ich gerade in meinem Zimmer chillte und Musik hörte. »Ich würde gern was mit dir besprechen.«

»Klar, Opa.«

Ich rauchte noch eine Bong, zog mich an und fuhr zum Haus meiner Großeltern.

»Setz dich, Junge. Ich habe gute Nachrichten für dich«, begrüßte er mich gleich an der Tür.

Ich ließ mich auf die große Couch fallen, Oma brachte uns eine Kanne Kaffee, und Opa strahlte mich todglücklich an.

»Na, Opa, was gibt's denn?«

Er hielt die Spannung aufrecht. Goss sich eine Tasse Kaffee ein und verrührte langsam den Zucker.

»Erzähl schon, Opa.«

»Ich habe eine Ausbildungsstelle für dich.«

Oh neee, dachte ich.

»Ach, super«, sagte ich. »Was denn für eine?«

»Auto Baumann. Die suchen da noch Mechatroniker. Das ist doch genau das Richtige für dich. Mit Autos kommst du doch klar?«

»Hm, schon, ja.«

Ich wäre von mir aus niemals auf die Idee gekommen, Mechatroniker zu werden. Aber es war nicht die dümmste Idee. Ich mochte Autos. Und ich war handwerklich auch einigermaßen begabt. Ich dachte zurück, wie ich damals immer bei Papa seine neuesten Autos inspizierte. Mechatroniker zu werden, das konnte ich mir schon irgendwie vorstellen. Aber von Auto Baumann hatte ich noch nie etwas gehört.

»Nun, das ist der Haken«, sagte Opa. »Auto Baumann ist nicht in Buxtehude. Sondern ein bisschen außerhalb. Bei Bremervörde.«

Bremervörde war eine gute halbe Stunde Fahrt. Nicht so toll, aber auch kein Drama. Ich konnte mir das Ganze noch immer vorstellen.

»Und der zweite Haken ist – du müsstest erst mal ein Praktikum machen. Und dich beweisen. Du bist nämlich nicht der einzige Anwärter auf den Job.«

»Das sollte ich hinbekommen«, sagte ich. Ich hatte nicht so viel Lust zu arbeiten, aber Opa hatte sich so viel Mühe gegeben, da wollte ich ihm auch zeigen, dass er sich auf mich verlassen kann. Und vielleicht würde die Sache meinem Leben ja eine positive Wendung geben. Alles in eine bessere Richtung lenken.

»Wie bist du an die Stelle überhaupt rangekommen, Opa?«

Er schaute mich listig an und lächelte. »Connections.«

Opa war einfach der Coolste. Ich gab ihm einen fetten Kuss und versprach ihm, das durchzuziehen. Und mir Mühe zu geben.

Eine Woche später ging es auch schon los. Ich setzte mich auf meinen kleinen pinken Yamaha-Roller und juckelte im übelsten Regen über die Autobahn nach Bremervörde. Bremervörde war eine ganz andere Welt. Ein kleines Dorf am Arsch der Heide. Und die Werkstatt lag am Rand des Dorfes, sozusagen am Arsch vom Arsch der Heide. Ich parkte vor einem riesigen Gebäude mitten auf einem weitläufigen Grundstück und schaute mich um. Neben der Werkstatt war eine Kneipe. Ein altdeutsches Wirtshaus. Es hieß »Zum goldenen Schwein«. Und es gehörte wohl demselben Besitzer wie auch die Werkstatt. Das hatte Opa mir schon vorher erzählt.

Ich lief ein wenig herum. Neben Werkstatt und Kneipe erstreckte sich ein großer eingezäunter Hof. Und auf dem Hof standen jede Menge Autos. Schrottautos. Bestimmt hundert Stück. Außer der Karosserie war an ihnen nicht mehr viel dran. Die Motorhauben waren offen, die verwertbaren Teile herausgenommen. Ein riesiger Autofriedhof. Nachdem ich mir alles angeschaut hatte, betrat ich dann endlich meinen neuen Arbeitsplatz. Auto Baumann.

»Hallo, ich bin Marcel«, stellte ich mich bei einem der Mitarbeiter vor. »Ich beginne heute mit meinem Prakt…«

»Chef noch nix da. Warten«, sagte mir der Kerl mit einem breiten, russischen Akzent und ließ mich erst mal stehen. Okay, alles klar. Ich lehnte mich an die Wand und beobachtete, wie er ein Auto auseinandernahm. Nach einer guten Stunde kam dann endlich der Chef von Auto Baumann. Herr Baumann. Herr Baumann war ein Deutscher, Anfang 50, er trug sein Haar fettig und zurückgekämmt und seinen gewaltigen Bierbauch mit großem Stolz vor sich her. Im Gesicht hatte er eine riesige Nase und einen großen, vollen Schnäuzer, durch den er sich immer mit der Hand fuhr, wenn er nachdachte. Er dachte meist darüber nach, wie er mich schikanieren konnte.

Aber das wusste ich am ersten Tag noch nicht. Während meines Praktikums lief eigentlich alles noch ganz in Ordnung. Ich durfte den Meistern zuschauen, wie sie die Autos auseinandernahmen und wieder zusammensetzten. Das war interessant. Nach zwei Wochen gratulierte mir Baumann. »Du hast die Ausbildung.« Wow. Ich war richtig glücklich. Vor allem, weil ich Opa endlich gute Nachrichten nach Hause brachte. Und weil ich anfing, mich wirklich für dieses Mechatroni-ker-Ding zu interessieren. Doch als die Ausbildung begann, änderte sich plötzlich alles.

»Mhnja, Marcel, willkommen an Bord, da du jetzt offiziell Azubi bist, habe ich hier eine ganz spezielle Sonderaufgabe für dich«, sagte Bau-mann an meinem ersten offiziellen Tag, grinste blöd und drückte mir dann einen Wischlappen in die Hand. »Einmal die Werkstatt feucht durchwischen. Und zwar komplett bitte.«

»Klar, Chef.«

Ich nahm also den Lappen, holte mir noch einen Wischmop dazu und reinigte den Boden. Ich wischte um die Angestellten herum, die sich um die Autos kümmerten. Ich empfand diese Aufgabe als nicht sonderlich schlimm. Ich wollte mich beweisen. Als ich fertig war, drückte er mir erneut einen Lappen in die Hand. Ich sollte nun alle Regale putzen. Als ich damit fertig war, brachte er mir einen Schrub-ber. Ich sollte versuchen, die Ölflecken wegzuschrubben.

Das ging die gesamte erste Woche so. Am ersten Tag habe ich es hingenommen. Am zweiten hoffte ich, dass es besser wird. Am dritten habe ich angefangen, die Ausbildung zu hassen.

In der zweiten Woche war alles sauber. Es gab nichts mehr, was man hätte reinigen können. Ich hatte es sogar geschafft, einen gottver-dammten Ölfleck wegzuschrubben. Eigentlich ein Ding der Unmög-lichkeit. Ich hatte die große Hoffnung, dass ich jetzt endlich an die Au-tos durfte. Dass ich nun was lernen könnte.

»Mhhnja, Marcel. Da gäbe es aber noch etwas, was vorher erledigt werden müsste.« Herr Baumann grinste, legte seinen Arm um meine Schulter und führte mich über den Hof in sein Gasthaus. Es war noch geschlossen. Die Stühle standen auf den Tischen. »Na komm, na komm«, sagte er und führte mich in die Küche. Überall stand Geschirr herum.

»Wie du siehst, ist die Fritteuse nicht mehr so ganz frisch, die müsste einmal richtig schön entfettet werden.«

Ich musste würgen, als ich das alte, eklige Fett in dem Fritteusegerät sah.

Ich dachte kurz darüber nach, mich zu weigern, aber dann hatte ich Opas Leitspruch in den Ohren: »Lehrjahre sind keine Herrenjahre«. Und ich war ja gerade erst am Anfang meiner Ausbildung. Ich entfettete also die Küche und verfluchte Herr Baumann für das, was er mir da antat. Ein Anruf beim Gesundheitsamt, und Herr Baumann hätte wahrscheinlich mehrere Anklagen wegen Körperverletzung am Hals gehabt.

In meiner dritten Woche war ich auch mit der Entfettung der Küche fertig. Ich dachte mir, dass ich wenigstens jetzt etwas lernen könnte. Dass ich mal ein Auto auseinandernehmen dürfte. Reifen wechseln. Ölstände prüfen. Oder zumindest einmal dabei zugucken dürfte, wie ein Mechatroniker etwas davon machte. Bisher hatte ich nur gelernt, wie man sich in den unterschiedlichsten Variationen von seinem Chef knechten lassen muss. Das war richtig beschissen. Aber ich hätte das alles geschluckt, hätte Baumann mich wenigstens auch nur in die Nähe eines Autos gelassen. Aber nein. Ich durfte mich den Wagen nicht mal nähern.

»Vorsichtig, min Jung«, sagte Herr Baumann dann. »Wir wollen doch nicht, dass du uns hier noch was kaputt machst, wa?«

Neben mir gab es noch drei weitere Azubis. Johann, Waldi und Rudi. Waldi und Rudi waren die Lieblinge von Herr Baumann. Sie durften an die Autos, sie bekamen gezeigt, wie man einen Motor ausbaut, sie durften auch schon selbstständig Reifen aufziehen und wechseln. Johann und ich durften hingegen putzen und entfetten. Als es nichts mehr zu putzen und zu entfetten gab, wurden wir nur noch ignoriert. Baumann tat so, als wären wir gar nicht da.

Also fing ich an, mir selbst Aufgaben zu geben. Freiwillig zu wischen. Freiwillig das Werkzeug in den Werkzeugkästen zu ordnen. Nur von der Küche hielten wir uns fern.

Ich wollte Baumann zeigen, dass ich Bock auf den Job hatte. Aber es war ihm egal. Er scherte sich nicht um mich.

Irgendwann zeigte ich dann auch keinen Einsatz mehr. Es hatte ja sowieso keinen Sinn. Ich hatte die Ausbildung zwar bekommen, aber mir war klar, dass Baumann mich noch in der Probezeit wieder rausschmeißen würde. Für ihn war ich einfach nur eine sehr günstige Putzkraft. Er war ein Trickser. Und ich durchschaute ihn. Er hatte schon vorher Andeutungen gemacht, dass er sich nur zwei Auszubildende leisten könne. Und wer die beiden waren, war kein Geheimnis. Aber statt ihm weiter in den Arsch zu kriechen und seine Küche zu entfetten, begann ich jetzt zu chillen.

Am nächsten Morgen lief ich über das große, weiträumige Gelände. Es war ein warmer Frühlingstag, die Sonne schien mir ins Gesicht. Meine Jacke hatte ich im Pausenraum gelassen. Ich spazierte zwischen den ganzen Schrottautos entlang und suchte den richtigen Ort. Ich betrachtete die ausgeschlachteten Wracks. Es waren Dutzende. Baumann ließ die brauchbaren Teile entfernen und pimpte damit andere Autos auf, die er dann billig weiterverscherbelte, der krumme Hund. Ich ging weiter und weiter und entdeckte dann endlich den perfekten Spot. Einen alten Ford Fiesta. Er stand etwas abseits und war noch halbwegs intakt. Ich schaute mich um, ob mich jemand beobachtete. Nichts. Dann öffnete ich die verbeulte Tür und setzte mich auf den Beifahrersitz. Der Wagen war halbwegs gut versteckt. Hier würde mich niemand sehen. Ich zog mir meinen vorgedrehten Joint aus der Hosentasche und steckte ihn mir an. Dann kurbelte ich die Scheibe von dem Auto runter, stellte die Lehne zurück und entspannte mich. Ich nahm zwei tiefe Züge und schloss die Augen. Irgendwann schlief ich einfach ein.

Als ich die Augen wieder öffnete, hatte ich einen kurzen Moment lang Panik. Ich schaute auf die Uhr. Verdammte Scheiße! Ich hatte eine Stunde lang gepennt. Ich rieb mir die Augen, raffte mich auf und ging in die Werkstatt.

»Na, alles klar?«, fragte mich Waldi. Ich nickte. Die anderen Mitarbeiter wuselten herum. Bei Auto Baumann arbeiteten eigentlich nur Russen und Polen. Es war niemandem aufgefallen, dass ich weg war. Selbst wenn ich in einem der Autos verstorben wäre, wäre es wahrscheinlich tagelang niemandem aufgefallen. Ich fing an, meine Ausbildung zu hassen.

Am nächsten Tag machte ich erneut eine größere Erkundungstour über das Gelände. Und als ich das Grundstück erkundet hatte, fing ich an, Dinge von dem Grundstück mitgehen zu lassen. Vielleicht aus Langeweile. Vielleicht aus Frustration. Ich fing zunächst damit an, die Autowracks ein wenig auszuweiden. Oft waren da noch Autoradios drin, die ich gut verkaufen konnte. Ich schraubte sie raus und verstaute sie in meinem Rucksack. Später baute ich dann auch Scheinwerfer aus. Auch die brachten einiges an Geld ein. Wenn ich meine tägliche Diebestour hinter mir hatte, ging ich wieder zu den Jungs in die Werkstatt, und wir rauchten gemeinsam einen Eimer oder leerten eine Flasche Korn. Das war wirklich ein ziemlich lustiger Haufen. Einmal kam Herr Baumann rein, als wir gerade eine Flasche Wodka exten.

Er stellte sich vor uns auf, schüttelte den Kopf und zog dann wieder ab. »Jungs, Jungs, Jungs«, sagte er noch im Rausgehen. Auch das war ihm einfach egal.

»Für ihn nur wichtig, alles werden pünktlich fertig«, erklärte mir Waldi. »Rest ist Chef egal.«

Nach und nach bekam ich immer mehr mit von dem, was bei Auto Baumann so alles abging. Einmal wollte ich gerade einen neu angelieferten Unfallwagen begutachten, da sah ich, wie Viktor, einer der Mechatroniker, schon im Wagen hockte und das Radio ausbaute.

»Ah, Marcel. Wolltest du wohl auch gerade klauen, was?«, lachte er.

»Ne, Großer, alles gut. Gönn dir.«

Nein, ich war nicht der Einzige, der auf dem Gelände Zapperapzapp machte. Eigentlich waren alle Angestellten kriminelle Wichser. Der gesamte Laden war korrupt. Und Baumann selbst hatte ziemlich sicher den meisten Dreck am Stecken. Ich hatte sogar für einen kurzen Moment den Verdacht, dass er eine gewisse Diebstahlsquote mit einkalkulierte. Er zahlte seinen Leuten so wenig Geld, dass es für ihn wahrscheinlich ein Plus-Minus-Geschäft war. Zumindest musste er sich irgendwie denken können, dass mal der eine oder andere Wertgegenstand in seinen heiligen Werkstätten wegkam. Es war unmöglich, dass er es nicht mitbekam.

Der Einzige, der sich nie etwas zuschulden kommen ließ, war Waldi. Waldi war eine treue Seele. Je näher ich ihn kennenlernte, desto mehr wuchs er mir ans Herz.

Waldi wohnte in Ahlerstedt, was auf dem halben Weg nach Buxtehude lag. Und irgendwann bot er mir an, mich morgens und abends einfach mit seinem Auto mitzunehmen. Er hatte einen schwarzen Seat Ibiza. Das war übelst korrekt. Die lange Anfahrt mit dem Roller war wirklich extrem nervig für mich. Also fuhr ich mit dem pinken Yamaha-Roller zu Waldi, und von dort fuhren wir gemeinsam mit seinem Auto zur Werkstatt. Während der Fahrten erzählte mir Waldi mehr von seinem Leben. Er erzählte mir, dass er damals, als er in meinem Alter war, eines Tages nach Hause kam und seinen Vater fand. Er hatte sich aufgehängt. Mitten im Wohnzimmer.

»Das hat mein Leben verändert«, sagte er.

Ich musste schlucken. Das ist wohl ein Bild, das man nie wieder in seinem Leben loswird.

*

»Marcel, komm doch mal her.« Baumann winkte mich selbstgefällig zu sich rüber. »Ich habe da einen kleinen Auftrag für dich.«

»Klar, Herr Baumann.«

»Nimm dir doch mal einen Tag Zeit und bring unser Lager mal ein wenig auf Vordermann. Da ist so viel Schrott drin, den wir nicht mehr brauchen. Sortier das mal aus, ja?«

Ich nickte. Wenigstens überhaupt mal eine Aufgabe dachte ich. Und solange ich nicht in die eklige Küche musste, war mir alles andere auch egal. Ich betrat den großen Lagerraum und schaute mich um. Alles war vollgepackt mit Kartons und Kisten. Sie stapelten sich teilweise bis zur Decke. Ich schritt den Raum einmal ab und stöberte ein wenig. In den Kartons waren Ersatzteile und Werkzeuge. Komplett ungeordnet. Ich fing an, sie auszukippen und sinnvoll neu einzuordnen. Irgendwann fiel mir ein Karton auf, der mit Gaffertape zugeklebt war. Merkwürdig, dachte ich. Ich öffnete ihn, um zu schauen, was drin war. Ich staunte nicht schlecht. Der gesamte Karton war voller Klappmesser. Bestimmt 100 Stück. Keine Ahnung, warum Baumann so was in einer Autowerkstatt hatte, aber mir war klar, dass sich das Zeug gut zu Geld machen ließ. Ich nahm einen anderen Karton, der voller Glühbirnen war, räumte ihn aus, füllte ihn mit den Klappmessern und legte oben noch ein paar Alibi-Glühbirnen drauf. Nur zur Sicherheit. Ich brachte den Karton in den Hof und versteckte ihn in einem der Schrottautos. Dann arbeitete ich weiter. In der Pause setzte ich mich zu Waldi.

»Hey, Waldi, sag mal, ich habe hier ähm, was gefunden, was ich gern … mitnehmen würde. Könnte ich das bei dir im Auto lagern?«

»Du willst was klauen?«

»So gesehen schon, ja.«

»Klar, mach nur«, sagte er und gab mir seinen Autoschlüssel. Waldi war einfach der Beste. Ich wartete eine günstige Gelegenheit ab, holte die Kiste aus dem Schrottautoversteck und ging über einen Schleichweg vom Hof zum Parkplatz, wo Waldis Auto stand, und legte die Kiste mit den Klappmessern in seinen Kofferraum.

Am Abend brachte ich sie zu Hakan. Hakan war der Typ, dem man Dinge bringen konnte, die er dann zu Geld machte. Und man konnte Hakan alles bringen.

Ich betrat seine kleine Ein-Zimmer-Bude.

»Marcel, mein Freund. Lange nicht gesehen.«

»Hör mal, Hakan, ich habe hier was für dich«, sagte ich und stellte die Kiste auf seinem Wohnzimmertisch ab.

Neugierig schaute er sich den Pappkarton an. Er wollte ihn gerade öffnen, da nahm ich seine Hand.

»Digga, ich verkaufe dir das hier aber nur unter einer Bedingung.«

Hakan schaute mich verwundert an. Ich hatte noch nie irgendeine Bedingung gestellt.

»Was ist denn los mit dir?«, fragte er und öffnete die Kiste.

»Glühbirnen? Willst du mich verarschen?«

»Nein, unter den Glühbirnen.«

Er schüttete die Kiste aus und begutachtete die Klappmesser.

»Nicht schlecht«, sagte er. »Die wären mir gute 300 Euro wert.«

»Ja, das ist okay«, sagte ich. »Aber hey, pass auf. Ich verkauf dir die Messer nur, wenn du mir versprichst, dass du sie nicht an irgendwen verhökerst, der mich später damit absticht, klar?«

Hakan lachte laut auf. »Meinst du das im Ernst?«

»Digga, man weiß ja nie.«

Er schüttelte den Kopf, legte mir die Hand auf die Schulter und gab mir sein Wort, dass mich niemand in Buxtehude mit den Messern abstechen wird, die ich ihm da gerade verkaufte. Er drückte mir 300 Euro in die Hand, und ich hoffte auf das Beste.

Am nächsten Tag nahm mich Tomaz zur Seite. Tomaz arbeitete auch bei Baumann. Er war ein breiter, glatzköpfiger Pole, der offenbar einen guten Blick für mein Talent hatte. »Marcel, Marcel«, sagte er. »Du bist gut in dem, was du tust.«

»Was meinst du?«, fragte ich ihn. So viel tat ich ja nicht. Baumann ließ mich noch immer nicht mal in die Nähe der Autos.

»Hör mal«, sagte er. »Ich bin Pole. Und ich erkenne einen guten Dieb, wenn er vor mir steht.«

Ich wurde rot. »Alles gut, alles gut, mein Freund. Ich verpfeif dich schon nicht. Im Gegenteil. Ich will dir einen Deal vorschlagen.«

»Was denn für einen Deal?«

Er führte mich in den Mitarbeiterpausenraum, öffnete den Kühlschrank und zog eine Flasche Wodka raus. Der ganze Kühlschrank war voll mit Alkohol. Die Mechatroniker hier waren ständig am saufen. Es war völlig absurd. Er hielt mir die Flasche hin, ich schüttelte den Kopf. Es war gerade mal 10 Uhr. Dann nahm er selbst einen großen Schluck. »Ich kenne den Laden hier ein bisschen besser als du. Ich weiß, was es hier an wirklich wertvollem Zeug gibt. Und ich weiß, wo ich es verscherbeln kann.«

»Du willst, dass ich für dich klaue?«

»Ja. Ich nehme dir das Zeug direkt ab. Zu einem guten Preis.« Ich wohne nicht weit von hier. Ich sage dir morgens, was ich will, und nach Dienstschluss bringst du es mir vorbei. Einverstanden?« »Warum nimmst du dir das Zeug nicht selbst?«, fragte ich ihn.

»Zu riskant«, sagte er. »Wenn ich meinen Job verliere, kann ich nicht mehr hier sein. Und wenn ich nicht mehr hier sein kann, kann ich niemanden mehr beauftragen, die Lager für mich auszuräumen.«

Tomaz war ein kluges Köpfchen. Und unser Deal erwies sich in den nächsten Wochen für beide Seiten als ziemlich lukrativ.

Ich stand vor dem Autohaus, zog an meiner Zigarette und dachte nach. Es war noch früh. Außer Waldi und mir war niemand da. Die Sonne war gerade erst aufgegangen. Ein Straßenkehrer fegte die lange Dorfstraße. Ich schaute auf den Haupteingang von Auto Baumann. Auf den großen, hellen Vorraum, wo die Kunden empfangen wurden. Dort hatte Baumann sein Büro, dort saßen auch seine Sekretärinnen, die die Kunden betreuten. In diesem Vorraum wurden auch die Abrechnungen gemacht, was bedeutete, dass in diesem Vorraum auch eine Geldkassette war. Mittlerweile hatte ich einen guten Blick für die Abläufe in diesem Laden gewonnen. Die Mechatroniker begannen um 8 Uhr mit der Arbeit. Die Sekretärinnen kamen um 10 Uhr. Baumann meist erst gegen Mittag. Also war der Vorraum frühmorgens unbewacht. Ich nahm noch einen Zug von der Zigarette, schnippste sie weg und betrat die Werkstatt über den Hintereingang. Die Kollegen waren immer noch nicht da. Nur Waldi machte sich schon an die Arbeit. »Bin gleich bei dir«, sagte ich und ging durch die Verbindungstür in den großen Vorraum. Ich war nervös. Auf dem Gelände irgendwelche Schrottteile mitgehen zu lassen war eine Sache. Das hier etwas anderes. Ich schaute mich um. Niemand war da. Die große Eingangshalle war freundlich. Es gab einen großen Empfangstresen, einen Kaffeeautomaten und einen schön eingerichteten Wartebereich für die Kunden. Ich ging in das kleine Büro von Baumann, ließ das Licht aus und schaute mich um. Der Schreibtisch war aufgeräumt. In den Schränken standen nur ein paar Aktenordner. Irgendwo hier musste doch… Ich öffnete die Schubladen. Bingo. Da war sie. Die Geldkassette. Nicht gesichert. Nicht einmal abgeschlossen. Ich öffnete sie, nahm mir ein paar 50 Euro-Scheine raus und verschwand wieder. Aber als ich gerade das Zimmer verlassen wollte, bemerkte ich den geöffneten Schlüsselkasten, in dem ein dicker, fetter Schlüsselbund hing. Der Generalschlüssel. Ich hatte eine Idee,

Am Nachmittag beobachtete ich Baumann, während ich so tat, als würde ich die Werkstatt putzen, Meist hatte er noch irgendwelche Außentermine um diese Zeit, und ich wollte warten, bis er verschwunden war. Alles andere wäre mir zu unsicher gewesen. Gegen 15 Uhr war es so weit. Er nahm sich seine Jacke und verließ die Werkstatt. Ich stellte meinen Wischmop in eine Ecke und betrat den großen Vorraum. Die Sekretärin grüßte mich freundlich.

»Na, Marcel, wie läuft die Arbeit?«

»Super, und bei Ihnen?«, schnackte ich ein wenig mit ihr.

»Frau Müller, ich brauche den Generalschlüssel, ich muss etwas im Ausstellungsraum umräumen«, log ich ganz dreist. »Die Kollegen meinten, der wäre hier irgendwo?«

»Ja«, sagte sie und zeigte mit dem Finger auf Baumanns Büro. »Im Schlüsselkasten, nimm ihn dir einfach.«

Frau Müller war wahrscheinlich der einzige nicht korrupte Mensch in diesem Laden. Es tat mir fast schon ein wenig leid, ihre Gutgläubigkeit auszunutzen. Ich nahm mir den Schlüssel. »Vielen Dank, ich bringe ihn später wieder zurück«, sagte ich. Und dann ging ich in den Ausstellungsraum, der mir bislang immer verschlossen war.

Der Ausstellungsraum war ein Heiligtum für Baumann. Dort standen seine polierten Oldtimer, die er mit großer Leidenschaft hergerichtet hatte. Es gab Vitrinen, in denen seltene Bauteile und Lenkräder lagen. Ich ging ein wenig durch sein kleines Museum und sah plötzlich, dass von dem Ausstellungsraum noch Türen in die hinteren Lager führten.

Ich spürte plötzlich ein Gefühl von Aufregung. Meine Hände wurden leicht feucht. Ich schloss mit dem Generalschlüssel die Tür auf und fand einen Raum, der komplett voller Kisten war. Die Kartons stapelten sich bis an die Decke. Ich öffnete einen dieser Kartons. Er war voll mit 1-Liter-Flaschen Premium-Wodka. Meine Hände fingen jetzt an zu zittern. Jackpot, Digga. Ich dachte nach, wie ich das Zeug hier rausbekommen könnte. Ich hatte eine Idee, aber ich war mir nicht sicher, ob ich das wirklich bringen könnte. Komm schon, Marcel. Das ist zu dreist. Wieder hörte ich den Teufel in meinem Kopf: scheiß drauf. Du bist noch immer durchgekommen. Es wird dieses Mal auch klappen. Zieh durch. Nutz die Chance.

Also gut. Ich ging auf das Gelände und suchte mir eine Schubkarre. Ich nahm die Schubkarre und brachte sie in das Lager. Dann stapelte ich die Kisten auf die Schubkarre und fuhr sie toddreist mit einer locker gespielten Selbstverständlichkeit über das gesamte Gelände. Jeder sah mich. Aber keiner dachte sich etwas dabei. Sie dachten wahrscheinlich, ich würde irgendwas umräumen. Ich fuhr die erste Ladung quer über das Feld hin zu Waldis Auto. Ich machte den Kofferraum voll. Dann fuhr ich zurück ins Lager. Und machte die Schubkarre wieder voll. Irgendwann passte nichts mehr in den Seat. Die gesamte Rückbank war voll. Ich legte noch eine Decke drüber, damit es nicht allzu auffällig war.

Dann grinste ich zufrieden und ging zurück zur Arbeit. Den Generalschlüssel hängte ich wieder in den Schlüsselkasten, lächelte den Empfangsdamen freundlich zu und putzte dann noch ein wenig die Werkstatt. Als der Chef am Nachmittag reinkam, begrüßte ich ihn besonders freundlich.

»Na, Marcel, du bist ja jut drauf, heute. Mach bloß nichts kaputt, nej?«

»Alles klar, Chef.«

Ich schlug die Zeit tot, so gut es ging. Um 18 Uhr machten wir dann endlich Feierabend.

»Chef, wir sind raus!«, rief Waldi noch.

»Jopp, tschüß, Jungens. Bis morgen!«

»Bis morgen, Herr Baumann.«

Ich ging mit Waldi zu seinem Auto, und er fiel fast aus allen Wolken, als er sah, wie vollgepackt es war. »Ist das nicht ein bisschen übertrieben?«, fragte er.

»Neee«, sagte ich. »Alles gut.« Ich zwängte mich in den Wagen, irgendwo zwischen die Kisten. Ich konnte kaum richtig sitzen. Wir fuhren zu Tomaz, 100 Meter weiter, luden die Kisten aus. Und leerten eine der Flaschen zur Feier des Tages. Ich machte an dem Abend 400 Euro.

Ich gab Waldi immer einen Teil von dem Geld ab. Er wollte es nicht haben, aber ich bestand darauf. Ich wusste, dass er es gebrauchen konnte. Ich nahm in meiner Zeit bei Auto Baumann alles mit, was ich nur kriegen konnte. Denn ich wusste, dass meine Zeit begrenzt war. Und ich sollte recht behalten. Nach drei Monaten rief mich Herr Baumann in sein Büro. Einen Tag, bevor meine Probezeit abgelaufen war. Er schmiss mich raus. Johann flog am selben Tag ebenfalls. Waldi durfte zum Glück bleiben und seine Ausbildung beenden. Ich hatte in den drei Monaten nichts, aber auch wirklich gar nichts über Autos gelernt. Und dennoch hatte ich mir eine goldene Nase verdient.

Nur Opa war enttäuscht. Wieder stand ich mit leeren Händen da. Wieder keine Arbeit.

*

Die Ausbildung war gescheitert, und alles ging weiter wie zuvor. Wieder lebte ich von Tag zu Tag und blieb orientierungslos. Es spitzte sich alles zu. Ich hatte weder eine Perspektive, noch übernahm ich in irgendeiner Weise Verantwortung für mein Leben. Als Jugendlicher kam ich eine Zeit lang damit durch. Aber ich war mittlerweile 18. Und je älter ich wurde, desto beschissener wurde auch meine Lage. Ich merkte ja selbst, dass ich nicht gerade auf dem besten Weg war. Aber ich hatte nicht die Motivation, das zu ändern. Ich hatte nicht die Kraft, das zu ändern. Und je mehr sich die Zweifel und Ängste meldeten, desto stärker betäubte ich sie mithilfe der Drogen. Die Drogen waren mein

Schlüssel, um die Realität auszublenden. Ich wusste einfach nicht, wie ich aus diesem Kreislauf rauskommen sollte.

An einem dieser Tage, der genauso perspektivlos war wie all die anderen, kam meine Mutter in mein Zimmer. Ich lag gerade auf dem Bett und zockte ein wenig GameCube.

»Marcel, wir müssen reden.«

Ich starrte weiter auf den Bildschirm.

»Was los?«

»Wir ziehen um.«

Ich brauchte ein paar Sekunden, um die Worte zu begreifen, die Mama da gerade gesagt hatte. Moment. Sie will was …? Ich legte den Controller weg und schaute sie an.

»Was hast du gesagt?«

»Wir werden umziehen, Marcel. Ich kann in dieser Wohnung nicht mehr leben.«

»Was? Wie, nicht mehr leben? Und … wohin denn?«

»Ich habe schon etwas gefunden. Es ist außerhalb von Buxtehude. Eher … ländlich gelegen.«

»Moment, du hast schon eine neue Wohnung? Und hast mir davon nichts erzählt? Aber … warum?«

»Weil das hier einfach viel zu klein für uns ist. Wir werden die Wohnung im Juli beziehen. Das sind noch drei Monate. Es ist besser, glaub es mir. Viel größer. Wir haben dort beide mehr Platz.«

Ich war sprachlos. Wusste gar nicht, was ich sagen wollte. Oder was ich hätte sagen können. Mama hatte ihre Entscheidung ja sowieso längst über meinen Kopf hinweg getroffen.

»Überleg es dir!«, sagte sie noch, strich mir übers Gesicht und ließ mich allein im Zimmer zurück.

Aber ich musste da nicht drüber nachdenken. Mama zog in ein Dorf. Da fuhr zweimal am Tag ein Bus hin. Es gab dort kein Weed und keine Homies, mit denen ich chillen könnte. Auf keinen Fall würde ich mitkommen.

»Ich bleibe hier«, sagte ich. »In dieser Wohnung.«

Mama schüttelte nur den Kopf. »Und wie willst du das bezahlen?« Das war eine durchaus berechtigte Frage.

Wir überlegten hin und her. Und schließlich fanden wir eine Lösung. Ich würde zu Oma und Opa ziehen. Sie hatten noch das kleine Zimmer frei, das sie als Gästeraum nutzten und mir jetzt zur Verfügung stellten. Oma und Opa waren einfach die Besten. Und doch begann eine recht chaotische Zeit. Als ich noch bei Mama wohnte, konnte ich Opas Fragen zumindest ein bisschen aus dem Weg gehen, was ich denn den ganzen Tag so treiben würde. Jetzt gelang mir das nicht mehr.

*

Ich war mittlerweile 19 und lernte Kris kennen. Kris war ein Typ, mit dem ich gut zurechtkam. Er sprach Klartext, war ziemlich geradeaus und für jeden Mist zu haben. Und er hatte eine eigene Wohnung, in der wir ganz wunderbar kiffen konnten. Ich erinnerte mich zurück an die Zeiten bei Julian. Es war wieder wie damals. Nur dass wir keine Jugendlichen mehr waren, sondern Erwachsene. Typen, die den Absprung nicht geschafft hatten.

»Was geht ab?«, rief ich und schmiss mich auf das große Sofa. Man konnte kaum etwas erkennen, weil das ganze Wohnzimmer vollgequalmt war. Dulli Ali saß da und zog an der Bong. Ich griff nach der Tüte Chips und versuchte den Fernseher hinter all dem Rauch zu erkennen. Kris zockte gerade eine Runde Mario Kart auf seiner N64-Konsole. Ich nahm einen Zug von der Bong und ließ mich tiefer in das Sofa einsinken. Es war Mittag, aber da wir alle Vorhänge zugezogen hatten, war gar nicht so wirklich klar, wie spät wir es hier hatten. Es hätte früher Morgen oder tiefste Nacht seien können. Wir waren an einem Ort, an dem Zeit keine große Rolle spielte.

»Was ging heute so ab?«, fragte ich.

»Nichts«, sagte Kris. »Bei dir?«

»Nichts«, entgegnete ich. »Alles wie immer.« Alles wie immer bedeutete, dass ich irgendwann gegen 11 Uhr aufgestanden war, mir einen Johnny gedreht hatte und zu den Jungs gefahren war.

Ich schaute in die Runde. Schaute auf Dulli Ali, auf Kris, auf Andy, wie sie da saßen und vor sich hinlebten. Die meisten von uns waren arbeitslos gemeldet und bezogen Hartz IV. Ich sah Dulli Ali, wie er völlig high halb am Einschlafen war.

»Yo, Ali«, riss ich ihn aus dem Halbschlaf. »Kannst du mir noch irgendwie einen Fünfer leihen?«

»Neee, Bro, bin selbst gerade komplett insolvent.« Die anderen fragte ich gar nicht erst. Denen schuldete ich sowieso noch Geld.

Ich nahm noch einen Zug von der Bong und starrte auf den Fernseher. Sah, wie Kris in Mario Kart seine immergleichen Runden drehte und die anderen Spieler mit Schildkrötenpanzern beschoss.

Ich rieb mir meine Schläfen. Mein Kopf tat weh. Dieser ständige Druck, irgendwo Geld aufzutreiben, machte mich wahnsinnig. Meist fand ich ja irgendwie einen Weg. Ich konnte mir bei irgendeinem Kumpel etwas leihen. Oder ich konnte für Oma arbeiten. Sie bot mir dann immer kleine Jobs im Haus an, für die ich dann einen Fünfer oder einen Zehner zugesteckt bekam. Das Bad putzen oder den Rasen mähen oder Pfandflaschen wegbringen.

Aber Oma und Opa waren nicht zu Hause, und leihen konnte ich mir definitiv auch nichts mehr.

Dabei neigten sich meine Grasvorräte dramatisch ihrem Ende zu. Ich raffte mich von der Couch auf und verabschiedete mich von den Jungs.

»Wohin?«, fragte Kris noch.

»Muss irgendwie ein bisschen Geld auftreiben. Ich komme heute Abend wieder.«

Das Wetter draußen war mies. Der Himmel war grau, und es regnete. Ich schloss mein Fahrrad auf und fuhr ein wenig durch die Gegend. Ich musste einen klaren Kopf bekommen. Ich musste nachdenken. Ich fuhr vorbei an Anzugträgern, die hektisch in irgendwelche Restaurants oder Cafés sprinteten, um vor dem Regen zu fliehen. Ich fuhr vorbei an meiner Stamm-Pommesbude. Dort standen die Arbeiter in ihren Blaumännern. In meinem Kopf arbeitete es. Wo soll ich jetzt nur Geld herbekommen? Ich trat in die Pedale, fuhr einen kleinen Berg hinunter, einmal um die Kurve, am alten Kindergarten vorbei und direkt auf das stillgelegte Granini-Gelände zu. Ich kam gern hierher, um allein zu sein. Um den Kopf freizubekommen. Und dann sah ich es. Ein Auto. Einen schwarzen 3er BMW. Direkt vor dem Geländer geparkt. Das Auto gehörte wohl irgendeiner Architektin oder Stadtplanerin, denn gerade wurde darüber nachgedacht, das Gelände neu zu bebauen. Und dann kam mir eine Idee.

Ich hielt an, stellte mein Fahrrad ab und schaute mich um, ob irgendjemand in der Nähe war. Niemand. Ich ging an das Auto. Schaute durch die Seitenscheibe. Und tatsächlich: Da lagen Handtasche und Handy.

Ich atmete tief durch. In der Nähe des Autos lagen ein paar Steine. Ich suchte mir den größten von ihnen, den ich mit beiden Händen aufhob und zum Auto trug. Ich atmete durch. Schaute mich noch einmal um. Dann nahm ich mein Fahrrad und drehte noch eine Runde. Ich begutachtete das Gelände. Ging auf Nummer sicher. War auch wirklich niemand in der Nähe? Konnte mich niemand sehen? Es war völlig ruhig. Kein Mensch weit und breit. Die Wolken am Himmel zogen sich zu. Es wurde kälter. Was für ein Scheißwetter. Ich zog meine Jacke zu, dann fuhr ich zurück zum Auto und versteckte mein Fahrrad in einer Böschung. Ich schaute mich noch ein letztes Mal um. Niemand war da. Ich spürte, wie das Adrenalin durch meinen Körper pumpte. Ich war nun wie in einem Tunnel. Ich nahm den Stein, holte einmal kräftig aus und schlug damit die Scheibe des Autos ein. Als das Glas zerbrach, hielt ich kurz inne. Kein Alarm. Ich atmete aus. Ich griff nach der Handtasche und dem Handy, steckte sie mir in die Jackentasche, lief zu meinem Fahrrad und fuhr, so schnell ich konnte, weg. Ich spürte einen richtigen Adrenalinkick. Meine Hände waren feucht, mein Kopf komplett leer. Nur noch weg, dachte ich. Auf dem Weg nach Hause kam ich an meiner alten Schule vorbei. Ich hielt an, betrat das Hauptgebäude, schlenderte halbwegs unauffällig über das Gelände und versteckte mich dann in der Schultoilette. Ich dachte mir, dass ich dort nicht auffallen würde. Ich sah ja selbst noch halbwegs jung aus. Auf dem Klo durchsuchte ich dann die Handtasche. Außer ein paar wertlosen Ausweisen hatte die Besitzerin auch Bargeld dabei. 160 Euro. Jawoll! Das war eine gute Ausbeute. Ich versteckte die Handtasche auf dem Klo, steckte mir das Bargeld ein und fuhr weiter zu meinem Kollegen Hakan. Damals gab es noch kein GPS und irgendwelche iPhone-Cracker. Wenn dir dein Handy geklaut wurde, dann war es weg. Man bekam es nicht zurück. Für das Nokia bekam ich noch mal 70 Euro auf die Hand. Das waren 250 Euro Ausbeute, die mir bestimmt drei bis vier Tage Ruhe verschafften.

Es war nicht mein erster Diebstahl. Aber zum ersten Mal erkannte ich, dass ich meine chronischen Geldprobleme durch solche Nummern ganz einfach lösen konnte. Dass ich systematisch klauen konnte. Und von diesem Tag an ging ich mit einem anderen Blick durch die Welt. Ich sah keine Autos, keine Waren, keine Geschäfte mehr. Ich sah Gelegenheiten. Die Hemmschwelle sank. Das Schamgefühl, das ich zu Beginn noch hatte, verschwand irgendwann. Ich betäubte es einfach. Wie ich alles betäubte, was mir Gedanken machte.

Am Abend war ich wieder bei Kris.

»Na, alles gut?«, fragte er. »Warst du erfolgreich?«

Ich zog einen Hunni aus der Tasche und zahlte den Jungs meine Schulden zurück. »Und der hier«, sagte ich und zog noch mal einen Fuffi raus, »wird jetzt schön in Weed investiert.«

»Sauber«, freuten sich die anderen. »Wo hast du das her?«

»Ach«, sagte ich. »Habe ich praktisch auf der Straße gefunden.«

Ich schaute mich in Kris' kleiner 1-Zimmer-Wohnung um. In der Ecke lagen stapelweise leere Pizzakartons, der Couchtisch war voll mit leeren Chipstüten und Coladosen. Aber der große Wohnzimmertisch war komplett leergeräumt. Ungewohnt.

»Was geht denn hier ab?«, fragte ich und zeigte auf die saubere Stelle in der Wohnung.

»Ah, ja, Marcel, komm, wir planen eine kleine Weihnachtsparty.«

»Hä? Es ist Februar.« Ich verstand nicht ganz, was die Jungs meinten.

»Weihnachten für die Nase ist nicht jahreszeitgebunden, mein Freund«, sagte Kris und zog ein kleines Päckchen mit einer weißen Substanz aus der Hosentasche.

»Dein Ernst?«, fragte ich. »Kokain?«

»Klar, schon mal probiert?«

»Nein, Mann, du weißt doch: nur Natur.«

Nur Natur. Das war meine alte Kiffer-Regel, an die ich mich wirklich eisern hielt. Keine Chemie. Ich hatte noch nie irgendwelche anderen Drogen außer Cannabis ausprobiert.

»Komm schon, stell dich nicht so an. Das Zeug ist gut, ich meine, es ist *wirklich* gut.«

Kris schüttete das kleine Päckchen auf den Wohnzimmertisch aus, nahm seine Bankkarte und zerteilte das weiße Pulver. Er legte vier Lines. Dann drehte er meinen 100-Euro-Schein, den ich ihm vorhin gegeben hatte, zu einem kleinen Röhrchen und reichte es rum. Jeder zog eine Line. Dann war ich an der Reihe.

»Ich weiß nicht.«

»Jetzt mach schon. Nur einmal. Wenn du es nicht ausprobierst, kannst du es auch nicht scheiße finden.«

Ich rang mit mir. Dann nahm ich den Schein und zog mir das weiße Pulver durch die Nase. Ich schaute mich um. Schaute, ob sich irgendwas verändert hatte.

»Alles okay?«, fragten die Jungs.

»Ja, ich merke gar nichts«, sagte ich, aber da spürte ich schon, wie nach und nach meine gesamte Mundhöhle taub wurde. Mein Gaumen. Meine Zunge. Wie sich plötzlich ein Fokus einstellte. Wie ich auf einen Schlag hellwach wurde. Es war, als hätte ich mehrere Energy-Drinks hintereinander geext. Digga! Ich hatte bereits so lange gekifft, dass mich das Gras gar nicht mehr high machte. Ich war von dem Zeug nur noch breit und träge. Aber das Kokain brachte mich auf einen Schlag voll auf Sendung.

Wichtiger Bezugsmensch: Schon als Kind habe ich viel Zeit mit Oma verbracht. Sie blieb auch in meinen dunkelsten Stunden an meiner Seite.

Kind der 1990er: Mein altes Kinderzimmer in Mamas Wohnung. Ich war sechs Jahre alt und bekam von ihr alle Spielzeuge, die ich mir gewünscht hatte. Inklusive bedrucktem Straßenteppich.

Spielen bei Freunden: Den grünen Pullover habe ich damals von Oma geschenkt bekommen. Klassischer 1990er-Style.

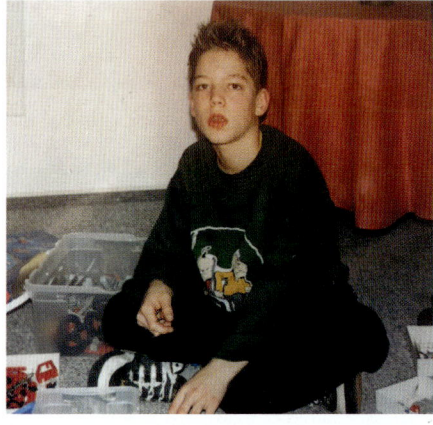

Omas große Leidenschaft: Oma hat es damals geliebt zu töpfern. Papa (rechts) und ich haben sie bei ihrem Kurs besucht.

Einfach die Seele baumeln lassen: Mit Opa auf der Couch.

Cruisen mit Opa: Unser erster gemeinsamer Ausflug mit seiner alten Yamaha ...

... bei dem wir die Äcker in der Umgebung unsicher machten. Für mich ein unvergesslicher Tag.

Wie der Vater so der Sohn: Mit Papa zusammen im Tierpark Hagenbeck in Hamburg. Beide mit blond gefärbten Haaren.

Schon früh ein Zocker: Bei der Geburtstagsparty meiner Oma verbrachte ich die Zeit mit anderen Kindern. Und spielte Game Boy.

Style ohne Geld: Ich war zwar damals komplett pleite, habe aber dennoch versucht den HipHop-Style zu verkörpern.

Monte auf Malle: Mit 13 Jahren war ich mit Oma auf Mallorca, auch mit dabei ...

... Opa und mein geliebter Onkel Marko. Ein Urlaub, den ich nie vergessen werde.

Analoges Minecraft: Ich bin 14 und beeindrucke meine kleine Schwester Kiara mit einem selbstgebauten Duplo-Turm.

Posen für Oma: Auf einer Familienfeier zeige ich mich von meiner besten Seite.

Alles wie es war: Schon in meinem alten Kinderzimmer habe ich meine Caps an die Wand gehängt. Bis heute hat sich daran wenig geändert.

Den Style gelebt: Mit Baggy-Jeans und weißem Unterhemd bei meinem Onkel im Garten.

In meinem alten Zimmer. Dort gab es eine Graffiti-Wand, auf die alle meine Freunde malen durften.

Gut unterwegs: Papa war ein großer Trike-Fan. Mit ihm machte ich einige Touren. Vorher haben wir noch Oma besucht.

Papa besucht mich in dem Getränkemarkt, in dem ich gearbeitet habe. Dort habe ich mir ein paar Euro für mein erstes YouTube-Equipment angespart.

Style-Monte: Auf diesen schwarzen Anzug war ich (15) stolz. Gekauft habe ich ihn mir von meinem Konfirmationsgeld. Später habe ich ihn verscherbelt, um Drogen zu kaufen.

High as Fuck. Ich, komplett breit, mit einem Telefon in der Hand, das Opa mir geschenkt hatte und ich in meinem Zimmer anschließen wollte ...

... das übrigens komplett im Hip-Hop-Style eingerichtet war. Im Hintergrund wieder zu sehen: die berüchtigte Graffiti-Wand.

Mama, ich und mein erster, leider viel zu früh verstorbener Hund Vincent.

Feilschen und Handeln: Ich helfe meinen Großeltern auf dem Bremer Weihnachtsmarkt ...

... seit sie mich als kleinen Budschi zum ersten Mal mitgenommen haben, liebe ich dieses Markt-feeling.

Wieder am Cruisen: Mein erster eigener Roller, mit dem ich damals ständig überall unterwegs war.

Keine Ausbildung, keine Perspektive und jede Menge Stimmen, die mir zureden, ich solle mich ändern. Hier versucht Mama es gerade. Wie man sieht: recht erfolglos.

Der analoge Monte: Damals gab es noch keine Smartphones. Dafür stylische Klapphandys.

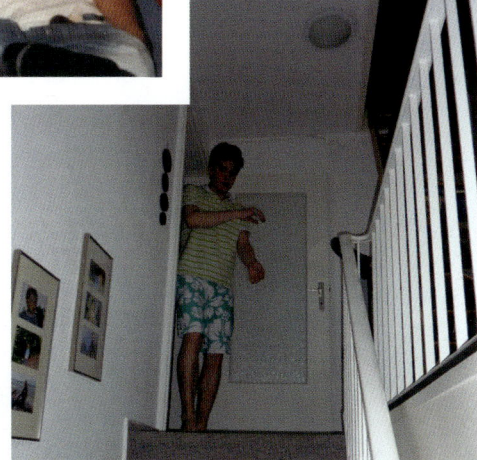

Komplett high. Mal wieder. Ich bin 17 und es vergeht kein Tag mehr, an dem ich nicht völlig bekifft bin.

Happy Monte:
An meinem
18. Geburtstag
mit Oma.

Bei Onkel Marko im Garten. Auf
Familientreffen war ich der einzige
Raucher in der Familie. Und stand
entsprechend oft abseits.

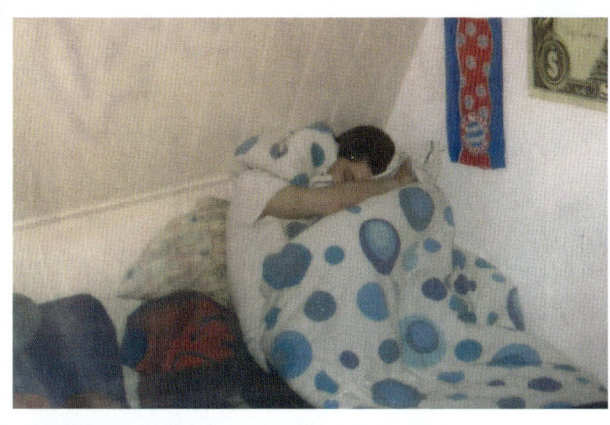

Komabesoffen mit 19: Wenn ich so richtig betrunken war, gab es nur eine Pose, in der ich irgendwie einschlafen konnte. Nicht sehr elegant, aber effektiv.

Am Tiefpunkt: Ich mit Anfang 20 in meiner Hardcore-Drogen-phase. Abgemagert und chronisch pleite. Papa fotografierte mich beim Einkaufen.

Beweisfoto: Ich bin gerade zurück von meiner Entgiftung. Oma macht ein Foto um zu dokumentieren, wie gesund ich (wieder) aussehe.

Weihnachten mit Papa. Ich war Anfang 20, abgemagert und ...

... völlig fertig mit der Welt. Damals war ich auf dem Höhepunkt der Kokain-Zeit.

»Den Eris machen« – wenn ich bei meiner Ausbildung denn mal anwesend war, habe ich es perfektioniert, mich dort vor der Arbeit zu drücken.

Norddeutsche Kulisse. Papa und ich auf dem Balkon eines klassischen Klinkerbaus, wie sie im Norden typisch sind.

Mein legendäres erstes Zocker-Zimmer. Eingerichtet von meinem ersten YouTube-Geld. Man sieht: Ich war schon immer bekennender LED-Fetischist.

YouTube zahlt sich aus. 2015 war ich das erste Mal in Los Angeles. Ich wurde von der Entwicklerfirma eingeladen, um ein neues CoD-Spiel anzutesten.

Männerrunde: Mit Opa und Co. feiern wir den Geburtstag von meinem Vater.

»Wow, das ist ja … Wahnsinn!«, sagte ich.

Die Jungs lachten.

»Bist du verliebt?«

»Irgendwie schon …« Wir spielten noch ein paar Runden Mario Kart, und dann fuhr ich nach Hause. Ich legte mich in mein Bett und spürte, dass ich noch immer gut auf Schub war. Ich war hellwach. Ich konnte überhaupt nicht einschlafen. Ich setzte mich wieder auf, ging an meine Grasvorräte und drehte mir einen wirklich dicken Johnny, um wieder runterzukommen. Von diesem Tag an hatte ich eine neue Leidenschaft. Kokain.

∗

Es war ein verdammt heißer Tag, als ich zum ersten Mal den Neuen sah. Wir hatten die Fenster von Kris' Wohnung weit aufgerissen und einen riesigen Ventilator aufgestellt. Ich lag mit nacktem Oberkörper auf der Couch und drückte mir eine Eisteedose aus dem Kühlschrank direkt ans Gesicht und dachte, ich würde verrecken. Diese verdammte Hitze. Und dann stand er plötzlich da.

Eigentlich war das keine große Sache. Ständig kamen neue Leute. Die Wohnung von Kris war ein Treffpunkt für sämtliche Randgestalten aus Buxtehude. Jugendliche, Junkies, Freaks. Sie kamen zum Kiffen, Koksen, zum Dealen oder zum Chillen, manche von ihnen blieben, manche tauchten danach nie wieder auf. Es war ein einziges Kommen und Gehen, und wir machten uns darüber keine großen Gedanken. Keiner von uns. Bis zu diesem Abend. Bis zu dem Tag, als der Neue kam. Dieser Typ war anders. Das sah man gleich. Ich hatte wirklich keine Ahnung, wer von den Jungs ihn angeschleppt hatte und wie derjenige überhaupt auf die Idee gekommen war, ihn hier anzuschleppen. Aber er musste einen verdammt guten Grund dafür gehabt haben.

»Jungs, das ist der Marius. Der chillt heute hier«, stellte ihn jemand vor. Marius also.

»Bruder, was ist das für einer?«, flüsterte ich Rene zu, der gerade damit beschäftigt war, den Ventilator so zu fixieren, dass er direkt auf sein Gesicht ausgerichtet war. Ich musterte den Typen. Nein, Marius war nicht wie wir. Marius war ein Dulli. Das sah ich sofort, dafür musste ich kein Wort mit ihm sprechen. Er war ein großer Kerl, sehr dünn, sehr schlaksig, ungefähr in meinem Alter, irgendwas um die 18 rum, er trug eine randlose Brille, hochgegelte Haare und ein grünes Poloshirt von Ralph Lauren. Seine Jeans war ihm mindestens zwei Nummern zu groß, und er hatte jede Menge Pickel in der Fresse. Und fuck! Er trug Segelschuhe.

»Digga, schau mal«, flüsterte ich Rene zu, der noch immer mit dem Ventilator rummachte. »Der trägt Segelschuhe!«

Ich starrte den Jungen an und begriff wirklich nicht, was er hier verloren hatte. Es war, als hätte man ihn aus einem Jura-Seminar der Uni direkt in unsere Kiffer-Bude transportiert, die mittlerweile gar keine Kiffer-, sondern vielmehr eine Kokser-Bude war. Ich schaute mich um. Es sah wirklich übel aus. In den letzten Monaten war alles noch mehr verfallen. Der Stapel von Pizzakartons hatte sich mittlerweile stark vergrößert. Direkt daneben lagen leere McDonald's-Tüten und Cheesburger-Reste.

»Der Typ ist in Ordnung«, sagte mir Dulli Ali. »Der sucht halt ein bisschen Anschluss.«

»Ist okay, Mann. Wenn er korrekt ist …«

»Er ist korrekt. Vertrau mir. Gib ihm ein bisschen Zeit.«

»Easy.«

Ich wollte Marius nicht gleich vorverurteilen. Okay, das tat ich. Er war ein Dulli, da war ich mir sicher, aber es gab ja auch Dullis, die korrekt waren. Die vielleicht ihre fehlende Coolness mit einem Übermaß an Nettigkeit ausglichen oder so. Ich beschloss, Marius eine Chance zu geben. Auch wenn ich mir absolut sicher war, dass er eh nicht lange bleiben würde. Von all den vielen Typen, die kamen und gingen, würde er einer derjenigen sein, die schneller wieder gingen, als sie gekommen waren. Er passte halt nicht in unsere Clique. Zumindest dachte ich das.

Aber ich schien mich zu täuschen. Marius kam wieder. Tag für Tag. Den gesamten Sommer verbrachte er fast täglich mit uns. Er saß bei uns. Er beobachtete uns. Aber er sprach nicht mit uns. Er saß einfach nur rum.

»Yo, Digga«, versuchte ich irgendwann, ein Gespräch mit ihm anzufangen. »Was geht denn so? Wo kommst du her? Was machst du hier? Du bist immer so still.«

Er zuckte mit den Schultern.

»Willst du 'nen Zug?« Ich hielt ihm meinen Joint vor die Nase.

Er lächelte ein bisschen hochmütig und schüttelte den Kopf.

»Ah okay, dann nicht.«

Zuerst dachte ich noch, dass der Kerl vielleicht nur ein bisschen schüchtern war. Aber er war nicht schüchtern. Nein, er war einfach nur ein Dulli. Ein gottverdammter Dulli, der langsam anfing, mir auf die Nerven zu gehen. Über Wochen hinweg kam er und war einfach bloß da. Er machte nichts. Er sagte nichts. Er kiffte nicht mit uns. Er zockte nicht mit uns. Er saß bloß da und glotzte uns an in seinen blöden, bunten Poloshirts und summte irgendwelche Songs mit, die wir gerade abspielten. Das machte mich richtig aggressiv.

»Digga, hör mal auf zu summen.«

Er ließ es für eine halbe Stunde bleiben und fing später wieder von vorne an.

Ich riss mich zusammen. Er hatte mir ja nichts getan. Leben und leben lassen. Ich sprach mir selbst gut zu. Irgendeinen Zweck würde es schon haben, dass er ständig hier war.

Und dann checkte ich, was die anderen in ihm sahen. Sie wussten nämlich etwas, was ich nicht wusste. Sie wussten, dass er mit seiner Mutter zusammen in einer ziemlich großen Bude in Buxtehude Süd wohnte. Und man dort sogar noch besser chillen konnte, als in unserer Kiffer-Hölle. Das war ihr Ziel. Darum hatten sie ihn angeschleppt. Sie hatten mich bloß nicht eingeweiht. Irgendwann lud uns Marius dann auch tatsächlich zu sich ein. Oder er wurde dazu gedrängt, dass er uns einladen musste, ich habe keine Ahnung.

»Das ist übelst Jackpot, Bruder! Die haben da genug Chips und Getränke und Pizzen und sonstige Vorräte. Ist megachillig da«, sagte Kris. »Mit Marius öffnen sich ganz neue Türen.«

Und so kam es, dass wir immer mal wieder bei Marius abhingen. Immer dann, wenn seine Mutter gerade nicht da war. Für mich war das allerdings nicht sonderlich chillig. Für mich war es immer nur extrem anstrengend. Weil Marius extrem anstrengend war.

»Jungs, kiffen bitte nur auf dem Balkon. Und zieht die Schuhe aus, ja?«

»Ja, alles klar, Marius.«

»Wollt ihr was trinken?«

Wir nickten. Marius holte Gläser und zwei Flaschen Cola aus der Küche. Dann brachte er uns Untersetzer für die Gläser. »Bitte aufpassen, ja?«

»Geht klar, Digga.«

Während wir in seinem Zimmer chillten und Musik hörten, fiel mir die Playstation 3 auf, die hinterm Fernseher stand. Es wirkte, als hätte Marius die Konsole versteckt.

»Yo, Marius, Digga. Du hast ja ne Playsi 3. Können wir damit zocken?«

Marius verzog das Gesicht.

»Neee, die ist ganz neu und noch gar nicht angeschlossen. Muss mich erst mal darum kümmern, dass die richtig läuft und so.«

»Wie, richtig läuft?«

»Ja, mit den Kabeln und dem Fernseher und so.«

»Was redest du da? Was soll denn da nicht richtig laufen?«

Er zuckte mit den Schultern.

»Ich kann die dir anschließen, das dauert zwei Min…«

»Neee, lass einfach gut sein, Marcel«, würgte Marius mich ab, nahm mein Cola-Glas und stellte es demonstrativ auf den dafür vorgesehenen Getränkehalter, den ich mit Absicht ignoriert hatte. Gott, ich hasste diesen Jungen.

»Gott, ich hasse diesen Jungen«, sagte ich zu Rene, als ich ein paar Minuten später mit ihm auf dem Balkon stand und mir eine Tüte durchzog. Die anderen Jungs waren gerade dabei, die Schränke zu durchwühlen und die Süßigkeitenvorräte seiner Mutter zu plündern.

»Hey nicht, das gehört Mama«, jammerte Marius rum. Wahrscheinlich hatte er es schon bereut, uns eingeladen zu haben. Aber aus der Nummer kam er nicht mehr raus.

»Bisschen schwieriger Typ so.«

»Ein elendiger Hurensohn ist das.«

Rene zögerte kurz. Dann schaute er mich mit einem breiten Grinsen an. »Aber ein Hurensohn mit einer Playsi.«

Ich erkannte dieses Grinsen. Dieses typische Grinsen, wenn Rene was plante. Und ich verstand sofort, was er vorhatte.

»Komm schon, das können wir nicht bringen, der Typ gehört zu uns. Irgendwie.«

»Einen Scheiß tut der. Das weißt du. Und wenn wir das durchziehen, werden wir ihn mit der Nummer auch gleichzeitig wieder los. Zwei Fliegen mit einer Klatsche, oder wie man das sagt.«

Ich stützte mich mit meinen Händen auf dem Balkongeländer ab und schaute in die Ferne. »So eine Konsole ist gut was wert.«

»Kriegen wir sicher gut dreihundert Euro bei Hakan für.«

»Minimum, Digga.«

Ich atmete tief aus, nahm noch einen Zug von unserer Tüte und nickte ihm dann zu. »Also gut, lass ihn mal ein bisschen ausquetschen.«

Wir gingen wieder in die Wohnung und setzen uns zu Marius. »Na Marius, sag mal, was machst du eigentlich am Wochenende so? Irgendwelche Pläne?«

Er schaute uns an. »Wieso?«

»Nur so«, sagte Rene. »Dachte, wir können vielleicht mal was zusammen unternehmen. Im kleineren Kreis. Nicht mit allen. Einfach Kino oder so.«

Marius schaute Rene und mich abwechselnd an. Er traute der Sache wohl noch nicht so ganz.

»Kein Muss, Digga. Einfach nur ein Vorschlag«, versuchte ich ihn ein bisschen einzuwickeln. »Wir haben bisher so wenig miteinander gequatscht, weißt du?«

»Aber im Kino können wir auch nicht miteinander *quatschen*.«

Wie ich diesen Kerl hasste.

»Ja, stimmt schon, Digga. Aber vorher und nachher halt. Ist ja auch okay, wenn du kein Bock auf uns hast so, ist nur ein Angebot.«

Ich nahm einen Schluck Cola und stellte das Glas ganz bewusst neben den Untersetzer. Marius biss sich auf die Lippe.

»Vielleicht am Sonntag?«

»Sonntag? Samstag geht nicht?«, hakte Rene nach.

»Ne, Samstag sind Mama und ich bei Oma.«

»Echt? Den ganzen Tag oder was?«

»Ja, bis spät abends halt.«

»Ach doof, Digga. Ne, Sonntag können wir halt nicht«, würgte ich das Gespräch ab. »Schade, vielleicht dann halt nächste Woche oder so.«

Rene hatte sichtlich Mühe, sich ein Grinsen zu verkneifen. Wir waren einfach viel zu dreist.

✳

Samstagnachmittag. Ein noch immer viel zu warmer Herbsttag. Schon als ich mich meinem alten Schulhof nährte, sah ich Rene. Er saß auf der Tischtennisplatte. Die Augen geschlossen. Ich stellte mein Rad ab und setzte mich zu ihm. Die Platte war von der Sonne aufgewärmt. Rene hielt sein Gesicht in Richtung Himmel und hatte die Augen geschlossen. Er sog die letzten Sonnenstrahlen des Jahres förmlich ein. Wir sprachen nicht. Wir saßen einfach nur da und genossen den Tag. Ich hatte einen vorgedrehten Joint dabei. Als ich ihn anzündete, stieg mir der süßliche Grasgeruch in die Nase. Ich reichte die Tüte an Rene weiter. Schweigen.

Als die Sonne langsam unterging, legte er mir die Hand auf die Schulter.

»Wollen wir?«

Ich nahm einen letzten Zug von meinem Joint, schnippte ihn weg und stand auf.

»Ja, Mann, lass uns durchziehen.«

Wir fuhren in die Süd. Es dämmerte mittlerweile. Ein typischer Samstagabend in Buxtehude. Es waren kaum Menschen unterwegs, als wir an einer großen Wiese vorbeiradelten, roch es nach frisch gemähtem Gras. Es war richtiges Sommerfeeling. Und dennoch war ich angespannt.

Wir hielten vor dem Haus von Marius. Ein riesiger Gebäudekomplex mit zwanzig, vielleicht dreißig Mietwohnungen. Wenn er nicht gelogen hatte, würde niemand zu Hause sein. Aber warum sollte er lügen? Dafür war er viel zu blöd. Ich schaute zu dem Balkon hoch, auf dem Rene und ich unseren Plan geschmiedet hatten, und vergewisserte mich, dass im Wohnzimmer kein Licht brannte. Nichts. Es war stockdunkel in der Wohnung.

Ich schaute auf mein Handy. Es war kurz nach 20 Uhr. Wir waren gut im Zeitplan. Rene und ich stellten uns vor die Eingangstür und warteten. Es dauerte nicht lange. Eine ältere Dame mit ihrem Hund verließ das Haus, nahm uns nicht weiter wahr und trottete über den Gehweg. Unauffällig schob ich meinen Fuß vor die zufallende Eingangstür, nickte Rene zu und schlich mich mit ihm in den Hausflur. Wir versuchten so unauffällig wie möglich zu sein, stiegen langsam und geräuschlos die Treppen hoch in den siebten Stock. Dort, wo Marius wohnte.

Rene nahm sein Kaugummi aus dem Mund und klebte es an den Türspion der gegenüberliegenden Wohnungstür. Niemand sollte uns sehen.

»Okay, das muss jetzt schnell gehen«, flüsterte er. »Keine Sperenzchen. Rein. Playsi holen und sofort weg.«

Ich nickte. Ich knackte einmal mit meinen Fingerkuppen und meinem Nacken, nahm ein klein wenig Anlauf und trat mit voller Wucht gegen die Wohnungstür. BAM

»Ah scheiße!« Ich verlor das Gleichgewicht und fiel nach hinten um. Die Tür blieb geschlossen.

»Junge!« Rene fing mich auf.

»Alles gut, alles gut«, beruhigte ich ihn. »Ich krieg das hin.« Ich sammelte mich kurz und versuchte es noch mal.

BAM! Nichts. Verdammt. Ich trat noch mal gegen die Tür. BAM. Wieder nichts.

»Das funktioniert so nicht …«

»Es muss«, sagte ich mittlerweile etwas nervöser und trat ein weiteres Mal gegen die schwere Holztür. BAM. Sie gab nicht nach.

»Uns läuft die Zeit davon, Marcel.« Rene war jetzt sichtlich angespannt.

»Ein paar Mal noch, dann geht sie auf …«

Rene lief im Hausflur herum, wie ein Tiger im Käfig. Er schaute sich um. Mein Bein tat höllisch weh, aber ich unterdrückte den Schmerz und versuchte es wieder. BAM. Nichts. BAM. Nichts. Irgendwie musste diese Tür doch aufgehen. Ich nahm noch einmal weiten Anlauf und trat mit gestrecktem Bein direkt auf das Schloss. BAM.

»Was ist denn hier los?« hörten wir plötzlich eine tiefe Männerstimme durch den Flur rufen. »Habt ihr den Verstand verloren, oder was?«

Die Tür war noch immer geschlossen.

»Das bringt nichts«, flüsterte Rene. »Wir müssen weg!«

»Einmal noch«, sagte ich und biss mir auf die Lippen. Dann hörte ich, wie sich mehrere Türen im Hausflur öffneten.

»Nein! Jetzt!«

Rene zog mich hinter sich her, wir hasteten die Treppen runter, sprangen auf unsere Fahrräder und fuhren weg.

Es hatte nicht geklappt. Verdammter Mist!

Schlecht gelaunt fuhren wir wieder zurück. Keiner von uns sprach, keiner von uns sagte *irgendwas*. Die Stimmung war mies. Extrem mies. Mit der Playsi hätten wir uns nicht bloß problemlos einige Wochen Ott finanzieren können. Wir wären wahrscheinlich auch Marius losgeworden. Der Typ hätte sich bestimmt gedacht, dass so eine Nummer nur einer von uns bringen konnte, und wäre nicht mehr wiedergekommen.

Wir fuhren schweigend durch das dunkle Buxtehude. Ich hatte keine Ahnung, wie spät es war. Vielleicht halb neun? Es machte keinen Unterschied. Wenn die Sonne untergegangen war, war die Stadt tot. Es hätte auch Mitternacht sein können. Vielleicht war es auch gut, dachte ich.

Gut, dass wir das nicht gemacht haben. Ein Einbruch ist eine miese Nummer, und auch wenn Marius ein unfassbarer Dulli war, so wirklich verdient hatte er so was doch nicht. Ich war noch vollkommen in meine Gedanken vertieft, als Rene plötzlich mitten auf dem Weg hart abbremste. Ich wäre ihm fast hinten reingefahren. »Was los, Digga?«

Wir waren auf der Höhe vom Buxtehuder Krankenhaus. Der Weg war nur von einigen wenigen Laternen beleuchtet.

Rene deutete mit seinem Kopf auf die gegenüberliegende Straßenseite. Dort standen einige Einfamilienhäuser. Wir befanden uns hier in einer etwas besseren Gegend der Stadt. Hier lebten die Menschen, die eher mehr als weniger Geld hatten.

»Da. Drittes Haus. Siehst du?«

»Ich seh gar nichts.«

»Eben.«

Ich suchte die Straße ab. Es war völlig finster. Während bei allen anderen Häusern Licht brannte, war dieses eine Haus überhaupt nicht beleuchtet. Weder von innen noch von außen.

Ich checkte sofort, was Rene wollte.

Ich rang mit mir. Ich hatte ein ganz ungutes Bauchgefühl. Ich hatte schon viel Scheiße gebaut. Autos zu knacken und ein Portemonnaie rauszuziehen war eine Sache. In einem Laden etwas mitgehen zu lassen, wo es eh genug Ware gibt, war auch etwas, was ich irgendwie noch vor mir selbst rechtfertigen konnte. Aber bei jemandem einzubrechen, in seine privaten Räume einzudringen, das war schon eine andere Hausnummer. Und bei jemandem einzubrechen, der *nicht* Marius war, das war schlichtweg zu viel des Guten. Aber trotzdem war ich schon so tief unten, dass ich meine Zweifel ziemlich schnell überspielen konnte.

»Jetzt komm schon.«

Ich atmete tief aus. Also gut. Ich würde mitziehen. Nur mal schauen. Gucken, was so geht. Mehr nicht.

Rene und ich versteckten unsere Fahrräder in einem kleinen Busch am Straßenrand. Dann gingen wir auf das Haus zu. Ich spürte, wie mein Herz schlug. Spürte, wie das Adrenalin durch meinen Körper jagte. Ich war immer noch high von dem Ott, aber die Wirkung ließ langsam nach.

»Was hast du vor?«

»Klingeln.«

»Bist du völlig wahnsinnig?«

Rene blieb stehen und packte mich an den Schultern. »Schhht. Sei leise und hör mir zu! Wir gehen jetzt zu diesem Haus und klingeln an der Tür. Wenn jemand aufmacht, dann fragen wir, ob Max da ist …«

Ich biss mir auf die Lippen. Das war völlig verrückt.

»Sie werden sagen, es gibt hier keinen Max, wir werden uns entschuldigen, sagen, dass wir uns im Haus geirrt haben, verschwinden und nie wiederkommen.«

»Und wenn niemand aufmacht …«

»… dann steigen wir ein.«

»Also gut.« Ich versuchte mich zusammenzureißen. Komm schon, Marcel, zieh durch. Denk an das Geld. Du bringst ja niemanden um oder so. Es war der vergebliche Versuch, mir unsere Nummer schönzureden. Etwas schönzureden, was man sich nicht schönreden konnte. Wir näherten uns dem Haus. Es war stockfinster. Wir öffneten die kleine Gartentür, folgten dem asphaltierten Weg bis zur schweren, massiven Eingangstür – und klingelten. Innerlich hoffte ich nichts mehr, als dass irgendjemand einfach aufmachen und diese dämliche Nummer damit ein Ende finden würde. Aber nichts passierte.

»Klingel noch mal. Ich werde mich hier mal umschauen.«

»Fuck!«

Ich klingelte, während Rene sich geduckt einmal um das Haus schlich. Wieder öffnete niemand. Es war ziemlich eindeutig. Kein Mensch war zu Hause. Ich versuchte es noch einmal.

»Komm schon, mach bitte einfach auf …«

»Ey, Bruder. Komm her«, hörte ich Rene hinter mir flüstern.

Ich folgte seiner Stimme und ging einmal halb um das große Anwesen herum. Der Garten war sehr ordentlich und gepflegt. Das Gras war frisch gemäht. Es gab ein Blumenbeet. Ich versuchte, die Tulpen nicht kaputtzutreten.

»Jetzt komm schon!«, zischte Rene.

Er stand vor einem winzigen Badezimmerfenster, das angekippt war.

»Du musst mir helfen, da hochzukommen, dann kriege ich das aufgehebelt.«

»Da kommst du niemals rein, Digga!«

»Doch, tue ich. Und jetzt hilf mir schon.«

Ich ging in die Hocke und machte eine Räuberleiter. Rene stieg erst auf meine Knie, dann auf meine verschränkten Hände und ich versuchte, ihn mit aller Kraft nach oben, Richtung Fenster, zu pushen.

»Gut so, noch ein Stückchen …«

Ich drückte ihn mit letzter Kraft weiter nach oben.

»Gut, ich hab's.«

Ich hörte ein Klacken und sah, dass er es irgendwie geschafft hatte, das kleine Fensterchen aufzuhebeln, und sich langsam durch den viel zu kleinen Zugang presste. Der muss da stecken bleiben, dachte ich.

»Du bleibst da stecken, Digga …«

»Halt's Maul jetzt und steh Schmiere.«

Ich konnte nicht glauben, dass Rene es tatsächlich schaffte, sich durch das Fenster zu quetschen. Aber es klappte. Er war im Haus.

Plötzlich bekam ich Panik. Ich spürte, wie mir der Schweiß die Stirn und den Rücken runterlief. Ich zitterte. Ich versuchte es zu unterdrücken, aber es gelang mir nicht. Mein Körper gehorchte mir nicht mehr. Scheiße, Scheiße, Scheiße. Nicht jetzt. Komm schon, Marcel. Komm, schon. Reiß dich zusammen, verdammt noch mal. Nicht hyperventilieren jetzt. Ich biss mir auf die Unterlippe. So fest, dass ich mein eigenes Blut im Mund schmeckte. Und dann ging die Haustür auf.

»Los, komm rein. Schnell!«, zischte mir Rene zu.

Und ich ging in das Haus. Was für ein Adrenalinkick.

Von dem Moment an, als ich das Haus betrat, war ich wie in einem Tunnel. Ich blendete alles um mich herum aus. Alle Gewissensbisse, alle moralischen Bedenken. Ich funktionierte nur noch. Als wäre ich fremdgesteuert, schlich ich mich ins Wohnzimmer, beleuchtete mit meinem Handy den Raum und ging an die Schränke. Es war, als würde ich mich selbst von außen beobachten. Als würde ich mich sehen, wie ich die Schubladen vorsichtig mit meinem Shirt öffnete und mit meinem Ellbogen durchsuchte, weil ich keine Fingerabdrücke hinterlassen wollte. Wie ich alle Türen aufriss und irgendetwas suchte, was ich verwerten konnte, was einen Wert hatte. Aber ich fand nichts. Und das machte mich immer nervöser. Ich wollte irgendwas finden, damit wir verdammt noch mal abhauen konnten.

»Ich hab was«, sagte Rene und hielt eine Fotokamera hoch. Toll. Mir war klar, dass das nichts war. 50 Euro bei Hakan. Maximal.

»Lass abziehen«, sagte ich. »Hier ist nichts.«

»So ein Quatsch. Klar ist hier was. Wir müssen es nur finden.«

Ich fing wieder an zu zittern. Plötzlich sah ich mich nicht mehr von außen, sondern war wieder ganz ich selbst. Und in diesem Moment überwältigte mich eine neue Welle aus Panik.

»Digga, die könnten jeden Moment wiederkommen, lass uns doch bitte einfach abhauen.«

»Chill, Bruder. Wir sind doch gerade erst eingestiegen.«

Waren wir das? Ich hatte überhaupt kein Zeitgefühl mehr. Waren wir seit zehn Minuten im Haus oder erst seit ein paar Sekunden? Ich konnte es nicht sagen. Ich konnte es wirklich nicht sagen. Ich wusste nur, dass ich hier unbedingt raus musste. Sonst würde ich durchdrehen.

»Ich hol schon mal die Fahrräder.«

»Ja, mach«, sagte Rene, und ich fragte mich, wie er in so einer abgefuckten Situation nur so cool bleiben konnte?

Ich verließ das Haus geduckt und schlich mich zu unseren Rädern zurück. Ich sah die Nachbarhäuser, in denen überall Licht brannte. Ich kam überhaupt nicht klar. Die haben uns doch gesehen. Die müssen uns doch gesehen haben! Wahrscheinlich haben sie schon die Polizei gerufen. Fuck! Wenn die uns hier erwischen … das ist Endstufe. Dann ist alles vorbei. Meine Hände fingen wieder an zu zittern, als ich die beiden Fahrräder aus dem Busch zog und zum Haus zurückschob.

Ich legte sie vor die Eingangstür.

»Rene, komm, wir müssen weg.«

»Das geht nicht. Wir haben noch nichts Verwertbares gefunden.«

Ich sah ihn, wie er gerade die Treppe hochging.

»Was zur Hölle machst du da?!«

»Ich will gucken, ob oben etwas ist. Ich kann nicht weg, ohne dass wir etwas gefunden haben.«

Und dann war ich auf einen Schlag ganz klar im Kopf. Die Angst war weg. Und ich hatte eine Idee.

»Komm, hilf mir, ich weiß, was wir tun …«

Ich lief ins Wohnzimmer und ging zu dem Flachbildfernseher, der auf einem Sideboard stand.

»Was hast du vor?«

Ich nutzte mein T-Shirt als eine Art Handschuh, um keine Spuren zu hinterlassen. Dann riss ich jedes Kabel einzeln raus und packte mir das Gerät. »Jetzt hilf mir schon.«

»Du bist ja völlig wahnsinnig!«

»Du willst was Verwertbares? Für das Ding kriegen wir bestimmt fünfhundert Euro. Also komm schon und hilf mir!«

Rene zögerte noch einen kurzen Moment, dann kam er angelaufen und packte mit an. Gemeinsam trugen wir den Fernseher vor die Tür zu den Fahrrädern und ich schloss mit meinem Fuß die Haustür hinter uns. Ich setze mich auf mein Fahrrad, griff mit der linken Hand das massive Gerät und wir radelten dann so schnell, wie es in dieser extrem unbequemen Position nur ging.

»Lass das Gerät bloß nicht fallen«, schrie Rene mir zu. Aber ich dachte ja gar nicht daran. Ich krallte meine Fingerkuppen in den Fernseher, und obwohl es höllisch wehtat, war ich so voller Adrenalin, dass ich es durchzog. Ich klammerte mich an den Bildschirm, als würde mein Leben davon abhängen. Und so fuhren wir mit zwei Fahrrädern und einem geklauten Flachbildfernseher durch halb Buxtehude. Es war völlig wahnsinnig.

»Bruder, das ist bescheuert. Wir können hier nicht so weiterfahren. Wenn uns irgendein Bulle sieht …«

Wir hielten an.

»Dahinten. Der Wald. Wir bringen den Fernseher in den Wald und verstecken ihn da. Und dann holen wir ihn nachts ab.«

Rene schaute sich einmal kurz um, verschaffte sich Orientierung. »Einverstanden.«

Wir legten unsere Fahrräder ab und trugen das schwere Gerät in den Wald, wo wir es gut versteckten und mit Laub bedeckten.

»Das ist so krank, was wir hier machen.«

»Ja, hol lieber noch ein paar Blätter und so.«

Nach etwa zehn Minuten waren wir fertig und zogen ab.

Wir fuhren zu einem Kollegen von uns, Christian, und klingelten ihn wach.

»Jungs, was geht ab?«

»Alles klar, Bruder? Sag mal, hast du noch diesen Zeitungswagen?«

»Was? Was wollt ihr denn? Wie spät ist es?«

»Keine Ahnung, nach Mitternacht oder so. Diesen Zeitungswagen, Christian. Du hast doch damals so Zeitungen ausgetragen.«

Der Bruder guckte uns an, als hätten wir den Verstand verloren.

»Seit ihr drauf, Jungs?«

»Digga, ja, aber darum geht es gerade nicht. Das ist ein Notfall. Wir brauchen diesen Zeitungswagen. Laber mal nicht rum.«

»Wofür zur Hölle braucht ihr um Mitternacht meinen Zeitungswagen? Ich habe schon gepennt.«

Ich versuchte es noch einmal freundlich, bis er endlich mit uns in seine dumme Garage ging und uns seinen dummen Wagen gab. »Kriegst du morgen wieder«, sagten wir, ließen unsere Fahrräder vor Christians Haustür stehen und liefen mit dem kleinen Bollerwagen in den Wald. Dort luden wir den Fernseher ein, legten eine kleine Decke drüber und zogen das Ding ans andere Ende der Stadt. Zu Hakan. Hakan war natürlich noch wach. Hakan war immer wach. Er war ein Hustler und 24/7 im Einsatz. Er gab uns 350 Euro Anzahlung und am nächsten Tag, als er das Gerät verkloppt hatte, konnten wir uns noch mal einen Hunderter abholen.

*

Gegen das schlechte Gewissen habe ich einfach noch mehr gekokst. Auch wenn ich das nicht wollte, kam mir immer wieder in den Sinn, wie das wohl für die Leute ist, wenn sie nach Hause kommen und merken, dass bei ihnen eingebrochen wurde. Ich habe das selbst niemals erlebt. Aber ich kann mir gut vorstellen, was für ein absolutes Scheißgefühl das sein muss. Stolz war ich auf meine Taten nicht. Aber in dem Moment, wo ich es tat, war das ein Mittel zum Zweck. Schnelles Geld.

Und wir brauchten schnelles Geld. Wir wurden immer skrupelloser. Wenn sich keine Gelegenheiten mehr ergaben, dann suchten wir nach ihnen. Und wenn wir keine fanden, dann erzwangen wir sie. Der beste Weg für uns, schnelles Geld zu machen, waren Einbrüche. Es war eklig. Aber es war uns egal. Der Drang nach dem nächsten Rausch war größer als unsere Skrupel. Falls wir überhaupt noch welche hatten.

»Ich habe eins«, sagte Rene.

Auch wenn er immer weniger mit der Clique unterwegs war, für solche Aktionen war er noch zu haben. Es war unser Ding. Unsere Spezialität. Was solche Nummern anging, waren wir die besten nur vorstellbaren Partner. Und wir waren mittlerweile perfekt eingespielt.

»Wo?«

»In der Süd. Einfamilienhaus. Gut abgeschirmt. Ziemlich einsam da. Nachbarn haben keinen direkten Einblick. Große Hecke.«

Ich nickte. »Ideale Voraussetzungen. Wie lange bist du schon dran?«

»Zwei Wochen.«

»Familienmitglieder?«

»Keine. Ein Mann. Mitte 50. Keine Frau. Keine Kinder. Reicher Schnösel. Und oft nicht zu Hause.«

»Besonderheiten?«

»Die Wochenenden. Er scheint seine Wochenenden woanders zu verbringen. Er kommt immer erst sonntagabends zurück.«

Ich dachte nach. Zwei Wochenenden waren ein Hinweis, aber kein festes Muster. Wir mussten das im Blick behalten. Rene und ich hatten mehrere Häuser, die wir über mehrere Wochen hinweg ausspionierten. Wir legten uns sogar Listen an, in denen wir alles ganz genau notierten. Er schien da an etwas dran zu sein, was wirklich Erfolg versprechend war.

»Lass uns dieses Wochenende noch einmal abwarten«, schlug ich vor. »Wenn er wieder nicht da ist, dann schlagen wir nächste Woche zu.«

Rene nickte.

»Hast du den Zeitungsköder schon ausgelegt?«

»Noch nicht.«

Der Zeitungsköder. Das war einer unserer beliebtesten Tricks. Wenn wir überprüfen wollten, ob jemand wirklich über einen längeren Zeitraum nicht zu Hause war, dann legten wir ihm eine Zeitung vor die Türe. Da wir nicht in der Lage waren, ein Haus 24 Stunden lang zu beschatten, kamen wir alle vier oder fünf Stunden vorbei und schauten, ob die Zeitung noch da war oder von jemandem weggeräumt wurde.

Das Haus, das Rene sich ausgeguckt hatte, war eine kleine weiß getünchte Gründerzeitvilla. An einem Samstagabend gingen wir rein. Wir hebelten mit Gewalt die Terrassentür auf und nahmen alles mit, was wir in die Finger bekommen konnten. Mal wieder.

Rene und ich waren gemeinsam unterwegs, es war Sommer, und wir wollten in den kleinen Laden von Herrn Pampa gehen, um uns eine Dose Eistee zu kaufen. Mittlerweile war eine gewisse Zeit vergangen und das Hausverbot war aufgehoben. Herr und Frau Pampa waren auch nicht wirklich sauer auf mich. In ihren Augen hatte ich nichts allzu Schlimmes angestellt. Ich war ja damals bloß der Junge, der eine Tafel Schokolade für 89 Cent hatte mitgehen lassen. Sie hatten mir verziehen. Wir kamen nicht über die Hauptstraße, sondern über einen kleinen Schleichweg, der hinter dem Laden entlangführte, und gerade als wir um das Gebäude herumgehen wollten, fiel mir etwas auf. Eine Gelegenheit. Ich stieß Rene in die Seite.

»Digga! Schau mal!«

Da stand der Wagen von Herr Pampa. Ein dunkelgrüner Geländewagen. Und der Kofferraum stand offen. Das war nicht bloß eine Gelegenheit. Das war ein Goldbarren auf dem Silbertablett.

Rene nickte mir nur kurz zu, und ich wusste sofort, er hatte verstanden. Ohne dass wir uns noch groß verständigen mussten, stellte er sich vor den Wagen, machte sich so breit er konnte und schaute, ob jemand kam, während ich den Geländewagen einmal umkreiste und durch alle Fenster schaute. Und natürlich hatte ich wieder mein klassisches Gaunerglück: Tatsächlich lagen da völlig offen und ungeschützt zwei Goldstücke auf dem Beifahrersitz: ein Handy und ein Portemonnaie.

»Luft ist rein«, sagte Rene knapp.

Ich sprang hinten in den Kofferraum, kletterte über die hinteren Sitzbänke, schnappte mir Geldbörse und Handy und robbte mich wieder aus dem Auto heraus.

»Okay, schnell weg, Digga.«

Wir sprangen auf unsere Fahrräder und fuhren weg. Einfach, so schnell wir konnten, in Richtung Wald. Dann machten wir, was wir immer machten. Wir nahmen das Geld aus dem Portemonnaie, das wir dann vergruben. Das Handy brachten wir zu Hakan, und Hakan machte das Handy zu Geld.

Wir hatten durch unseren Zufallstreffer 120 Euro gemacht. Pro Nase. Am Abend saßen wir mit den Jungs, rauchten einen Joint nach dem anderen, zogen ein paar Nasen und erzählten von unserem Glücksgriff.

»Dann bin ich in den Kofferraum reingeklettert, Rene stand Schmiere, und ich dachte, ich bleibe da hängen so. Richtig geisteskrank.«

»Was habt ihr mit dem Portemonnaie gemacht«, fragt Kris relativ unbeeindruckt von meiner Heldengeschichte.

»Vergraben.«

»Und was habt ihr vorher rausgeholt?«

»Na, das Geld, Digga. Was sonst?«

»Das Geld? Nur das Geld?«, fragte Kris nach. Ich verstand nicht, was er plötzlich von mir wollte.

»Ja, Digga. 80 Euro waren drinnen. Und das Handy haben wir vertickt …«

Kris setzte sich jetzt auf und schaute mich völlig fassungslos an. »Sag mal, Marcel. Seid ihr eigentlich total bescheuert? Wieso habt ihr nicht Bescheid gesagt?«

»Was denn Bescheid gesagt …?«

»Da war doch bestimmt nicht nur Bargeld drin …«

»… ja, irgendwelche Karten und Ausweise. Die uns nichts bringen«, unterbrach ihn Rene.

»Keine Kreditkarten?«

Rene und ich schauten uns an. In dem Moment begriffen wir, was uns Kris sagen wollte.

Ich fasste mir an den Kopf. Natürlich. Kreditkarten. Wie konnte ich so naiv sein, nicht daran zu denken.

»Weißt du noch, wo ihr das Ding vergraben habt?«, fragte Kris aufgeregt.

»Ja, so ungefähr«, sagte Rene.

Dann stiegen wir ins Auto und fuhren in den Wald. Wir mussten ein wenig suchen, aber tatsächlich hatte Rene noch eine ungefähre Ahnung davon, wo das Portemonnaie vergraben war. Wir buddelten es aus und fischten die Kreditkarte hervor. Eine graue Visa.

»Oh Mann, das Baby hier ist wirklich Gold wert«, freute sich Kris. »Hoffentlich hat Pampa das Ding nicht gesperrt.«

Es gab einen relativ einfachen Weg, das zu testen. Wir fuhren mit der Karte zu der Bank von Herrn Pampa. Rene zog sich seinen Hoodie über und ging in die Filiale, um zu testen, ob er mit der Karte einen Kontoauszug machen konnte. Wenn sie gesperrt war, wurde sie eingezogen. Wenn nicht …

Rene kam mit einem breiten Grinsen aus der Bank heraus. In der Hand hielt er einen Stapel Papier. Kontoauszüge. Jackpot! Am nächsten Tag, als die Geschäfte wieder geöffnet hatten, gingen wir auf Shoppingtour.

Wir kauften einfach alles, was wir nur kaufen konnten. Spiele, DVDs, Fernseher. Wirklich alles. Und dann fuhren wir in eine andere Filiale desselben Elektronikmarktes und gaben die Sachen wieder zurück, um das Geld in bar wieder einzukassieren. Und das über Tage hinweg. Ich verstand nicht, warum Pampa die Karte nicht einfach sperrte. Aber das tat er nicht. Und so ging es am nächsten Tag dann weiter. Nachts, wenn ich im Bett lag, meldete sich mein schlechtes Gewissen. Wie kannst du nur?, fragte ich mich. Wie kannst du nur einen armen, alten Mann so ausbeuten? Ich lag im Bett und schämte mich. Ich schämte mich so sehr, dass ich anfing zu weinen. Was war nur aus mir geworden? Ich erkannte mich selbst nicht mehr. Wie konnte ich nur menschlich so abstumpfen? Wenn ich im Rewe-Markt Playstation-Guthaben für ein paar Hundert Euro klaute, brach das Sony nicht das Genick. Es war ein Verbrechen. Und es war falsch. Aber ich zerstörte keine Existenz. In diesem Fall war das anders. Vielleicht war das Geld, das wir von Herr Pampa klauten, sein gesamtes Erspartes? Ich fühlte mich wie der letzte Abschaum.

Und dennoch: Am nächsten Tag machte ich einfach weiter. Vielleicht auch gerade deshalb. Der Drang nach den Drogen, der Drang, wieder high zu sein, meine Gedanken, mein schlechtes Gewissen zu betäuben, wurde so groß, dass ich einfach alles in Kauf nahm. Wir fingen an, die Kreditkarte von Herr Pampa zu verleihen. An irgendwelche Kollegen, die wir nur flüchtig kannten. Die Karte wurde herumgereicht wie eine Hure. Nach einer Woche war dann Schluss. Ich schätze, wir hatten bis zu diesem Zeitpunkt gut 10 000 Euro erbeutet. Erwischt wurden wir nie.

Ich habe in meinem Leben viel Scheiße gebaut. Für diese Nummer quält mich mein schlechtes Gewissen bis heute.

*

Ich verlor nach und nach völlig den Bezug zu meiner Umgebung. Es drehte sich alles nur noch um die Frage, wie ich möglichst schnell möglichst viel Geld zusammenbekommen könnte. Selbst während ich bei Sabrina war, hatte ich kaum noch etwas anderes im Kopf. Geld und Drogen. Geld und Drogen. Geld und Drogen. Mehr war da nicht.

Sabrina merkte natürlich, dass ich immer weiter abrutschte. Aber sie kam auch nicht mehr an mich heran. Sie versuchte mir einfach so gut es ging entgegenzukommen. Sie machte mir klar, dass ihre Türen für mich immer offen waren. Sie wollte mir damit zeigen, dass sie mir vertraute. Das war ein Fehler. Irgendwann war meine Kokainsucht so weit fortgeschritten, dass die Kontrollmechanismen in meinem Kopf nicht mehr ordentlich funktionierten. Dass ich immer weniger erkannte, was richtig und falsch war. Dass die Befriedigung meiner Sucht sich über alle moralischen Werte legte, die ich hatte.

Als ich mal wieder einen besonders schlimmen Tag hatte, wollte ich Sabrina sehen. Als ich vor ihrer Haustür stand, war ich ziemlich depressiv. Ich war wieder mal völlig pleite und hatte kaum noch Vorräte. Weder Gras noch Koks. Und ich hatte keine Idee, wie ich an neues Geld herankommen könnte. Ich hoffte, dass Sabrina mich wenigstens auf andere Gedanken bringen würde. Mich zumindest für ein paar Stunden ablenken könnte. Aber sie war nicht zu Hause. Auch ihre Mama war nicht da. Aber ich hatte ja noch den Haustürschlüssel. Ich setzte mich in die Küche und machte mir eine Cola-Rum. Ich wartete. Und wartete. Niemand kam. Ich zog mein Handy raus und schrieb Sabrina eine SMS.

»Wo bist du?«

»Bin noch mit ein paar Freundinnen unterwegs. Was machst du denn?«

»Bin bei dir. Dachte eigentlich, wir könnten uns sehen.«

»Klar, ich bin in einer halben Stunde da. Kuss.«

Eine halbe Stunde. Irgendwie musste ich die Zeit rumkriegen. Da ich nicht wusste, was ich sonst tun sollte, lief ich ein wenig durch die Wohnung. Und fing an herumzustöbern. Schubladen zu öffnen. Zu schauen, was es so alles in der Wohnung gab.

Digga, was machst du da?, schaltete sich irgendwann mein Verstand ein.

Nichts mache ich, redete ich alles klein. Ich schau mich um. Ist doch alles cool. Ich klaue nichts. Ich nehme nichts. Ich gucke nur. Ist doch irgendwie auch meine Wohnung. Ich meine, ich verbringe hier viel Zeit und … hör auf, Marcel! Hör auf, auch nur daran zu denken. Doch ich war schon voll in Fahrt. Ich war mittlerweile im Schlafzimmer von Sabrinas Mutter und öffnete ihren Kleiderschrank. Und da lagen sie. Zwei Ketten. Echtes Gold. Das erkannte ich sofort. Sie glänzten. Ich nahm sie aus der Schublade und betrachtete sie. In diesem Moment hörte ich, wie sich die Tür öffnete. Ich zögerte eine Sekunde.

»Komm, Digga, leg sie zurück!«, sagte eine Stimme in meinem Kopf.

»Neee, steck sie ein. Die sind bestimmt zwei Wochen Koks wert.«

Ich war hin- und hergerissen. Was sollte ich tun? Ich biss mir auf die Lippen.

»Hallo, Marcel?«, hörte ich Sabrina.

Dann steckte ich die Ketten in meine Tasche und ging runter zu meiner Freundin.

Sabrina war nicht allein. Alina und Verena waren bei ihr. Ihre beiden besten Freundinnen. Wir setzen uns ins Wohnzimmer, quatschten ein bisschen, und dann machte ich einen Abflug. »Will ja nicht stören«, sagte ich.

Ich brachte die Ketten zu Hakan. Er gab mir einen Tausi, von dem ich mir das beste Kokain meines Lebens holte.

Digga, war das gut!

Während ich mit meinen Jungs das Zeug wegschnupfte und voll auf Sendung ging, klingelte mein Handy. Sabrina. Scheiße.

»Ja, hallo?«

Sie war übelst am Heulen.

»Was ist los?«, fragte ich, obwohl ich längst wusste, was los war. »Meine Mutter dreht durch«, schluchzte sie. »Hier wurde geklaut.«

Dann riss ihre Mutter den Hörer an sich. »Marcel, du musst jetzt sofort hierherkommen.« Sie legte auf.

Ich habe in diesem Moment übelst Optik geschoben. Oh nein, oh nein, oh nein. Das war es jetzt. Aus der Nummer komme ich nicht mehr raus. Verdammte Scheiße! Ich setzte mich auf mein Fahrrad und fuhr mit üblen Magenschmerzen zu Sabrina.

»Marcel«, fragte mich ihre Mutter in dem Moment, als ich die Wohnung betrat. »Mir wurden zwei Ketten geklaut! Hast du damit was zu tun?«

»Öhm, nein? Natürlich nicht.«

»Siehst du, Sabrina! Ich hab es dir gesagt, das waren deine Freundinnen! Die haben hier geklaut. Diese Verena, die war das. Die mochte ich noch nie!«

Ich erkannte meine Chance und zuckte mit den Schultern. »Kann schon sein«, sagte ich. »Der Verena habe ich auch noch nie getraut.«

Von diesem Tag an bekam Verena Hausverbot bei der Mutter von Sabrina. Ich fuhr am Abend zurück zu meinen Jungs und habe weiter gekokst. Schon am nächsten Tag hatte ich vergessen, was ich getan hatte.

Die Tage wurden immer elendiger. Als ich meine Augen öffnete und die weiße Decke anstarrte, dachte ich einen kurzen Moment darüber nach, welchen Tag wir heute eigentlich hatten. Ich wusste es nicht. Ich strengte mich an. Nichts. Ich wusste nicht, welchen gottverdammten Wochentag wir hatten, weil für mich mittlerweile jeder Tag wie der andere war. Sie unterschieden sich nicht mehr. Sie zogen vorbei ohne Höhe- oder Tiefpunkte. Jeder Tag folgte nur noch den immer gleichen Ritualen, die den immer gleichen Zwängen untergeordnet waren: Geld zusammenbekommen, Drogen kaufen, high werden, schlafen. Mehr gab es nicht. Das war mittlerweile mein Leben. Und dieser Kreislauf prägte mein Leben so sehr, dass ich gar nicht auf die Idee kam, dass es da noch etwas anderes geben könnte. Dass ich eventuell ausbrechen könnte. Mir fehlte dafür einfach die Vorstellungskraft.

Ich lag in meinem Bett, starrte die Decke an und hatte nur einen einzigen Gedanken in meinem Kopf. Ich brauchte Geld. Ich brauchte Stoff. Ich brauchte Geld für Stoff. Es war mir völlig egal, welcher Tag heute war. Es spielte keine Rolle. Es änderte ja nichts. Ich musste Geld machen.

Ich quälte mich aus dem Bett. Ich hatte extreme Kopfschmerzen. Die letzte Nacht war ziemlich lang gegangen, wir hatten bis 4 Uhr bei Kris in der Bude gesessen und uns den Verstand weggekokst. Ich dachte zurück und erinnerte mich sofort an den angenehmen Rauschzustand. Ich öffnete mein Fenster, um ein bisschen frische Luft in das verqualmte Zimmer zu lassen.

Ein kalter Wind zog ein. Draußen war alles grau. Der Himmel, die Straßen, der Beton. Ich setzte mich auf mein Bett, massierte meine Schläfen und machte mir eine Bong fertig. Was für ein beschissener Tag.

Dann öffnete ich meine Schublade und checkte meine Vorräte. Es sah mies aus. Komplett Ebbe. Ich hatte noch ein halbes Gramm Gras übrig. Das Koks hatten wir gestern Abend komplett weggeballert. Ich brauchte also Geld. Einbruchstechnisch war derzeit nicht viel zu holen. Rene und ich hatten unsere aktuelle Liste halbwegs abgearbeitet. Die meisten Häuser, die wir im Auge hatten, standen nicht leer. Und in bestimmte Gegenden wagten wir uns gerade nicht vor, weil die Bullen dort ständig auf Streife waren. Die Zeitungen schrieben sogar schon von einer Einbruchsserie. Wir mussten einfach etwas runterfahren und vorsichtiger werden. Wenn man uns jetzt erwischte, dann würde man uns ziemlich sicher auch mit den Einbrüchen der vergangenen Monate in Verbindung bringen. Das Risiko wollten wir nicht eingehen.

Also dachte ich darüber nach, wo ich heute Geld herbekommen könnte, so wie ich jeden Morgen darüber nachdachte, wo ich Geld herbekam. Es drehte sich alles nur noch um Kohle und Suchtbefriedigung. Ich ging die Möglichkeiten in meinem Kopf durch. Geld leihen? War nicht drin. Ich schuldete sogar einigen Jungs noch was. Einbrüche fielen weg. Mir würde nichts anderes übrig bleiben, als mit dem Fahrrad durch die Stadt zu fahren und irgendwelche Autos zu knacken und Handys zu klauen. Ich ging zum Fenster und schloss es. Draußen begann es zu regnen. Ich zitterte.

Dann ging ich runter, um mir Frühstück zu machen. Oma und Opa waren nicht da. Ich überlegte kurz, ob sie mir erzählt hatten, was sie heute für Pläne hätten – aber ich erinnerte mich nicht mehr. Mein Kopf tat so wahnsinnig weh. Ich setzte mich an den Küchentisch und nahm mir eine Packung Cornflakes. Als ich die Milch aus dem Kühlschrank holen wollte, sah ich plötzlich Opas Portemonnaie auf der Küchenanrichte liegen. Er musste es vergessen haben. Ich dachte einen kurzen Moment darüber nach, ob ich … nein. Ich setzte mich wieder an den Küchentisch und aß meine Cornflakes. Mir ging es mies. Meine Hände zitterten, mein Kopf fühlte sich an, als würde er explodieren. Ich brauchte dringend Stoff, um diese Schmerzen zu betäuben. Um wieder klarzukommen. Während ich frühstückte, schaute ich immer wieder zum Portemonnaie rüber. Digga, das kannst du nicht bringen, sagte ich mir selbst. Aber der Gedanke ließ mich nicht los. Es wäre schnelles Geld. Ich würde es zurückzahlen. Ganz sicher würde ich es zurückzahlen. Noch bevor Opa merkt, dass es weg ist, würde ich es zurückzahlen. Die Alternative wäre, dass ich Autos knacken müsste. Komm, nimm es einfach, flüsterte mir der Teufel in meinem Kopf ein. Es ist doch nicht gestohlen. Es ist geliehen. Opa wird es verstehen. Opa versteht es immer. Du zahlst es doch zurück. Und du wirst das nur einmal machen. Ein einziges Mal. Danach nie wieder.

Wie ferngesteuert ging ich wieder zur Küchenanrichte und öffnete das Portemonnaie.

Dann zog ich langsam, ganz langsam seine EC-Karte heraus. So, als könnte ich selbst nicht glauben, was ich gerade tat. Ich steckte mir die Karte in meine Jogginghose und ging ins Wohnzimmer. Im Schrank war ein großer Aktenordner, den ich rauszog. Dort hatte Opa eine Übersicht von allen Passwörtern und Geheimzahlen. Ich stöberte ein bisschen herum und fand auch die PIN für seine EC-Karte. 7123. Ich sagte mir die Zahl wieder und wieder auf. 7123. 7123. 7123. Als würde ich irgendwas oder irgendwen damit beschwören. 7123. Dann räumte ich die Cornflakes wieder ein, stellte die benutzte Schüssel in den Geschirrspüler und die Milch zurück in den Kühlschrank.

Ich zog mir eine Jacke über, ging raus, schloss mein Fahrrad auf und fuhr in die City. Es war eiskalt, und es regnete. Ich fuhr zur Postbank. Mein Kopf war völlig leer. Ich dachte nicht groß darüber nach, was ich da tat. Ich tat es einfach. Ich machte mir keine Gedanken. In meinem Kopf hatte ich nur die Zahl. 7123. Ich steckte die Karte in den Bankautomaten. *Bitte geben Sie Ihre Geheimzahl ein.* Ich sah mich um. Dann drückte ich die auswendig gelernte Kombination auf das Zahlenfeld. *Wie viel Geld möchten Sie abheben?* Ich tippte auf ein Feld. 500 Euro. *Bitte warten Sie einen Moment.* Ich schaute mich noch einmal um. Niemand außer mir war hier. Nach und nach spürte ich das Adrenalin in meinem Körper. Ich hörte, wie der Automat zu rattern begann. Meine Hände wurden ganz schwitzig. Er ratterte und ratterte. Ein Geldautomat, der dir Scheine bereitstellt, macht die schönsten Geräusche der Welt. Dann wurde die EC-Karte ausgeworfen, ich steckte sie ein und wartete, bis sich der kleine Schlitz unten am Gerät öffnete. Er spuckte mir zehn frische 50-Euro-Scheine aus. Ich zog sie aus dem Automaten, faltete sie einmal und steckte sie mir in die Jogginghose. Ich spürte, wie sich irgendein Glückshormon in meinem Körper freisetzte. Endlich Cash. Endlich wieder Cash. 500 Euro. Damit würde ich ein paar Tage Ruhe haben. Ich dachte an das Kokain, das ich mir von dem Geld kaufen würde. Ich dachte an das Gefühl, das ich hatte, wenn ich mir den Stoff durch die Nase zog. Ich dachte daran, wie es sich anfühlte, wenn der Gaumen langsam taub wurde. Ich dachte daran, wie es sich anfühlte, wenn die plötzliche Klarheit einsetzte. Und ich konnte die gesamte Fahrt nach Hause nicht mehr aufhören zu grinsen.

Der Wind peitschte mir den Regen ins Gesicht. Ich dachte in diesem Moment nicht darüber nach, dass die Sache herauskommen würde. Ich dachte nicht darüber nach, dass Opa ein sehr ordnungsliebender Mensch war, der sich regelmäßig Kontoauszüge holte, der darauf achtete, wann er was abhob, dachte nicht darüber nach, dass es ihm natürlich auffallen würde, wenn plötzlich 500 Euro fehlten. Ich dachte nur darüber nach, dass ich gleich die Jungs anrufen würde. Und dass ich gute Nachrichten für sie hatte. Ich stellte mein Fahrrad ab, sprang in die Wohnung, packte Opas EC-Karte zurück in sein Portemonnaie und machte mich dann direkt auf den Weg zu Kris in die Bude.

»Yo, Marcel, was geht ab?«

Ich holte die frischen 50-Euro-Scheine aus meiner Tasche und legte sie auf den Küchentisch.

»Ohaaaa, Bruudi, was geht ab? Wo hast du das ganze Cash her?«

Ich dachte kurz darüber nach, es zu erzählen, behielt die ganze Story aber dann doch lieber für mich.

»Ehrlich geklaut, Digga.«

Mehr wollte eh niemand wissen. Wir gaben Peter einen Teil des Geldes. Peter war unser Läufer. Er ging zum Dealer und besorgte uns das Koks und das Weed. Wir warteten, wie kleine Kinder an Weihnachten auf ihre Geschenke warteten. Wortlos saßen wir auf der Couch und rauchten eine Kippe nach der anderen.

Dann kam er rein.

»Hast du das Koks?«

Dann hat er dir das Koks gegeben und jeder hat sich die Nase gepfeffert. Dann war man erst mal befriedigt.

So stockten wir unsere Vorräte auf.

Danach gingen wir groß einkaufen. Wir holten uns Fertigpizza, Süßkram und Chips. Tütenweise Chips. Außerdem kaufte ich die gesamte Palette Ritter Sport Knusperkeks leer. Auf Highness war Ritter Sport Knusperkeks noch immer das Maß aller Dinge.

Wir riefen alle Jungs zusammen und schmissen eine riesige Party. Die Bude von Kris war mittlerweile schon ziemlich vermüllt. Nach diesem Abend war sie ein einziger Trümmerhaufen. Aber das war uns egal. Wir feierten Weihnachten in der Nase und scherten uns um nichts. Gegen 5 Uhr morgens schleppte ich mich nach Hause. Ich war gleichzeitig high, stoned und betrunken. Ich fiel nur noch ins Bett.

Als ich meine Augen öffnete und die weißgetünchte Decke anstarrte, dachte ich einen kurzen Moment darüber nach, welchen Tag wir heute eigentlich hatten. Ich wusste es nicht. Ich wusste nur, dass heute ein besserer Tag war, als gestern. Weil heute ein Tag war, an dem ich Geld auf Tasche hatte. Und weil gestern der Tag war, an dem wir unsere Vorräte aufgestockt hatten. Ich schaute auf den Wecker. 13 Uhr. Ich stand auf und machte mich fertig. Als ich mein Handy einschaltete, sah ich eine Nachricht. Sie war von Dulli Ali.

»Bruder, kannst du mir ein bisschen Geld leihen. Gerade so ein bisschen Ebbe bei mir.«

»Easy«, schrieb ich zurück. Ich setzte mich auf mein Fahrrad, fuhr bei ihm vorbei und gab ihm einen Fuffi.

»Danke, Mann, du rettest mir das Leben«, sagte er.

»Alles gut.«

Weil Kris noch nicht zu Hause war, fuhr ich in die Spielo und verzockte einen weiteren Fuffi. Ich hatte einfach kein Glück. Aber es war mir egal. Ich hatte noch immer genug Geld in der Tasche. Es war gar nicht so, dass ich mich wirklich über das Geld freute. Ich meine, es war nicht mehr so wie früher. Wo ich noch echte Freude empfunden habe.

Heute empfand ich nur noch kurze, sehr kurze Glücksmomente. Wenn ich Geld in der Hand hatte oder wenn ich mir eine Line zog.

Nach drei Tagen hatte ich nichts mehr von dem Geld übrig, was ich von Opas Konto abgehoben hatte. Ich hatte alles ausgegeben, alles verliehen, alles verkokst, verkifft und versoffen. Als mir bewusst wurde, was ich getan hatte, stieg in mir für einen kurzen Moment Panik auf, und ich bekam den Drang gegenzusteuern. Mich unbedingt wieder zu betäuben, mich wieder in diesen Rausch zu flüchten, der seit drei Tagen anhielt. Vielleicht weil ich zu viel Angst hatte, dass die nackte, hässliche Realität in mein Bewusstsein eindrang. Ich weiß nicht genau, was mich gelenkt hat, welcher Teufel mich dazu bewegt hat, aber ich saß in meinem Zimmer, wartete darauf, dass Oma und Opa weggingen, und bediente mich erneut an Opas Sachen. Wieder nahm ich seine EC-Karte, wieder setzte ich mich auf mein Fahrrad und fuhr zur Postbank. Wieder tippte ich die Geheimzahl ein, die sich in meinem Kopf fest eingebrannt hatte, 7123, und wieder hob ich Geld ab. 1000 Euro. Als ich die Scheine in meiner Hand hielt, schob ich die Karte noch mal in den Automaten. Und hob noch mal 1000 Euro ab. Was tust du da nur?, fragte ich mich selbst. Aber bevor ich mir eine Antwort gab, steckte ich das Geld in meine Tasche, setzte mich wieder auf mein Fahrrad, fuhr nach Hause und steckte die Bankkarte zurück in Opas Portemonnaie, verdrängte, was ich getan hatte, und ging zu Kris in die Wohnung. Dann ging das gesamte Programm wieder von vorn los. Wir besorgten uns Koks, Gras und Alk und lebten den Lifestyle des Geldes. Wir befriedigten nur unsere niedersten Triebe: Fressen, Rauchen, Koksen, Saufen, Kiffen, bis der Kopf leer war. Bis keine Schuldgefühle mehr da waren. Bis die Sorgen, die Ängste und das Gefühl zu versagen einfach weg waren. Das war der Lifestyle, den wir leben wollten. Der Lifestyle, den wir gelebt haben. Auf dem Nacken von meinem Opa. Dem Menschen, den ich am meisten auf der Welt geliebt habe.

Drei Tage feierten wir durch. Wir gingen kaum aus dem Haus. Die Vorhänge blieben zugezogen, wir bestellten uns Essen und knobelten aus, wer von uns zur Tanke oder zum Dealer musste, um Nachschub zu holen. Da ich das Geld stellte, hatte ich einen Freifahrtschein. Ich konnte auf dem Sofa liegen bleiben und einfach meinen Rausch genießen. Wir töteten die Zeit. Irgendwann wusste ich nicht mehr, ob es Tag oder Nacht war. Wir lebten einfach nur noch vor uns hin, völlig benommen. Dauernd lief der Fernseher im Hintergrund. Irgendwelche Cartoons. Irgendein Programm. Ich schlief ein, ich wachte auf. Ich zog mir eine Nase. Ich war wach. Ich rauchte eine Bong. Dann schlief ich wieder ein. Mein Leben war ein einziger Dämmerzustand. Nach drei Tagen beschloss ich, nach Hause zu gehen. Ich wollte mich frisch machen. Duschen. Wieder klarkommen. Ich verließ die Wohnung von Kris. Die frische Luft tat gut. Ich fühlte mich wie ein Zombie. Ich nahm einen tiefen Atemzug und setzte mich völlig verpeilt auf mein Fahrrad und fuhr nach Hause. Als ich die Treppen zu unserem Häuschen hochging, war ich noch voll auf Sendung. Ich zog meinen Haustürschlüssel aus der Hosentasche und steckte ihn ins Schloss. Aber er passte nicht. Ich überlegte kurz, ob das an mir oder am Schlüssel liegt. Dann begriff ich langsam, was los war.

Oma öffnete die Tür. Ihr Gesicht war ganz rot. Ich sah, dass sie geweint hatte.

»Komm rein, Marcel«, sagte sie mit brüchiger Stimme. »Wir müssen reden.«

Ich war auf einen Schlag komplett klar im Kopf. Ich wusste sofort, was Sache war. Ich wusste sofort, dass Oma und Opa alles wussten. Ich senkte den Kopf und kam ins Haus.

Schon auf dem Weg ins Wohnzimmer musste ich mit den Tränen kämpfen. Auf einen Schlag realisierte ich, was ich eigentlich angestellt hatte. Was ich getan hatte. Oma setzte sich an den Esstisch. Opa saß auch schon da. Er schaute mich nicht an. Er schaute starr an die Wand.

Ich sah ihm an, dass seine Stimmung nicht sonderlich gut war. Ich setzte mich ihnen gegenüber. Auf dem Küchentisch lagen Opas EC-Karte und die Kontoauszüge. Ich habe Opa so noch nie gesehen. Er wirkte gleichzeitig wütend und enttäuscht.

Er tippte auf die Auszüge.

»Hast du damit was zu tun? Warst du das?«, fragte er mit brüchiger Stimme.

Ich habe das Leid, das ich verursacht habe, sofort gesehen. Ich wollte nicht noch mehr lügen.

»Ja. Das war ich, Opa. Ich habe das geklaut.«

Er atmete schwer. Ich hätte mir gewünscht, dass er mich jetzt anschreit. Dass er mir Vorwürfe macht. Dass er wütend wird. Aber es war so, als wäre er so enttäuscht, dass er keine Kraft mehr dafür hatte. Ich spürte, wie Tränen über mein Gesicht liefen. Ich habe mich so wahnsinnig geschämt.

Ich hielt das Schweigen nicht mehr aus.

»Es tut mir wahnsinnig leid«, schluchzte ich. »Ich … habe ein Problem«, sagte ich. »Ich bin drogenabhängig.«

Es war das erste Mal, dass ich diesen Satz aussprach. Er klang so fremd. Als würde er gar nicht aus meinem Mund kommen. Hatte ich das gerade wirklich gesagt? Aber Opa schien das nicht zu interessieren. Er stand auf und zeigte mit seinem Finger in Richtung Tür.

»Verschwinde«, sagte er kalt. »Du hast kein Recht mehr, unter meinem Dach zu wohnen.«

»Opa …«

Ich sah, dass auch er mit den Tränen kämpfte. Dann stand er auf und ging. Ich hörte noch, wie er mit seinem Auto wegfuhr. Ich lief nach oben in mein Zimmer. Ich schmiss mich auf mein Bett und fing an zu weinen. Ich weinte so lange, bis ich keine Kraft mehr hatte. Bis ich völlig leer war. Dann zündete ich mir einen Joint an, um runterzukommen. Ich fühlte mich so elendig. Ich realisierte auf einen Schlag, was ich da eigentlich getan hatte. Ich begriff mich selbst nicht mehr.

Es dauerte bestimmt zwei Stunden, bis ich mich wieder beruhigt hatte. Bis ich wieder halbwegs klarkam mit der Situation. Okay, sagte ich mir. Reiß dich jetzt zusammen, Marcel.

Dann ging ich runter zu Oma. Ich wollte noch einmal mit ihr sprechen. Ich näherte mich langsam dem Wohnzimmer, sah den Esstisch, wo sie nicht mehr saß. Ich war ganz leise. Oma saß auf dem Sofa, sie hatte mir den Rücken zugedreht und sah mich nicht kommen. Ich traute mich nicht, etwas zu sagen. Aber ich hörte sie schluchzen. Ich ging einen Schritt näher.

Ich habe Oma noch nie vorher weinen gesehen. Nicht ein Mal. Es brach mir das Herz. Ich wollte ganz instinktiv zu ihr gehen, Oma in den Arm nehmen und sie trösten. Aber dann wurde mir bewusst, dass sie wegen mir weinte. Dass ich ihr dieses Leid angetan hatte. Ich konnte sie gar nicht trösten.

Das war ein beschissenes Gefühl. Eine beschissene Situation. Und ich war selbst schuld. Es gab keine Ausrede. Das war einzig und allein meine Schuld.

Ich wartete noch ein wenig und setzte mich später am Abend zu Oma. Ich entschuldigte mich. Aber ich wusste, dass das nichts brachte. Ich hatte etwas kaputt gemacht. Etwas, das man nicht so einfach reparieren konnte. Etwas, das man vielleicht nie wieder reparieren konnte.

Oma sagte mir, dass Opa in den Osten gefahren sei. Zu seinem Ferienhaus. »Solange er weg ist, kannst du noch hier bleiben«, sagte sie. »Wenn er wiederkommt, musst du gehen.« Ich nickte. Ich ging nach oben und packte meine Tasche zusammen. Mit ein paar Klamotten und den wichtigsten Sachen, die ich hatte. Zwei Tage später, ich saß gerade mit Oma im Wohnzimmer, hörten wir, wie Opas Auto vor der Garage parkte. Oma nickte mir zu. Ich gab ihr einen Kuss, griff meine Tasche und haute durch den Kellerausgang ab.

*

Mit Mama und Papa hatte ich zu diesem Zeitpunkt kaum noch ein Verhältnis. Ich war so sehr mit mir selbst beschäftigt, dass ich sie gar nicht mehr an meinem Leben teilhaben ließ. Und ich wollte auch jetzt nicht zu ihnen gehen. Ich hatte die letzten Jahre selbst rumgebracht. Ich würde es auch in Zukunft schaffen. Ich zog zunächst zu Kris in die Wohnung. Dort blieb ich für ein paar Wochen. Wenn es ihm zu viel wurde, verbrachte ich einige Tage bei Sabrina. Oder bei sonstwem. Ich war jetzt obdachlos. Ich pennte da, wo man mir eine Couch anbot. Es war ein fürchterliches Gefühl. Ich hatte nun überhaupt keine Perspektive mehr. Ich war völlig am Ende. Was sollte ich tun? Ich hielt mich weiterhin mit Einbrüchen und aufgeknackten Autos über Wasser. Ich wusste nicht, was ich sonst tun sollte. Aus der Trauer, die ich am Anfang noch verspürte, wurde irgendwann einfach nur noch Leere. Irgendwann fühlte ich gar nichts mehr. Ich war komplett kalt. In mir war etwas kaputt gegangen. Etwas zerbrochen. Es geschah in dem Moment, in dem ich begriff, dass mich die Menschen, die ich am meisten liebte, hassen müssten.

Aber Oma hasste mich nicht. Das konnte sie gar nicht. Sie rief mich immer wieder an. Fragte, wie es mir geht. Ob ich zurechtkomme. Sie machte sich Sorgen um mich. Und das nach allem, was ich ihr angetan hatte. Das machte für mich alles nur noch viel schlimmer. Dass sie so ein guter Mensch war. Dass sie mich einfach nicht aufgeben konnte. Wenn Opa nicht zu Hause war, rief sie mich an und erlaubte mir, aus der Speisekammer etwas zum Essen mitzunehmen. Manchmal traf sie sich auch heimlich mit mir beim Rewe-Markt und kaufte mit mir ein. Ich hatte in dieser Zeit wirklich gar nichts mehr. Ich magerte immer mehr ab.

Oma setzte sich in dieser Zeit auch mit den Drogen, die ich nahm, auseinander. Sie begriff, dass ich wirklich abhängig war. Dass ich von dem Zeug nicht mehr loskam. Sie versuchte immer wieder, mir einen Therapieplatz zu besorgen. Aber ich lehnte das ab. Ich wollte nicht. Ich war einfach noch nicht so weit. Aber mein Leben wurde immer schlimmer. Oftmals fand ich keinen Schlafplatz mehr. An diesen Tagen brach ich in meine alte Schule ein und legte mich im Sanitätsraum hin. Auf die große medizinische Liege. In der Schule zu schlafen war das Schlimmste. Auch weil ich Angst haben musste, jederzeit entdeckt zu werden. Ich wusste, dass der Hausmeister spätestens um 6 Uhr seinen Rundgang machte. Darum stellte ich mir meinen Handywecker auf 5 Uhr und machte so schnell es ging einen Abflug. Den Schlüssel für die Schule hatte ich damals ja Jonas abgekauft und immer noch bei mir. Die Schule war ein Albtraum. Aber wenigstens war sie trocken. Ich nahm in diesen Tagen, was ich bekam.

Es wurde immer schlimmer. Irgendwann wendeten sich auch meine letzten Freunde von mir ab. Sabrinas Mutter bekam mit, wie sehr ich abdriftete. Sie wollte nicht mehr, dass ich bei ihnen zu Hause war. Ich vermutete, dass sie auch die Sache mit dem Gold längst wusste. Auch meine Kumpels ließen mich immer öfter hängen. Besonders Kris. Wenn er ein Mädchen am Start hatte, warf er mich einfach raus.

»Bruder, versteh doch, ich brauche auch ein bisschen Privatsphäre und so.«

Einmal stand ich wegen einer Tussi draußen im strömenden Regen. Ich war klitschnass. Ich fand Zuflucht in einer Telefonzelle. Das war für mich der Zeitpunkt, an dem ich merkte, wie hoffnungslos alles war. Ich war drei Monate obdachlos. Und es gab keine Aussicht darauf, dass sich meine Lage irgendwie bessern könnte. An diesem Tag rief ich Oma an.

»Oma«, sagte ich. »Ich will nur, dass du weißt, dass ich in Therapie gehen werde.«

»Endlich«, sagte sie erleichtert.

EPILOG

Eine Woche war vergangen, aber es fühlte sich so an, als wäre ich schon viele Jahre hier. Ich hatte kein Gefühl mehr für die Zeit. Ich lag auf meinem Bett und schaute mich um. Starrte an die leeren Wände. Starrte aus dem vergitterten Fenster. Starrte an die Decke. Heute Morgen hatte ich das Gefühl gehabt, dass ich es nicht schaffen würde. Dass ich es keinen Tag länger mehr aushalten könnte.

Ich ging zum Stationstelefon und wählte die Nummer von Oma.

»Omi, bist du da?«

»Marcel? Das ist ja eine schöne Überraschung.« Es war das erste Mal seit ich in die Entgiftungsstation gekommen bin, dass ich mich bei ihr meldete. »Wie geht es dir, mein Schatz?«

»Mir geht es super, Omi. Ich bin clean. Seit einer Woche.«

»Das freut mich sehr, mein Junge.« Ich erkannte an ihrer Stimme, dass es sie wirklich berührte, meine Stimme zu hören.

»Ich denke, ich habe es hinter mir. Kannst … du mich abholen?«

Oma schwieg. Es war ein langes, ein unangenehmes Schweigen. »Omi … bist du noch dran?«

»Marcel, ich werde dich nicht abholen«, sagte sie streng. »Wir hatten vereinbart, dass du in der Klinik bleibst. Die komplette Zeit.«

Die Entgiftung ging genau zwei Wochen. Im Anschluss gab es noch ein eineinhalbjähriges Begleitungsprogramm für Suchtkranke. Aber das kam für mich nicht infrage. Ich war mir sicher, dass ich das nicht brauchen würde. Ich musste nur einmal von dem Zeug loskommen, dann würde ich es allein schaffen. Da war ich mir ganz sicher. In der Therapie lernte ich, dass Suchtkranke ein Problem mit der eigenen Hemmschwelle haben. Je geringer die Hemmschwelle, desto wahrscheinlicher ein Rückfall. Wenn ich gestern gekokst habe, ist die Wahrscheinlichkeit, dass ich es heute wieder tun werde, hoch. Wenn ich aber zwei Wochen die Finger von dem Zeug gelassen habe, dann kostet es mich eine größere Überwindung, noch einmal anzufangen. Die Hemmschwelle ist höher. Also war der Trick, die Hemmschwelle so hoch zu setzen, dass man nicht wieder in Versuchung kam. Zumindest dachte ich mir, dass es für mich so funktionieren würde. Aber jeder Mensch tickt da ja anders.

»Omi, ich bin sauber. Wirklich. Ich habe es hinter mir.«

»Zwei Wochen, mein Junge, das hatten wir vereinbart. Nur dann gilt unsere Verabredung.«

Unsere Verabredung. Der einzige Lichtblick, den ich noch hatte. Bevor ich in die Klinik ging hatte Oma mir ein Versprechen gegeben. Wenn ich es durchhalte, sagte sie mir, dann dürfte ich wieder zu Hause bei ihr einziehen. Ich wusste, dass das meine allerletzte Chance war. Nicht nur meine letzte Chance, mich mit Oma und Opa zu versöhnen. Es war meine letzte Chance überhaupt, wieder auf die Beine zu kommen. Ich war obdachlos. Ich hatte keinen Job. Keine abgeschlossene Ausbildung. Ich hatte gar nichts.

»Okay, Omi. Du hast recht.«

»Bitte, Marcel«, sagte sie jetzt nicht mehr ganz so streng. »Bitte versuche durchzuhalten.«

Mein Hals schnürte sich zu. Ich hatte schon wieder Tränen in den Augen, als ich Omi so hörte. Als ich hörte, was sie sich für Sorgen machte. Als ich an ihrer Stimme hörte, dass sie Zweifel an mir hatte. Das war das Schlimmste.

»Omi, ich schaffe das. Mach dir keinen Kopf, okay?«

»Ich hoffe das so sehr. Ich liebe dich, Marcel.«

»Ich dich auch.«

Dann legte ich auf, ging in mein Zimmer und heulte erst einmal mein Kopfkissen voll.

Und jetzt lag ich hier. Ich hatte keine Ahnung, wie spät es war. Irgendwann nach dem Mittagessen. Das taktete hier unseren Alltag. Früh-

stück. Gruppentherapie I. Mittagessen. Gruppentherapie II. Abendbrot. Mehr war nicht. Ab 19.30 Uhr durften wir dann ein wenig
Fernsehen schauen. Doch die meiste Zeit saßen wir hier alle nur rum.
Das war die eigentliche Therapie. Der Zwang, sich mit sich selbst zu
beschäftigen. Über das nachzudenken, was man getan hatte. Es war
das erste Mal, dass ich das in meinem Leben tat. Dass ich alles reflek-
tierte. Früher bin ich nur davongelaufen. Bin meinen Problemen aus-
gewichen. Hier konnte ich das nicht. Hier war ich gezwungen, mich
mir selbst zu stellen. Zu erkennen, wer ich war. Wer ich geworden war.
Das war die eigentliche Hölle. Mit seinen inneren Dämonen konfron-
tiert zu sein.

Und dann kam Sven rein. Sven war mein Zimmernachbar. Ein
40-jähriger Heroin-Junkie. Er nickte mir zu, stellte sich an den Schrank
und zog sich um. Ich mochte den Kerl. Wir hatten schnell eine gute,
freundschaftliche Basis gefunden. Sven war ein Deutschrap-Fan. Wie
ich. Und er war ein Gestrandeter. Wie ich. Es gab jede Menge Ge-
sprächsstoff zwischen uns. Aber am liebsten hörte ich Sven zu. Er
hatte viel in seinem Leben durchgemacht. Das hatte ihn weise
gemacht. Auf seine ganz eigene Art. Er war für mich immer ein
abschreckendes Vorbild. Als er sich sein Shirt über den Kopf streifte,
musste ich auf seinen Rücken starren. Ich konnte nicht anders. Die
komplette Haut war vernarbt. Es sah schrecklich aus.

»Du fragst dich, was mit meinem Rücken passiert ist?«

Es war mir unangenehm, dass er wohl mitbekam, wie ich ihn
anschaute. Ich guckte an die Zimmerdecke.

»Schon okay, Sven.«

»Nein, alles in Ordnung. Ich kann es dir erzählen. Da war dieses
Mädchen …«

»… die Prostituierte?«

Sven lächelte. »Ja, genau die.«

Er hatte mir schon von ihr erzählt. Luna. Sie war Prostituierte, und
er verliebte sich in sie. Man kennt diese Geschichten. Er versuchte sie
aus dem Milieu zu befreien, sie ließ sich darauf ein und brannte mit
ihm durch.

»Aber ich habe dir die Geschichte nie zu Ende erzählt«, sagte er. »Die Geschichte mit Luna war die Geschichte meines Lebens. Und die Geschichte meines Todes.«

Er hatte sich ein neues Shirt angezogen und setzte sich zu mir auf das Bett.

»Als ich mit Luna durchgebrannt bin, war ich schon schwer heroin-abhängig. Es war meine schlimmste Zeit. Ich war so drauf, dass ich mir über die Konsequenzen unserer Affäre gar keine Gedanken machte. Sie hatte mich gewarnt. Dass ihre Zuhälter das nicht akzeptieren könn-ten. Dass das gefährliche Leute sind. Dass sie uns finden würden. Ich habe das nicht ernst genommen. Schließlich ist sie ja mitgekommen. Also konnte es doch alles nicht so schlimm sein.«

Er machte eine kurze Pause und strich sich über den Kopf. Es kos-tete ihn Kraft, das zu erzählen, das merkte ich. Ich setzte mich in mei-nem Bett auf. Sven hatte schon graue Haare. Er sah älter aus, als er eigentlich war.

»Haben sie dich gefunden?«

»Oh ja«, sagte er. »Als ich gerade aus einer Bar kam. Sie überfuhren mich mit ihrem Auto. Ich war benommen, als sie ausstiegen und mich aufrichteten. Zunächst dachte ich, es war ein Unfall. Aber es war kein Unfall. Sie schlugen sofort zu. Einmal. Zweimal. Dreimal. Direkt in die Fresse. Aber ich bin nicht ohnmächtig geworden«, sagte er. »Leider bin ich nicht ohnmächtig geworden.« Er schloss die Augen.

»Nach dem vierten Schlag ging ich zu Boden. Es müssen drei oder vier Typen gewesen sein. Ich erinnere mich nicht mehr so genau. Sie packten mich unter den Achseln und schmissen mich in den Koffer-raum ihres BMWs. Ich bekam alles mit. Ich dachte, ich müsste ersti-cken. Wir fuhren und fuhren, und irgendwann hielt der Wagen an und die Typen öffneten den Kofferraum. Ich solle aussteigen, schrien sie.«

Svens Stimme wurde brüchiger. Er musste mit sich kämpfen. Er war gar nicht mehr wirklich in unserem Zimmer. Er war ganz woanders. Er war wieder in diesem Kofferraum. In dieser ganz speziellen Nacht.

»Wir waren also auf einer Autobahnbrücke. Sie zerrten mich aus dem Wagen. Dann zwangen sie mich, auf die Brüstung zu steigen.

Spring, riefen sie. Immer wieder: Spring. Spring. Spring, Du Schwein. Ich schaute runter. Es war dunkel. Ich konnte nichts sehen, ich konnte nur erahnen, dass es tief abwärts ging. Vielleicht zehn Meter direkt in den Abgrund. Ich klammerte mich an die Brüstung. Ich hatte Angst, Marcel. Ich hatte Todesangst. Würden sie mich wirklich da runterstoßen? Ich rechnete mit allem. Aber sie würden mich doch nicht töten, dachte ich. Nicht für so was. Dann schubsten sie mich, sie …«

Sven fing an zu schluchzen. Man spürte, dass sich sein Schmerz ganz tief in seine Seele gefressen hatte. Er brauchte ein paar Minuten, um sich wieder zu fangen. »… sie haben mich wie einen Müllsack von der Brücke geschmissen. Und dann fiel ich runter. Zehn Meter in die Tiefe.«

»Wie konntest du das überleben?«, fragte ich.

»Unten war eine Baustelle. Und in der Baustelle war ein Loch. Da es die Tage vorher stark geregnet hat, war das Loch mit Wasser gefüllt. Ich hatte mehr als einen Schutzengel.«

»Was für eine Geschichte.«

»Ich hätte an diesem Tag sterben müssen«, sagte Sven. »Aber ich habe überlebt. Das war meine zweite Chance. Eine zweite Chance, die mir Gott geschenkt hat. Darum bin ich hier. Weil ich diese Chance nutzen will. Ich will mein Leben in den Griff bekommen.«

»Ich weiß genau, was du meinst«, sagte ich. Auch wenn Sven ein viel grausameres Schicksal hatte als ich, verstand ich doch genau, was ihn beschäftigte. Ich wusste, welchen inneren Kampf er mit sich selbst gerade austrug. Wie er mit seinen inneren Dämonen rang. Ich tat das auch. Aber jeder Tag, an dem wir auf dieser Station waren, jeder Tag, der uns zwang, unser Schicksal wieder und wieder zu durchleben, machte uns stärker. Wir konnten hier nicht weglaufen. Wir mussten uns unseren Taten stellen. Und den Dingen, die wir erlebt hatten. Den Demütigungen. Verletzungen. Schmerzen.

»Kommst du mit? Eine Runde Schach spielen?«, fragte er mich und machte sich auf den Weg zum Aufenthaltsraum.

»Ich komme gleich nach«, sagte ich. »Ich muss noch was erledigen.«

Dann nahm ich ein Blatt Papier und einen Stift und schrieb einen Brief an Oma und Opa. Ich beschloss, ihnen meine Lebensbeichte zu schicken. Das hatten sie verdient. Ich machte mir keine großen Gedanken, ich schrieb einfach los.

»Ich weiß, dass ich sehr viel falsch gemacht habe«, schrieb ich, »und dass Worte nicht als Entschuldigung reichen.« Dann legte ich alles offen. »Eigentlich wollte ich immer nur, dass ihr stolz auf mich sein könnt. Ich schäme mich für das, was ich gemacht habe, und weiß nicht, wie ich damit umgehen soll. Denn dafür gehöre ich in die Hölle.« Ich erklärte ihnen, was die Drogen aus mir gemacht hatten. Ich schrieb alles nieder, was in meinem Kopf war. Und ich machte ein Versprechen. »Ich wünsche mir, dass ich euch in Zukunft stolz machen kann. Und ich werde alles dafür tun.«

Dann schloss ich den Brief ab

»Danke, dass es euch gibt. Ihr seid die besten Oma und Opa. Und ich bin euch sehr dankbar, dass ihr trotz der Scheiße zu mir haltet.«

Ich knickte die beiden Blätter und steckte sie in einen Umschlag. Dann stand ich auf und ging in den Aufenthaltsraum. Ich werde das hier durchhalten, sagte ich mir. Und dann werde ich hier rauskommen. Und dann werde ich ein neues Leben beginnen.

TEIL 2
AUFSTIEG

PROLOG

Ich ließ mich tief in meinen Stuhl fallen und starrte auf den schwarzen Computerbildschirm. Sollte ich es wirklich tun? Ich fasste mir an den Kopf, wippte nervös vor und zurück. Es war eine Überwindung. Wie würden die Leute darauf reagieren? Würden sie mich verstehen? Würden sie sich von mir abwenden? Würden sie mich mit anderen Augen sehen? Ich dachte nach. Ich hatte schon so viel von mir preisgegeben. Ich war in den letzten Jahren wirklich sehr offen gewesen. Aber könnte ich wirklich *alles* erzählen?

Ich schaute wieder auf den schwarzen Computerbildschirm, in dem ich mich spiegelte, und blieb an meiner Reflektion auf dem Monitor hängen. Ich schob meinen Stuhl ein wenig näher an den Schreibtisch heran und betrachtete mich selbst. Wie hatte ich mich doch verändert. Wie hatte sich doch mein Leben in den vergangenen Jahren verändert. Der Junge, der mir da entgegenschaute, war tatsächlich derselbe Junge, der noch vor ein paar Jahren völlig am Ende war. Am Boden. Auf null. Der Typ, der seine Großeltern beklaut hatte. Der seine Lebensbeichte in einer Entgiftungsstation niedergeschrieben hatte.

Der Junge, der keine Perspektive hatte. Der Junge, der nicht in der Lage war, irgendeine Verantwortung zu übernehmen. Weder für sich noch für die Menschen, die er geliebt hat. Scheiße, ich war ein ekelhafter Egoist. Ich lehnte mich wieder in meinem Stuhl zurück und rieb mir die Augen.

In meinem Kopf versuchte ich das Bild von dem jungen Marcel mit dem Marcel zusammenzubekommen, der jetzt hier saß. Ich war ein anderer Mensch, aber doch die gleiche Person. Es fühlte sich an, als würde das alles Ewigkeiten zurückliegen. Dabei waren es nur ein paar Jahre. Ein paar Jahre, in denen sich einfach alles verändert hatte.

Ich dachte an meine Kindheit zurück. Dachte an die Streitereien zu Hause. Das Gefühl, ein Versager zu sein. Dachte daran, wie ich Julian kennenlernte. Wie ich das erste Mal auf seiner Couch lag und einen Joint rauchte. Wie sich meine Lungen mit dem scharfen Rauch füllten. Wie sich mein Verstand vernebelte. Ich dachte an das Gefühl von damals, daran, wie ich ganz einfach alle Probleme ausschalten konnte. Ich schloss meine Augen und dachte an das Kokain. An das Gefühl, wenn erst der Gaumen und dann die Seele taub wurde.

Ich dachte an meinen ersten Einbruch. Ich schloss die Augen und sah mich plötzlich von außen. Sah mich, wie ich eine Räuberleiter bildete und Rene sich durch das kleine Fenster quetschte. Sah mich, wie ich selbst durch das Haus lief und die Schubladen durchstöberte. Wie ich den Fernseher aus dem Haus trug, wie sich meine Fingerkuppen in das Gerät bohrten. Und dann dachte ich plötzlich an die Menschen, die in diesem Haus wohnten. Ich hatte keine Ahnung, wer diese Menschen waren, aber ich hatte eine Familie vor Augen. Ein Ehepaar mit einem Kind. Plötzlich sah ich vor mir, wie sie nach Hause kamen, das Licht einschalteten und bemerkten, dass etwas anders war. Sie würden es vielleicht nicht sofort verstehen. Vielleicht ist es zunächst nur ein Gefühl. Dann würden sie sehen, dass die Schubladen und Schränke offen waren. Dass der Fernseher nicht mehr da war. Dann würden sie begreifen, dass jemand in ihr Haus eingebrochen ist. Wie sie sich wohl gefühlt haben? Es musste schrecklich sein. Da dringt jemand in deinen intimsten Lebensbereich ein. Es ging nicht um den materiellen Schaden. Ich hatte Menschen Angst gemacht. Das war das Schlimmste. Ich schämte mich. Ich schämte mich ganz fürchterlich, dass ich in der Lage war, so etwas zu tun.

Dann schaute ich wieder meine Reflektion im schwarzen Monitor an.

Also gut, dachte ich und schaltete den Rechner an. Ich würde es tun. Ich muss es tun. Ich habe so verdammt viel Scheiße in meinem Leben gebaut, dass ich es der Welt schuldig war. Ich hatte meine

Lebensbeichte niedergeschrieben. Für Oma und Opa. Aber das reichte nicht. Ich hatte zu viel Schuld auf mich geladen. Ich musste das irgendwie loswerden. Ich schaltete die Webcam an und startete das Aufnahmeprogramm.

Dann schaute ich in die Kamera und setzte an.

»Hallo, meine …« Nein. Das war nichts. Ich brach ab. Sammelte mich. Ich atmete tief durch. Konzentrier dich, Marcel. Du kriegst das hin. Zweiter Versuch. Ich schaute wieder in die Kamera. Räusperte mich. Und legte los.

»Ich mache dieses Video, weil ich mir der Verantwortung bewusst bin, dass ich viele junge Zuschauer habe. Und ich möchte einfach, dass ihr Fehler, die euch vielleicht noch bevorstehen, vermeiden könnt.« Ich machte eine kurze Pause und atmete tief durch. »Es gab eine Zeit in meinem Leben, in der ich sehr viel gekifft habe. Und ich habe mir eigentlich immer selbst gesagt, es wird beim Kiffen bleiben.« Ich erzählte, wie ich bei Kris in der Wohnung war. Wie man mir das Koks anbot. Wie ich schwach wurde. »Ich kann euch gar nicht mehr sagen, warum. Aber ich habe Ja gesagt. Und der Tag war mein Untergang.«

Und dann erzählte ich meine Geschichte. Ich erzählte von meiner Sucht. Erzählte davon, wie ich abgerutscht bin. Wie ich bei Oma und Opa rausflog. Ich sprach mir einfach alles von der Seele. Zwölf Minuten lang. Ich schonte mich nicht, denn ich hatte es nicht verdient geschont zu werden. Ich wollte auch kein Mitleid, denn ich hatte kein Mitleid verdient. Ich wollte einfach nur ehrlich sein. Zu mir. Und zu der Welt. Wenn mein Schicksal für irgendwas gut war, dann vielleicht dafür, dass es ein abschreckendes Beispiel sein könnte. Ich schaltete die Webcam ab und lehnte mich in meinem Stuhl zurück. Wow. Ich fuhr mir mit der Hand durch die Haare. Klickte das Video, das ich gerade aufgenommen hatte, noch einmal an und schaute es durch. Von vorne bis hinten. Dann bearbeitete ich es und lud es auf meinem YouTube-Kanal hoch.

Ich brauchte einen Namen für das Video. Ich dachte kurz nach. »Vom Junkie zum YouTuber« gab ich ein.

Es war der 26. März 2014. Ich schaltete den Rechner wieder ab und legte mich auf mein Bett. Ich hatte keine Ahnung, dass ich gerade die letzte große Weiche für meine Zukunft gestellt hatte. Einfach, in dem ich meine Vergangenheit öffentlich verarbeitete.

IV. LEBEN

Ich bekam eine zweite Chance, und ich nahm mir fest vor, diese zu nutzen. Nach der Therapie zog ich wieder bei meinen Großeltern ein. Opa hatte es erlaubt, weil er gesehen hatte, dass ich versuchte, mein Leben wieder in den Griff zu bekommen. Ich war ihm unendlich dankbar dafür. Dennoch musste ich mir sein Vertrauen zurückgewinnen. Einige Dinge hatten sich geändert. Sämtliche Schränke im Haus waren jetzt abgeschlossen. Wir näherten uns erst langsam wieder an. Ich war Anfang 20 und an einem absoluten Nullpunkt. Ich wollte unbedingt einen Neustart machen. Ich wollte mein Leben wieder in die richtige Spur bringen. Alles auf die Reihe kriegen. Arbeiten. Produktiv sein. Und es Oma und Opa unbedingt beweisen, dass ich es hinkriegen würde.

Auf dem Arbeitsamt schickte man mich weiter zur Walze. Die Walze war eine Jugendwerkstatt in Buxtehude. Dort versuchte man, schwer zu vermittelnde Jugendliche für Ausbildungsberufe fit zu machen. Ich arbeitete dort einige Zeit in der Holzwerkstatt, und weil ich mich ordentlich anstellte, bot man mir daraufhin einen Job an. Einen richtigen Job. Ich sollte als Möbelpacker arbeiten. Ich dachte, das wäre jetzt genau das Richtige. Ich war gerade in einer Phase, in der ich mein Leben neu ordnen wollte, und da passte ein Job, bei dem man anpacken konnte, ziemlich gut. Dass die Bezahlung miserabel war, nahm ich in Kauf. Es war eben nur für den Übergang. Eine Arbeitsbeschaffungsmaßnahme. Ein 1-Euro-Job, in dem ich 1 Euro in der Stunde verdiente. Also nichts. Im Monat hatte ich 140 Euro zusammen. Also nichts. Einen Teil von diesem Nichts wollte ich auch noch Oma abgeben.

Ich meldete mich bei »Umzug Hermann«.

Das Büro lag hinter einem alten Möbelhaus an der A 300. Es war ziemlich klein und muffig. Es gab einen Schreibtisch, auf dem sich Papiere und Rechnungen stapelten, einen Esstisch, an dem morgens besprochen wurde, was den Tag über so anstand, und eine kleine Kaffeemaschine.

Der ganze Betrieb eine Zwei-Mann-Show. Sie bestand aus Peter und Markus. Zwei stabilen Kerlen. Peter war in meinem Alter und Markus, der Chef, ein Kerl Mitte 40, mit ordentlichen Oberarmen. Die beiden saßen in der Küche der Wohnung und tranken einen Kaffee.

»Grüß dich, Marcel«

Markus war der Chef des Unternehmens. Er wirkte sehr entspannt, und dennoch merkte ich sofort, dass er einen Plan von dem hatte, was er tat. Er weihte mich sofort in alles ein.

»Setz dich«, sagte er und stellte mir eine Flasche Wasser auf den Tisch.

»Es läuft bei uns so ab«, setzte er an. »… wir sind für den unangenehmsten Teil eines Umzugs zuständig. Für das Schleppen der Möbel. Wir werden gerufen, verschaffen uns einen Überblick über die Lage, transportieren alle Möbel raus, fahren sie zu dem neuen Zielort, und schleppen sie dann wieder in die Wohnung. Kapiert?«

»Kapiert.«

»Das war der angenehme Teil. Wir machen aber nicht nur Umzüge, sondern auch Zwangsräumungen. Das wird der unangenehmere Teil. Aber daran gewöhnt man sich. Der Job ist ja derselbe.«

Ich nickte. Peter schaute auf die Uhr.

»Chef, wir müssen los«, sagte er.

Markus nickte. »Gut, Marcel, dann hast du jetzt direkt deinen ersten Einsatz. Eine Zwangsräumung.«

Wir setzten uns in den blauen Sprinter und fuhren in einen Randbezirk von Buxtehude. »Das ist es«, sagte Markus. »Macht euch darauf gefasst, dass die Besitzerin schwierig ist.«

Wir gingen zu dem kleinen Mehrfamilienhaus aus braunem Klinkerstein und klingelten bei Müller. Die Wohnung war im ersten Stock.

An der Tür standen eine alte Omi und ein junger Mann vom Gericht, der die Räumung überwachte. Die Omi war vielleicht 50 oder 60 Jahre alt. »Guten Tag, Frau Müller«, begrüßte Markus sie freundlich. »Wir sind vom Räumungsunternehmen.« Der Gerichtstyp nickte ihm zu.

Die kleine alte Frau schaute zu uns hoch. Sie hatte wässrig-blaue Augen.

»Was müssen Sie?«

»Ihre Wohnung ausräumen! WOHNUNG AUSRÄUMEN«, sagte Markus jetzt etwas lauter.

»Oh nein, nein, bitte nicht«, sagte die alte Frau und versuchte, die Tür wieder zuzumachen. Peter stemmte den Fuß dagegen. »Frau Müller«, sagte er ganz ruhig. »Sie wissen doch, das muss sein.« Der Gerichtstyp intervenierte und versuchte die Oma ein wenig zu beruhigen. »Frau Müller, ich hatte es ihnen doch erklärt. Bitte machen Sie keinen Ärger.« Ich verstand gar nicht, was sich hier abspielte, und schaute fragend zu Markus.

»Sie kann ihre Miete nicht mehr zahlen«, flüsterte er mir zu. »Ihre Vermieterin hat sie gekündigt. Der Staat hat schon eine neue Wohnung für sie organisiert, da bringen wir ihre Möbel hin.«

»Und wo ist das Problem?«, fragte ich.

»Sie will nicht weg.«

Markus sprach in ganz ruhigem und verständnisvollem Ton auf die alte Dame ein, bis sie uns dann auf sanften Druck des Gerichtsheinis doch in die Wohnung ließ. Während wir anfingen, ihre Schränke auseinanderzubauen und in den Van zu tragen, setzte sie sich an ihren Küchentisch und weinte. Ich konnte es kaum ertragen. Ich nahm mir eine kurze Auszeit und setzte mich zu ihr.

»Aber Sie bekommen doch eine neue Wohnung«, versuchte ich die alte Frau zu trösten.

»Ich will keine neue Wohnung«, schluchzte sie. »Ich lebe seit 50 Jahren hier. Ich bin alt. Ich will nicht weg.«

Mir tat das wahnsinnig leid. Ich strich der alten Omi über den Rücken. Sie wirkte so zerbrechlich.

»Marcel«, rief mich Peter. »Wir müssen weitermachen.«

Ich ließ die alte Dame am Tisch sitzen und trug weiter ihre Möbel in unseren Van. Mir wurde bewusst, dass das ihr ganzes Leben war, das ich hier einfach abräumte. Aber was sollten wir denn tun? Wir hatten ja keine Wahl.

Markus und ich packten das schwere Sofa und schleppten es durch den Hausflur. Als wir wieder in die Wohnung kamen, saß die Omi nicht mehr in der Küche. Sie stand im Türrahmen ihres Schlafzimmers und winkte mich zu sich.

Ich schaute mich kurz um, aber die anderen beiden waren schon wieder auf dem Weg zum Van. Der Gerichtsmann saß in der Küche. Dann ging ich zu der alten Dame.

»Schau mal«, sagte sie. Und zog mich zu ihrer Schlafzimmerkommode. Dann zog sie eine Pistole raus. Moment mal … Ich schüttelte kurz den Kopf und versuchte klarzukommen. Hat die Oma hier tatsächlich eine …

»Siehst du das?«, fragte sie. »Damit schieß ich mich tot, wenn ihr nicht aufhört meine Sachen auszuräumen.«

Sie schaute mich mit einem völlig irren Blick an.

»Äh, Peter, kommst du mal gerade?«

»Was ist denn … oh.«

»Damit schieß ich mich tot«, wiederholte die Oma und wedelte mit der Pistole herum. Peter ging ganz cool zu ihr, nahm ihr die Pistole ab und prüfte das Magazin.

»Alles gut«, sagte er. »Die ist nicht geladen.« Dann gab er der alten Dame die Waffe zurück und gab mir zu verstehen, dass wir jetzt weiterarbeiten müssten. Ich begriff noch immer nicht, was hier gerade passierte.

»Peter, die Oma hat eine Waffe?«

»Ist ungefährlich«, sagte er. »Komm schon, Junge, wir müssen langsam fertig werden.«

Ich griff mit ihm die Kommode, während die Omi mir wieder und wieder die Knarre ins Gesicht hielt. Als wir fertig waren und die Wohnung ausgeräumt hatten, stand die alte Oma ganz allein an der Tür und weinte wieder. »Sie haben mir alles genommen«, sagte sie. Ich musste mich zusammenreißen, um nicht gleich selbst loszuheulen.

Als wir wieder in der Zentrale saßen, machte Markus sich eine Tasse Kaffee und setzte sich zu mir. »Ich habe gemerkt, dass dich das heute ziemlich mitgenommen hat.«

Ich nickte. »Die Omi hat doch wirklich alles verloren, was sie hatte.«

»Ja, das stimmt.« Er ließ eine kurze Pause. »Die Wahrheit ist: Du wirst in diesem Job ständig auf Leute treffen, die alles verloren haben. Du wirst auf Leute treffen, die am Boden sind. Menschen, die nicht mehr weiterwissen. Die vom Leben gezeichnet sind. Das ist alles sehr hart.« Peter ließ eine lange Pause. »Du kommst über die Walze, stimmt's?«

Ich nickte.

»Das heißt, dass auch du irgendeine Vorgeschichte hast?«

»Ja, schon.«

»Dann weißt auch du, dass Schicksalsschläge Teil dieses Lebens sind. Unser Leben ist wie ein Kreis, der sich dreht. Mal sind wir oben, mal sind wir unten. Aber jeder Mensch ist für sich selbst verantwortlich«, sagte er. »Und wir machen nur unseren Job. Du musst lernen, das nicht so hart an dich ranzulassen, okay?«

»Ich gebe mir Mühe«, sagte ich.

Markus wurde in den nächsten Wochen für mich zu einer Art Vaterfigur. Und in den nächsten Tagen lernte ich auch die angenehmeren Seiten des Jobs kennen.

Wir wurden zu einer Wohnungsräumung gerufen. Aber statt einer verrückten Oma war der Besitzer dieses Mal nur in der Irrenanstalt gelandet. Wir standen in einer riesigen Dachgeschosswohnung, die voller Gerümpel war. Es musste ewig her gewesen sein, dass hier jemand Staub gewischt hatte. Alles war völlig vermüllt.

»Weiß man etwas über den Besitzer?«, fragte ich, obwohl ich eigentlich gelernt hatte, solche Fragen nicht zu stellen.

»Ein Alki«, sagte Markus. »Er hat sich so sehr den Verstand weggesoffen, dass er am Ende nicht mal mehr wusste, wer er war.«

»Üble Sache.«

Dann kam der Betreuer des Mieters. Er hatte im Vorfeld bereits alles aus der Wohnung geholt, was für die Hinterbliebenen von Bedeutung war.

»Den Rest«, sagte er uns, »können Sie auf den Schrottplatz bringen. Wenn Sie irgendwas behalten möchten – nur zu.«

Das ließen wir uns natürlich nicht zweimal sagen. Wir wussten schon im Vorfeld, dass es wohl einiges an Werkzeug in den Kellerräumen gab. Zeug, das man gut im Internet verticken konnte.

»Also gut«, sagte Peter. »Gehen wir in den Keller und holen uns das Zeug. Und dann legen wir los.«

Als wir die Treppen runtergingen, musste ich niesen.

»Alles okay, Marcel?«

»Ja ja, alles gut.«

Peter öffnete das Abteil mit dem Schlüssel, den er von dem Betreuer bekommen hatte.

»Hatschi«

Wir gingen in das Abteil. »Hatschi«. Alles war komplett vollgemüllt. Die Werkzeuge waren überall verteilt und alles voller Staub. Es war alles so voller Staub, dass sogar die Staubschicht eine eigene Staubschicht ansetzte. »Hatschi.«

»Marcel? Was ist denn los mit dir?«

»Jungs«, sagte ich. »Ich habe eine Hausstauballergie. Das hier unten ist eine Nummer zu krass für mich. Ich gehe hoch und räume da schon einmal die Schränke aus.«

»Ja, mach du nur.«

Ich habe einfach den Niesflash der Vergeltung geschoben. Das war überhaupt nicht auszuhalten.

Ich nahm mir einen blauen Sack und ging in das Schlafzimmer. Dort öffnete ich die Schränke und fing an, den gesamten Inhalt in den Müllsack zu kippen. Dann ging ich an die Blumentöpfe. Die Pflanzen waren alle schon längst verwelkt. Sie hingen grau und traurig herunter. Ich schmiss einen Topf nach dem anderen in den großen Müllsack, als ich plötzlich etwas Grünes wahrnahm. Nur für einen ganz kurzen Moment. Aus dem Augenwinkel. Ich zog den Blumentopf wieder aus dem Sack und begutachtete ihn ganz genau. Moment mal, das kann doch nicht … tatsächlich. Da waren Geldscheine im Töpfchen versteckt!

Mein Herz schlug immer schneller. Ich konnte mein Glück kaum fassen. Ich schaute mich um. Die anderen Jungs waren noch immer im Keller. Ich packte mir das kleine Geldbündel, ließ den Müllsack fallen und schloss mich im Badezimmer ein. Dort zählte ich alles durch. Unfassbar. 3500 Euro! Mir lief der Schweiß von der Stirn. Ich gab mir selbst eine Ohrfeige, um sicherzugehen, dass ich nicht träumte.

Ich dachte nach, was ich jetzt machen sollte. Den Betreuer anrufen? Ne, der hätte sich das nur selbst eingesteckt. Das hier war meins. Und er sagte ja: Wir können behalten, was wir finden. Ich konnte mein Glück überhaupt nicht fassen. Ich steckte mir das Geld in meine Socke und versuchte, so unauffällig wie möglich weiterzuarbeiten.

»Alles okay mit dir?«, fragten mich die Jungs, als sie aus dem Keller kamen. »Allergie überwunden?«

»Ja, alles super«, sagte ich und arbeitete weiter. Ich konnte gar nicht früh genug fertig werden.

»Mensch, Marcel, du klotzt heute aber ran«, lobte mich der Chef.

»Normal, Peter.« Von dem Geld erzählte ich ihm nichts. Das blieb mein Geheimnis.

Als ich abends zu Hause war, setzte ich mich in mein Zimmer und zählte nochmals mein Geld. 3500 Euro. Unfassbar. Ich griff mir mein Handy und bestellte mir ein Taxi. Dann fuhr ich zu Media Markt und kaufte mir einen Fernseher und DVDs. Von dem Rest des Geldes bezahlte ich die Schulden, die ich in meiner Suchti-Zeit aufgebaut hatte. Ich wollte niemandem mehr etwas schuldig sein.

Nach etwa einem Jahr entschloss ich mich, einen Schritt weiterzugehen. Ich ließ mir meine Arbeit bestätigen und wollte mich für eine Ausbildung bewerben. Das wäre der Grundstein für alles Weitere, dachte ich mir. Die Frage war nur, welche Ausbildung ich tatsächlich machen sollte. Ich entschied mich für den Einzelhandel. Einzelhandel war für mich erreichbar. Ich war Realist. Ich wusste, dass ich keine große Wahl mehr hatte. Mein Realschulabschluss war nicht sonderlich gut und mein Lebenslauf ein Albtraum. Ich war jetzt schon Anfang zwanzig. Die meisten machten ihre Ausbildung mit 16 oder 17. Ich war spät dran. Aber im Einzelhandel wurden noch immer Azubis gesucht. Und ich wusste, dass ich ein gewisses kommunikatives Talent hatte. Ich konnte gut mit Leuten. Und ich erinnerte mich gern an die Zeit zurück, in denen ich mit Oma und Opa auf dem Fischmarkt Lederwaren verkaufte. Ich bewarb mich also bei einem großen Baumarkt in Buxtehude.

Dem TERRA-Baumarkt. Aber ich schrieb nicht bloß einfach eine Bewerbung. Ich hängte mich wirklich rein und gab mir Mühe. Ich machte das nicht bloß für mich, ich kam schon irgendwie durch, ich machte das hauptsächlich für Oma und Opa. Ich wollte ihnen wirklich beweisen, dass ich etwas gebacken bekam. An einem Freitag weckte mich Oma.

»Marcel, du hast Post bekommen.«

Ich war sofort hellwach.

Wenn ich Post bekam, bedeutete das meist nichts Gutes. Oft lag dann Ärger in der Luft. Aber ich dachte mir schon, dass es um die Ausbildung ging. Ich wartete schon seit Wochen auf den Antwortbrief. Ich lief die Treppe runter, riss den Umschlag auf und überflog das Schreiben.

Jawoll! Es war positiv. Ich bekam die Gelegenheit, ein Praktikum zu machen. Zwei Monate. Würde ich mich beweisen, würden sie mir einen Ausbildungsplatz geben, schrieb der Geschäftsführer.

»Oma! Schau mal, ich habe einen Praktikumsplatz«, freute ich mich und sah, wie ihre Augen leuchteten.

Nichts auf der Welt konnte sie glücklicher machen.

Ich merkte schnell, dass die Arbeit im Baumarkt ganz anders, war als die Arbeit in der Autowerkstatt. Das lag auch daran, dass ich in der Autowerkstatt eigentlich gar keine Arbeit hatte. Ich durfte ja nur Fett wegputzen. Im Baumarkt hingegen war man bemüht, mir wirklich etwas beizubringen. Oder mich zumindest sinnvoll zu beschäftigen. Ich hatte etwas zu tun. Auch das Team und die Atmosphäre waren ganz anders. Während sich die lustigen Russen und Polen bei Baumann wahrscheinlich noch heute gut die Kante gaben, um die Arbeitszeit irgendwie zu überstehen, war man im TERRA-Baumarkt eher auf Seriosität bedacht.

Zumindest vordergründig.

Die ersten Wochen arbeitete ich im Lager. Das war zwar eine eintönige Arbeit, aber immerhin verstrich die Zeit gut. Im Lager zu arbeiten bedeutete, den Baumarkt für die Kunden vorzubereiten. Mein Team musste morgens um 5.30 Uhr antanzen und von den Lieferanten die neue Ware entgegennehmen. Wir hatten da jede Menge Paletten rumstehen, die wir mit einem Hubwagen in den Laden brachten, und dann in die Regale einräumten. Wir waren meist zu viert oder fünft. In der Regel war das recht entspannt. Es dauerte etwa eine halbe Stunde, bis man die Hubwagen bepackt hatte. Dann sortierte jeder seine sechs oder sieben Paletten ein. Um acht Uhr morgens, wenn der Laden für die Kunden öffnete, waren wir fertig. Wir sollten anschließend nochmal die Gänge ablaufen und gegenchecken, ob wirklich alle Regale aufgefüllt waren. Ich verstand mich gut mit den Kollegen. Aber ich war nicht auf der Suche nach neuen Freunden. Ich blieb meist für mich. Ich habe versucht, mich auf mich selbst zu konzentrieren. Einfach durchzuziehen. Ich war morgens der Erste, der vor dem Lager stand und nach Feierabend der Letzte, der nach Hause ging. Ich war extrem motiviert und versuchte das auch zu zeigen. Und es lohnte sich. Nach drei Wochen rief mich der Filialleiter zu sich ins Büro. Herr Bose.

»Setz dich«, sagte er.

Herr Bose war ein älterer Herr, den man selten zu Gesicht bekam. Aber Herr Bose hatte einen sehr genauen Blick für das, was in seinem Laden alles passierte. Ich weiß nicht, wie er das hinbekam, aber er war wirklich über alles wahnsinnig gut informiert.

»Mir ist zu Ohren gekommen, du stellst dich gut an?«

»Ich gebe mir Mühe, Herr Bose.«

Er rückte mit seinem Bürostuhl näher an mich heran.

»Das ist gut. Wir brauchen hier Leute, die sich Mühe geben. Du hast die Ausbildung, Marcel. Mach diese Woche noch dein Praktikum zu Ende, und in drei Monaten beginnst du dann hier bezahlt als Azubi. Hast du eine Wunschabteilung?«

Ich konnte gar nicht aufhören zu grinsen, so glücklich war ich.

»Ich würde gern in den Holzzuschnitt«, sagte ich. Ich hatte ja in der Walze bereits als Tischler gearbeitet und ein wenig Erfahrung. Mir machte das Spaß.

Herr Bose schrieb sich meinen Wunsch auf einen Zettel und nickte. Ich bedankte mich noch einmal bei ihm und fuhr dann mit dem besten Gefühl, das man nur haben konnte, nach Hause. Ich konnte es gar nicht abwarten, Oma und Opa die gute Nachricht zu überbringen. Sie würden sich wahnsinnig freuen.

Am nächsten Morgen kam ich mit bester Laune zur Arbeit. Ich war noch motivierter, als ich es vorher war. Ich wusste, dass ich bisher nur den ersten Schritt gemacht hatte. Ja, ich hatte meine Ausbildung, aber ich musste auch noch die Probezeit überstehen. Die Probezeit war ein kleines Trauma für mich. Also beschloss ich weiterhin, Vollgas zu geben. Mit der Zusage in der Tasche merkte ich zumindest, dass sich mein Engagement lohnte. Dass es nicht umsonst war. Ich ging in den Pausenraum und packte meine Klamotten in den Spind. Meinen Rucksack stellte ich auf den Boden. Er war, bis auf ein paar Pausenbrote, leer. Ich zündete mir eine Kippe an. Es roch nach frischem Kaffee. Alles war ruhig. Ich mochte diese fast schon besinnliche Stimmung im Pausenraum, bevor die Arbeit begann. Dieses kurze Innehalten und Warmwerden, bevor dann alle anpackten.

Dann kam der Lagerchef, nickte mir zu und gab mir zu verstehen, dass die Lieferanten draußen warteten. Ich ging raus und nahm die Ware entgegen. Ich räumte wie gewohnt die Regale ein. Wir waren gut in der Zeit. Um halb acht waren wir schon fertig, bis zur Ladenöffnung hatten wir noch eine halbe Stunde. Ich ging wieder in den Pausenraum, wo ich Herrn Meermann traf. Herr Meermann war ein älterer Kollege. Ich hatte meine halbe Schicht schon hinter mir, Meermann seine noch vor sich. Er bot mir eine Zigarette an.

»Und? Lief alles glatt?«, fragte er.

»Alles ganz normal, Herr Meermann.«

Wir setzten uns an den Pausentisch und quatschten noch ein bisschen, als der Lagerleiter den Raum betrat.

»Marcel? Sag mal, ist das nicht dein Rucksack?«

Ich drehte mich zu unserem Boss um und sah, wie er meinen Eastpack in die Luft hielt.

»Ja, Chef, das ist meiner. Wieso?«

Er schaute mich mit einem strengen Blick an.

»Ich habe hier ein Problem. Komm doch mal mit.«

Ich verstand nicht, was los war. Machte er etwa Ärger, weil ich den Rucksack nicht in den Spind gelegt, sondern davorgestellt hatte? Das wäre ziemlicher Quatsch gewesen. Das machten doch alle. Meermann zuckte nur mit den Schultern und zog an seiner Kippe. Ich drückte meine Zigarette aus und folgte dem Lagerleiter in den Umkleideraum. Huch, dachte ich. Was war denn hier los? An den Spind gelehnt stand der Filialleiter Herr Bose. Neben ihm zwei weitere Arbeiter aus meiner Schicht. Und auf dem Boden verteilt lagen Unmengen an teuren Elektroartikeln. BluRay-Player, Kopfhörer und so ein Zeug.

Ich hatte immer noch keine Ahnung, was hier los war. Ich schaute Bose fragend an.

»Was sagst du dazu?«

»Was soll ich dazu sagen? Was soll das?«

»Wir haben das ganze Zeug bei dir im Rucksack gefunden, Marcel. Na komm, verarsch uns jetzt nicht.«

»Hä? Ja das ist mein Rucksack. Aber ich hab das nicht geklaut.«

»Willst du uns für blöd verkaufen?«

»Wirklich, ich habe nichts geklaut. Ich habe damit nichts zu tun! Ich war die ganze Zeit unten im Laden und habe eingeräumt …«

Die Männer schauten sich an und schüttelten die Köpfe. Niemand glaubte mir. Nur der Lagerleiter war auf meiner Seite. Er schien mir zu glauben. Aber die Beweislast war erdrückend. Alles sprach gegen mich.

»Ich bin sehr enttäuscht«, sagte Bose. »Gestern noch habe ich dir eine Zusage für deine Ausbildung gegeben. Und heute beklaust du uns.« Mein Gesicht lief rot an. Ich fühlte mich wütend und hilflos zugleich. Ich versuchte noch mal, meine Chefs zu überzeugen. Erklärte ihnen, dass ich doch wirklich die ganze Zeit bei den anderen gewesen sei, dass ich gar keine Gelegenheit gehabt hätte, etwas zu klauen, selbst wenn ich es gewollt hätte. Völlig vergeblich. Sie glaubten mir kein Wort. Mein Hals schnürte sich zu. Ich spürte, wie meine Lippen anfingen zu zittern. Das war einfach so wahnsinnig ungerecht. Ich habe in meinem Leben extrem viel Scheiße gebaut. Ich habe in meinem Leben so viel Scheiße gebaut, dass ich das vielleicht nie wieder gutmachen kann. Aber eben nicht dieses Mal. Dieses Mal habe ich wirklich versucht, das Richtige zu tun. Habe mich angestrengt. Mich von meiner bestmöglichen Seite gezeigt. Dieses Mal habe ich versucht, die Chance, die man mir gegeben hatte, auch zu nutzen. Und dann das.

Es war einfach so wahnsinnig ungerecht.

Ich konnte nicht anders, ich fing an zu weinen. Mir war klar, was diese Nummer bedeutete. Mir war klar, dass ich meine Ausbildung abschreiben konnte. Wieder mal hatte ich alle enttäuscht. Nicht nur mich selbst, sondern ganz besonders Oma und Opa. Ich hatte schon Opas Gesicht vor Augen. Seinen Blick, wenn ich ihm erzählen würde, was passiert war. Es brach mir das Herz. Ich flennte wie ein kleines Mädchen. Die Chefs riefen derweil die Polizei.

»Moment«, sagte ich und versuchte es noch mit einem allerletzten Joker. Ich hatte knapp 500 Euro in meiner Hosentasche. Geld, das mir gehörte. Geld, das ich gespart hatte. »Guckt mal, ich habe Geld. 500 Euro. Das ist mein Geld. Ich brauche nichts zu klauen!«

Doch auch das interessierte niemanden. Und dann kam die Polizei. Ich wurde direkt im Pausenraum von den Beamten verhört. Auch für sie war die Sache eindeutig. Man hatte geklaute Ware in meinem Rucksack gefunden. Ich hatte eine Vorgeschichte wegen Diebstahl.

»Wir wissen, dass du das geklaut hast«, sagte einer der Beamten. »Gib es doch einfach zu.«

»Ich schwöre, ich habe gar nichts geklaut!«, versuchte ich auch ihn zu überzeugen. Weiterhin vergeblich. Der einzige Mensch, der mir glaubte oder mir zumindest glauben wollte, war Herr Pfuhl. Der Lagerchef. Der Kerl mochte mich wirklich gern, und ich spürte, wie hin- und hergerissen er war. Aber auch er konnte nichts machen. Das Zeug war in meinem Rucksack. Ich hatte nur keine Ahnung, wie es da reingekommen war.

»Wir werden dich jetzt nach Hause bringen«, sagte einer der Polizisten. »Ist es für dich in Ordnung, wenn wir uns in deinem Zimmer dann einmal umschauen?«

Ich wusste, dass ich dem nicht zustimmen musste. Die Bullen hatten keinen Durchsuchungsbefehl. Aber ich hatte auch nichts zu verbergen. Also stimmte ich zu.

»Nein, Sie können alles durchsuchen. Sie werden nichts finden. Weil ich unschuldig bin.«

Wir fuhren mit dem Polizeiauto zu Oma und Opa. Es war mittlerweile halb zehn. Ich schämte mich ganz fürchterlich, als die Polizisten klingelten und Oma die Tür öffnete.

»Ach Mensch, Marcel«, sagte sie und schaute mich mitleidig an. »Was hast du denn angestellt?«

Ich musste sofort wieder anfangen zu heulen. Während die beiden Polizisten das Haus durchsuchten, erklärte ich Oma und Opa, was passiert war.

»Ich schwöre, ich habe die Sachen nicht geklaut«, sagte ich unter Tränen. Es tat mir so weh, dass ich den beiden immer wieder Leid zufügte. Sie schauten sich an. Dann legte Opa seine Hand auf mein Knie.

»Marcel«, sagte er und schaute mich an. »Ich glaube dir.«

»Wirklich?«, fragte ich.

»Wirklich. Du hast viel Mist in deinem Leben gebaut. Aber du warst immer ehrlich. Du hast immer dazu gestanden. Du hast uns nie angelogen.«

Ich nahm Opa in den Arm. Mir bedeutete das wahnsinnig viel. Und dennoch fühlte ich mich unendlich leer. Ich war an einem Punkt, an dem alles perfekt war. Ich war an einem Punkt, an dem ich meine Ausbildung hätte anfangen können. An dem ich etwas hätte machen können, woran ich Spaß hatte. Zum ersten Mal seit sehr langer Zeit hatte ich wirklich eine Perspektive. Und dann war alles wieder kaputt. Von heute auf morgen.

Die Polizisten kamen zu meinen Großeltern und mir. »Wir haben nichts gefunden«, bestätigten sie, was ich ihnen schon vorher prophezeit hatte. Dann zogen sie ab. Ich war mit den Nerven am Ende und ging in mein Zimmer. Ich legte mich auf mein Bett und schloss die Augen. Ich wollte einfach nur noch verschwinden. Dann schlief ich ein.

Ich war noch im Halbschlaf, da stand Oma vor mir.

»Marcel, wach auf!«, sagte sie und schüttelte mich.

»Was ist denn los, Oma?«

Ich öffnete langsam die Augen und sah, dass sie mir das Telefon hinhielt.

»Hier. Telefon für dich. Der Marktleiter.«

Ich war auf einen Schlag wieder hellwach.

»Ja, hallo?«

»Marcel, Bose hier. Können Sie bitte noch mal zu uns in die Firma kommen?«

»Ja, natürlich, Herr Bose.« Ich legte das Telefon weg, zog mir meine Klamotten über und setzte mich in Opas Auto. Ich fuhr, so schnell ich konnte, zum Baumarkt. Ich wusste nicht, was los war. Wahrscheinlich würde Bose mir persönlich sagen wollen, dass mein Ausbildungsvertrag nichtig war.

Auf dem Weg in den Laden traf ich Stefanie. Stefanie arbeitete auch im Baumarkt. Allerdings nur Teilzeit.

»Ach, was machst du denn hier?«, fragte sie mich.

»Der Chef hat mich gerufen! Wegen dieser Diebstahl-Nummer.«

Steffi strahlte mich an. »Ja, das hat sich ja zum Glück alles geklärt.«

»Ach ja?«

»Ja, hat Bose es dir noch nicht gesagt?«

Ich schüttelte den Kopf. Ich hatte plötzlich wieder Hoffnung. Vielleicht war das Schicksal dieses eine Mal ja wirklich auf meiner Seite.

»Du, ich muss los«, sagte ich und ging so schnell ich konnte zu Bose ins Büro. Ich wollte endlich wissen, was los war.

Bose wartete schon auf mich.

Er erzählte mir, dass sich einer meiner Kollegen bei ihm gemeldet hätte. Er hatte beobachtet, wie Rüdiger die Ware eingesteckt hat. Rüdiger! Ausgerechnet er. Rüdiger war ein großer, blasser Typ, Mitte 20, der nie wirklich gesprochen hatte. Er hatte lange schmierige Haare, und wir nannten ihn alle nur den Lulatsch. Ich hätte ihm das nicht zugetraut. Aber Bose erzählte mir, dass schon seit Monaten immer mal wieder Ware fehlte. Er hatte alles nachgeprüft. Die Ware verschwand meist an den Tagen, an denen der Lulatsch Dienst hatte. Es passte alles zusammen.

»Aber, wie kam das Zeug in meinen Rucksack?«, fragte ich.

Der Lulatsch, rekonstruierte Bose, war gerade dabei, sich ein paar Waren einzustecken, da kam der Lagerleiter in den Umkleideraum. »Rüdiger hat deinen Rucksack gesehen, ihn sich geschnappt und ist schnell mit der Ware und dem Rucksack auf der Toilette verschwunden. Um von sich selbst abzulenken, kam er dann mit dem Rucksack in der Hand raus und sagte dem Lagerchef, er hätte den hier gefunden. Mit der Ware.«

Ich ballte meine Faust. Dieser miese Wichser. Ich war drauf und dran, zu dem Lulatsch zu gehen und ihm die Fresse zu polieren. Wie konnte er das nur machen? Jemand anderen für seine Taten bluten lassen. Er stand daneben, als ich vor allen Leuten geheult hatte, und hatte offensichtlich nicht mal ein schlechtes Gewissen. Ich nahm mir fest vor, ihm dafür eine kräftige Abreibung zu verpassen.

Erst später erfuhr ich, dass Rüdiger wohl ein ernsthaftes Drogenproblem hatte. Das rechtfertigte nichts. Aber ich wusste ja selbst, wie es war, wenn man Dinge tat, die man nicht mal mehr vor sich selbst rechtfertigen konnte. Ich entschied mich, es gut sein zu lassen. Ich wollte mich sowieso ändern. Und der Lulatsch hatte seine Strafe bekommen. Er verlor seinen Job.

*

Meiner Ausbildung hingegen stand nichts mehr im Weg. Und als Entschädigung für meinen Ärger erfüllte Herr Bose mir meinen Wunsch und ordnete mich der Holzzuschnitt-Abteilung zu.

Der Chef dieser Abteilung war Dirk. Und Dirk hatte einen gewissen Ruf. Dirk hatte den Ruf, dass man sich besser nicht mit ihm anlegen sollte. Wenn Dirk dich einmal gefressen hat, dann drückt er dir jeden Tag so viele Sprüche rein, dass du keine Freude an deiner Arbeit mehr hast, warnten mich die anderen Mitarbeiter. Dirk galt als der Typ mit dem losen Mundwerk. Der Typ mit dem derben Humor. Der Kerl, den man besser zum Freund als zum Feind hatte.

Als ich meinen ersten Tag im Holzzuschnitt hatte, stellte ich mich bei ihm vor.

»Moin, ich bin der Marcel«, sagte ich und reichte ihm die Hand. Er ließ mich stehen, musterte mich einmal von oben bis unten und gab mir dann einen besonders festen Händedruck.

»Ich bin ab heute im Holzzuschnitt«, sagte ich.

»Na, dann komm mal mit, Junge.«

Dirk war Ende 30, groß und stämmig. Ich folgte ihm in die Holzwerkstatt. Er trottete langsam voran.

»Wir verlangen dir hier einiges ab«, grummelte er. Er wirkte nicht sonderlich gut gelaunt. Er wirkte wie ein großer, motziger Bär. Er schaute mich prüfend an und zeigte dann mit seinen großen Händen, die aussahen wie zwei Pranken, auf ein Regal an der Wand.

»Wenn du nicht spurst«, sagte er, »dann lernst du das Ding kennen.«

Auf dem Regal lag ein faustdicker, ziemlich langer Holzpflock. Und auf dem Holzpflock stand mit Edding ein Wort in Großbuchstaben geschrieben: Analverwöhner.

»Dann kriegst du den Meinungsverstärker zu spüren.«

Ich schaute Dirk kurz an, nickte ihm zu und wusste, dass wir auf der gleichen Ebene waren. Nein, Dirk war kein hinterfotziger Kollege, der bei einem Problem mit dir zum Chef laufen würde. Keine Petze. Dirk machte dir einmal eine Ansage, und wenn du es beim zweiten Mal nicht gerafft hattest, bekamst du eine Standpauke, dass dir die Ohren schlackerten. Aber damit konnte ich arbeiten. Dirk war ein straighter Typ. Geradeaus. Das mochte ich. Dirk war im gesamten Baumarkt jemand, der respektiert wurde. Auch, weil er ein alter Hund war, der schon ewig im TERRA arbeitete.

Die Arbeit im Holzschnitt machte mir Spaß. Sie machte mir wirklich Spaß. Wir bekamen Aufträge von Kunden, die Spanplatten oder Holzleisten in einer bestimmten Größe brauchten. Wir mussten das dann ausmessen, markieren und zurechtschneiden. Das war gute, ehrliche Arbeit. Und mit Dirk an der Seite war sie auch einfach lustig.

Er war wirklich ein derber Typ. Einmal schickte er mich in den Laden, um ein paar Holzplatten zu holen. Während ich das Material zusammensuchte, klingelte das Mitarbeitertelefon.

»Marcel?«

»Ja.«

»Bist du beim Holz?«

»Ja.«

»Gang 18?«

»Ja.«

»Geh mal Gang 16. Schnell. Das ist ein richtig scharfes Gerät. Bester Arsch.«

Ich legte auf, ging in Gang 16 und sah da eine Blondine in einer viel zu engen Jeans, die sich gerade nach einer Bohrmaschine bückte. Ich ging wieder zum Mitarbeitertelefon und rief Dirk in der Werkstatt zurück.

»Marcel?«

»Ja. Hab's gesehen. Ist 'ne 10 von 10, Dirk. Sauber.«

»Gut, bis gleich.«

So brachten wir unsere Tage rum.

*

Drei Monate. Ich wusste, dass ich die ersten drei Monate rumkriegen musste. Diese Zahl hatte sich in meinem Kopf festgesetzt. Ich hatte den Stichtag rot in meinem Kalender markiert. Es war ein kleines Trauma. Ich wusste, dass man mich im Rahmen der dreimonatigen Probezeit ohne gute Gründe vor die Tür setzen konnte. Das war mir ja schon einmal passiert. Ich wollte die Probezeit unbedingt bestehen. Also gab ich weiterhin 120 Prozent. Ich war morgens früh da. Ich war abends der Letzte, der ging. Und ich bot mich überall an. Ich habe sogar freiwillig die Gänge gewischt, wenn sonst gerade nichts zu tun war. Das war meine Art zu zeigen, dass ich motiviert war. Und die Arbeit hat mir ja auch wirklich Spaß gemacht. Es sollte sich rentieren.

Die drei Monate verstrichen, ich wurde nicht gefeuert. Und wusste, dass ich jetzt safe war. Man konnte mich jetzt nicht mehr vor die Tür setzen. Zumindest nicht so einfach. Zur Feier des Tages traf ich mich am Abend mit meinen Jungs und gab mir ordentlich die Kante.

Auch wenn ich mittlerweile clean war, hing ich schnell wieder mit den alten Jungs rum. Dieses Mal bei Dulli Ali in der Bude. In der Therapie sagte man uns, dass man von Süchten am besten loskommt, wenn man sich von seinem alten Umfeld trennt. Sich nicht mehr mit den Menschen umgibt, mit denen man früher konsumiert hat. Zu groß ist die Gefahr, aus reiner Gewohnheit wieder in alte Muster zu verfallen. Den Gedanken dahinter verstand ich. Theoretisch. Praktisch waren wir in Buxtehude. Es war nicht wirklich möglich, mit allem zu brechen, was einen vorher ausgemacht hat.

Für mich war das in Ordnung. Sie haben gekifft, ich habe abgelehnt. Sie haben gezogen. Ich getrunken. Das Bier war nun meine Ersatzdroge. Ich sah darin kein Problem.

Am nächsten Morgen kam ich zu spät zur Arbeit. Es war das erste Mal, dass ich mir so eine Art Fehltritt erlaubte. Aber ich konnte nicht mehr. Ich hatte die ganzen Monate über alles gegeben, was ich geben konnte. Jetzt musste ich das Tempo etwas drosseln. Das bedeutete nicht, dass ich schlechter arbeitete. Ich gab einfach nur statt 120 Prozent bloß noch 100 Prozent. Das bedeutete, ich kam und ging pünktlich und bemühte mich nicht mehr allzu stark um Sonderaufgaben. Ich fand einfach, es war jetzt nicht mehr nötig, freiwillig den Pausenraum zu putzen.

Bose sah das anders. Er beorderte mich zu einem Gespräch in sein Büro.

»Mensch, Marcel, was ist denn los mit dir?«, fragte er mich. »Geht es dir nicht gut?«

»Doch schon, alles super.«

»Ich bin ein wenig enttäuscht«, sagte er und ließ eine lange, theatralische Pause. Psychospielchen. »Du machst gar nicht mehr so wie früher.«

»Wie meinen Sie das?«, fragte ich. »Sind Sie unzufrieden mit meiner Arbeit? Habe ich was falsch gemacht?«

»Falsch gemacht? Falsch gemacht … nein. Falsch hast du nichts gemacht. Ich würde mir nur wünschen, dass du noch mehr Leistung zeigst. So wie am Anfang.«

Jetzt verstand ich, was er wollte. Ich sollte einfach wieder mehr arbeiten.

»Alles klar, Chef, ich werde mir Mühe geben«, sagte ich.

»Das wollte ich hören, Marcel.«

Ich nickte ihm zu, verließ das Büro und arbeitete weiter wie bisher. Ich war pünktlich und erfüllte meine Pflichten. Aber ich opferte mich nicht mehr so sehr auf, wie am Anfang. Das hätte ich auch gar nicht mehr geschafft.

Die Zeit verging und die Arbeit machte mir Spaß. Dann wurde ich wieder zum Chef zitiert. Ich führte dasselbe Gespräch mit ihm, das ich schon einmal geführt hatte. Da ich weiterhin zwar Einsatz zeigte, aber nicht den Einsatz an den Tag legte, den er sich wünschte, beschloss er, mir eine Lektion zu erteilen.

»… und darum versetzen wir dich in eine andere Abteilung, Marcel.«

»Ich bin wirklich sehr glücklich in der Holzabteilung, Herr Bose.«

»Mag sein, mag sein, aber ich habe das Gefühl, dass du dort nicht dein ganzes … Potential … entfalten kannst.«

»In welche Abteilung soll ich denn?«, fragte ich nach.

Ich mochte den Holzzuschnitt wirklich. Aber eigentlich wären die meisten anderen Bereiche in dem Laden auch okay gewesen. Es gab nichts, was mir nicht gefallen hätte. Außer die Gartenabteilung. Aber das kam ja eh nicht infrage. Das war gar nicht mein Beritt.

»Wir dachten an die Gartenabteilung«, sagte Bose.

»Nein, Chef. Bitte nicht! Kann ich nicht woanders hin?«

Er sah, dass mich seine Entscheidung quälte. Er lächelte. Das war genau das, was er erreichen wollte. »Nein, nein, Marcel, ich denke, in der Gartenabteilung bist du sehr, sehr gut aufgehoben.«

Was für ein Albtraum. In der Gartenabteilung musste man Blümchen verkaufen. Blümchen und Dünger. Das war das Allerletzte. Das war für mich reiner Weiberkram. Und es arbeiteten auch tatsächlich ausschließlich Frauen dort. Oder Männer, die sich wie Frauen verhielten. An meinem ersten Tag drückte mir meine neue Abteilungsleiterin ein Buch in die Hand, in welchem die Namen aller Blumen verzeichnet waren, die wir im Angebot hatten. Ich musste lernen, was der Unterschied zwischen Chrysanthemen und Hyazinthen ist. Mir war nach Heulen zumute. Für mich waren das alles einfach nur Blumen. Ich sah keinen Unterschied. Außer in den Farben. Was für ein Absturz. Statt mit Dirk rumzualbern, verbrachte ich meine Tage jetzt damit, Frauen Gartenschläuche zu verkaufen.

*

Ich war noch immer clean. Ich hatte, seit ich von meiner Therapie zurückgekommen war, weder Gras noch Kokain angefasst. Aber ich hatte ein neues Laster gefunden. Alkohol. Es begann schleichend. Als ich nach der

Therapie wieder zu Oma und Opa ziehen konnte, hatte ich noch kein Geld. Keinen einzigen Cent. Ich war zu hundert Prozent auf sie angewiesen. Um mich nützlich zu machen, habe ich im Haushalt geholfen. Habe das Bad geputzt und den Rasen gemäht und dafür von Oma immer mal zehn Euro zugesteckt bekommen. Und ich durfte mit ihr einkaufen gehen. Da durfte ich mir dann aussuchen, was ich haben wollte. Pizzen, Nudeln, Tiefkühlkram. Wir waren gerade bei Aldi in Buxtehude, unten bei der Feuerwehr, als ich mir einen Sechser-Träger Alsterwasser griff.

»Darf ich den mitnehmen, Omi?«

Sie schaute erst die Plastikflaschen und dann mich an. »Neee, Marcel. Ich glaube, lieber nicht.«

»Ach komm schon, Omi. Das ist Alsterwasser, was ist denn los?«

»Also gut«, sagte sie. Als wir dann abends zu Hause waren, setzte ich mich an meine Playstation und öffnete mir eine Flasche. Früher habe ich gezockt und gekifft. Jetzt ersetzte ich den Joint durch ein Bier. Ich sah darin kein Problem. Es war doch nur Bier. Meine Güte. Jeder trank Bier. Doch mein Suchtkopf entwickelte schnell eine Abhängigkeit. Eine klassische Suchtverlagerung. Statt zu kiffen trank ich jetzt. Und zwar in dem selben Ausmaß.

Einem Maß, das sich mehr und mehr steigerte.

Irgendwann blieb es nicht mehr bei dem Feierabendbier. Irgendwann trank ich auch nach der Arbeit. Und während der Arbeit. Und vor der Arbeit. Ich habe tatsächlich direkt nach dem Aufstehen morgens ein Bier getrunken. Einfach nur, um meinen Pegel zu halten. Es wurde immer extremer. In meinen Spitzenzeiten habe ich einen Kasten Bier in zwei Tagen getrunken. Acht, neun Flaschen am Tag. drei bis vier Liter. Meine Alkoholsucht beschränkte sich beinahe ausschließlich auf Bier. Hochprozentiges habe ich nur gesoffen, wenn ich unterwegs war. Das Bier war mein Ritual. Das Zischen der Bierdose war mein Ersatz für das Blubbern der Bong. Ich habe durchgehend getrunken.

Die Ausbildung hat das noch verstärkt. Weil ich plötzlich feste Arbeitszeiten hatte. Ein geregeltes Leben. Und in dieses geregelte Leben ließen sich meine Biertrink-Rituale gut integrieren. Nach meinem Feierabend fuhr ich nach Hause, machte immer an derselben Stelle halt, rauchte eine Zigarette und zischte ein Bierchen. Irgendwann hat ein Bier nicht mehr gereicht, da hab ich mir zwei geknallt.

*

»Marcel, ich möchte mit dir über etwas sprechen.« Oma kam in mein Zimmer und setzte sich auf mein Bett.

»Was ist los, Oma?«

»Wir würden dir gern für dieses Wochenende unser Haus anvertrauen.«

»Was meinst du damit?«

»Opi und ich fahren in den Osten. Wir wollen uns um unser Ferienhaus kümmern und einfach mal ein bisschen rauskommen. Können wir uns auf dich verlassen, dass du hier nichts anstellst?«

»Klar, Oma!«

Das Verhältnis zu meinen Großeltern hatte sich in den letzten Monaten extrem verbessert. Sie vertrauten mir wieder. Die Schränke waren nicht mehr abgeschlossen und es war für sie anscheinend nun auch okay, wenn ich das gesamte Wochenende unbeaufsichtigt zu Hause blieb. Für mich war das ein schönes Gefühl. Ein echter Vertrauensbeweis. Aber so ganz konnte ich der Versuchung nicht widerstehen, meine Freunde einzuladen und eine kleine Party zu schmeißen. Schließlich hatte ich nicht allzu oft sturmfrei.

Und ich war noch immer die gesamte Woche krankgeschrieben. Das waren die besten Voraussetzungen, um ein bisschen Spaß zu haben. Am Samstag kamen die Jungs vorbei. Sie brachten Rucksäcke voller Alk mit. Außerdem jede Menge Drogen. »Bist du dir sicher, dass du nicht mal ziehen magst?«, fragte mich Kris und hielt mir seinen Joint vor die Nase.

Ich überlegte kurz. Eigentlich wollte ich nicht. Aber auf der anderen Seite dachte ich mir, dass es vielleicht auch okay wäre. Warum sollte ich mir nicht mal wieder was gönnen. Ich hatte doch allen bewiesen, dass ich jederzeit wieder aufhören konnte. Dass ich meine

Sucht in den Griff kriegen kann. Mein Leben hatte sich schließlich geändert.

»Weiß nicht, Digga«, sagte ich noch ein wenig skeptisch.

Kris erkannte an meinem Blick, dass ich scharf auf den Joint war.

»Na komm schon, du willst es doch …«

Ich führte einen Kampf mit mir selbst. Der vernünftige Teil in mir sagte: Lass bloß die Finger von dem Zeug, dass ist der Anfang vom Ende. Aber mein innerer Trieb war einfach zu groß. Ich redete mir ein, ich könnte es mir erlauben. Und dann nahm ich den Joint. Nahm einen tiefen Zug, spürte den scharfen Rauch in meiner Lunge, spürte, wie sich langsam ein Schleier über mein Bewusstsein legte. Schmeckte den süßlichen Cannabis-Geschmack auf der Zunge. Und ich war sofort wieder voll gecatcht.

Etwas später an dem Abend zog ich auch noch eine Nase Kokain. Doch das tat mir gar nicht gut. Mir wurde schlecht. Ich verbrachte den Rest der Nacht auf dem Klo und kotzte mir die Seele aus dem Leib.

»Digga, was war das für mieses Zeug?«

»Keine Ahnung, was du meinst, das war astrein.«

Ich dachte, ich müsste sterben. Irgendwann hatte Kris genug. Da ich eh nur noch über der Kloschüssel hing und es auch schon spät in der Nacht war und die anderen bereits abgezogen waren, wollte auch er nach Hause gehen.

»Nein«, sagte ich. »Bitte bleib noch.«

»Was? Warum?«

»Im Ernst, Digga. Mir geht es wirklich nicht gut.« Ich hatte panische Angst, in der Nacht einfach so zu sterben.

»Also gut«, sagte er und blieb tatsächlich die ganze Nacht und hielt mir symbolisch Händchen.

Am nächsten Morgen ging es mir dann etwas besser. Dennoch habe ich mir geschworen, von diesem Tag an nie wieder Kokain zu nehmen. Bis heute habe ich mich daran gehalten. Aber bei Gras und Alk blieb ich noch eine Weile.

*

Und das auch ziemlich exzessiv. An einem Freitag ging ich mit Davide feiern. Ich hatte gerade mein Lehrlingsgehalt bekommen, fünfhundert Euro auf Tasche, und einen Plan: Ich wollte mich mal wieder richtig volllaufen lassen. Davide und ich gingen ins Comeback. Eine Kneipe in Buxtehude. Der Laden war voll. Und ich traf jemanden, den man selbst in einem vollen Laden nicht übersehen konnte. Den dicken Toni. Der dicke Toni war eine Nummer in Buxtehude. Ich war nicht mit ihm befreundet, ich hing nicht mit ihm ab, aber ich kannte ihn. Und ich kannte die Leute, die der dicke Toni kannte. Das waren Leute, vor denen man in Buxtehude Respekt hatte. Er war in Kreisen unterwegs, von denen man wusste, dass sie sehr ungemütlich werden konnten.

»Ey, Marcel.«

Er kam gerade an meinem Tisch vorbei.

»Grüß dich, Toni.«

Er brüllte gegen die laute Rockmusik an, die im Comeback gespielt wurde. »Weißt du, wie spät wir es haben?«

Ich fischte mein Handy aus der Tasche und hielt es ihm vor die Nase Toni schaute auf die Displayanzeige, dann auf mich, dann wieder auf das Handy.

»Neues Sony, ja?«

»Ja, Digga, gestern erst geholt.«

Ich war ein bisschen stolz. Ich hatte bisher nie Wert darauf gelegt, die neuesten Handys zu besitzen, hatte nie Wert auf irgendwelche Marken gelegt, aber das Gerät war wirklich gerade erst frisch auf den Markt gekommen. Und ich hatte mir das ganz ehrlich auf Vertrag gekauft. Von meinem Lehrlingsgehalt. Das war ein gutes Gefühl.

Der dicke Toni nickte anerkennend und musterte mich wieder.

»Kannste mir einen Zwanni in zwei Zehner wechseln?«, fragte er. Ich zog ein paar Scheine aus meiner Jeans und blätterte sie durch. Ich war mittlerweile schon ziemlich betrunken und motorisch entsprechend eingeschränkt. Es waren nur Fünfziger. Ich schüttelte den Kopf.

»Ne, Toni, sorry. Hab echt nur großes Geld dabei.«

Er nickte, schaute auf das Geld, schaute auf mich, wieder auf das Geld und verschwand dann. Ich dachte mir nichts dabei und orderte mit Davide noch zwei große Bier. Wir tranken und quatschten und tranken weiter. Runde um Runde. So langsam verlor ich mein Zeitgefühl. Ich nahm nur noch die Lieder wahr, die gespielt wurden. *I was made for loving you.* Auf unserem Tisch standen leere Biergläser. Und mit jedem neuen Song kam ein neues Glas dazu. Davide stapelte sie gerade zu einer Pyramide, als Toni wieder vor mir stand. Ich hatte gar keine Ahnung, wie lange es her war, dass er das letzte Mal an unseren Tisch gekommen war. Ich hatte mir jedes Gefühl weggesoffen.

»Marcel, kann ich dich mal sprechen?«

»Klar, Toni.«

»Ich meine draußen.«

Nicht dass ich noch groß in der Lage gewesen wäre, mir Gedanken über irgendetwas zu machen, aber ich dachte mir dennoch nichts Schlimmes. Wahrscheinlich hatte er gesehen, dass ich genug Cash hatte und wollte sich dann einen Fuffi leihen, was ihm vor den anderen peinlich gewesen wäre. Keine Ahnung.

Ich versuchte aufzustehen und verlor sofort das Gleichgewicht. Ich musste mich an der Tischkante festhalten, um nicht zu stürzen.

»Vorsichtig, Junge«, sagte mir Davide noch.

»Alles in Ordnung«, sprach ich mir selbst gut zu.

Ich hatte echt mehr getrunken, als ich hätte trinken sollen. Langsam wankte ich dem dicken Toni Richtung Ausgang hinterher, kämpfte mich an anderen betrunkenen Menschen vorbei und versuchte halbwegs mein Gleichgewicht zu behalten. Alles fing an, sich zu drehen.

Dann standen wir vor der Tür. Endlich frische Luft. Ich atmete tief durch. »Was ist denn los?«, fragte ich den dicken Toni.

»Komm mit, komm mit«, sagte er geheimnisvoll und ging in eine Seitenstraße. Ich schaute auf mein Handy. Wir hatten halb vier Uhr, ich musste am nächsten Tag um 12 Uhr arbeiten. Ich müsste langsam nach Hause, dachte ich, wenn ich morgen nicht pünktlich auf der Matte stehen würde, würde ich mir einen übelsten Anschiss einfangen. Mir ging es wirklich mies.

»Gib mir dein Handy und dein Geld«, sagte Toni.

Ich verstand nicht ganz, was er wollte.

»Was?«, fragte ich. »Was sagst du?«

Dann spürte ich, wie seine fetten Hände an meinen Taschen rumfingerten. Ich begriff noch immer nicht, was hier passierte, und hielt meine Tasche zu. Was wollte der Typ von mir? Noch während ich meine Gedanken ordnete, spürte ich einen harten Schlag. BAM! Tonis erste Schelle traf meinen Kiefer. Für einen kurzen Moment war ich taub. Ich hörte nur noch ein lautes Pfeifen in meinem Ohr. Alles verschwamm vor meinen Augen. Ich torkelte an die Wand. Ich hatte da einen morschen Zahn im Mund. Toni hatte ihn direkt getroffen. Ich spuckte ihn aus. So musste es sich anfühlen, von Bud Spencer geschlagen zu werden.

»Gib mir dein scheiß Geld! Gib mir dein Handy!«, schrie er mich aggressiv an. Der nächste Schlag ging direkt aufs Auge. Aber ich hielt meine Hände fest auf meinen Taschen. Ich wollte ihm unter keinen Umständen mein Zeug geben. Ich umklammerte mein Handy ganz fest, und dann spürte ich, dass ich da noch etwas anderes in der Tasche hatte.

Meinen Schlagring.

Ich dachte nach. Ich könnte ihm mit dem Ding eins überziehen, und ich wäre ihn los. Ein Schlag hätte genügt. Aber ich wusste, dass das ein Schlag gewesen wäre, der Konsequenzen gehabt hätte. Am nächsten Tag wären seine Kollegen gekommen und ich hätte noch sehr viel mehr Stress gehabt.

Dann die dritte Schelle. Ich dachte, ich werde ohnmächtig.

»Digga«, sagte ich. »Wenn du mich abziehen willst, musst du mich schon umbringen. Ich werde dir mein Zeug nicht geben.«

Ich habe kaum mitbekommen, wie er mich dann verprügelt hat, so betrunken war ich. Aber ich habe ihm weder mein Zeug gegeben, noch habe ich zurückgeschlagen. Irgendwann muss er gemerkt haben, dass ich auf stur machte. Er ließ wütend von mir ab. Er verfluchte mich und zog ab. Ich winkte mir ein Taxi heran und fuhr nach Hause, ohne mich von irgendjemandem zu verabschieden.

Am nächsten Tag meldete ich mich krank, erschien aber trotzdem pünktlich auf der Arbeit. Ich wollte den Kollegen zeigen, dass ich nicht simulierte. Dass ich dieses eine Mal zumindest nicht simulierte. Also tauchte ich in der Blümchenabteilung mit einem dicken, matschig-angeschwollenen Gesicht auf. Mein rechtes Auge war blau. Meine Lippe aufgeplatzt. Und mein Kiefer tat weh, weil ich meinen Zahn verloren hatte.

Aber die Kollegen rochen natürlich auch meine Fahne. Das gab richtig Ärger. Ich musste bei Herrn Bose antanzen und mich rechtfertigen. Ich hätte fast meinen Ausbildungsplatz verloren.

Als ich wieder nach Hause kam, klingelte mein Handy. Es war Toni.

»Yo, Marcel, alles cool? Du, wollte noch mal mit dir reden so. Wegen gestern so.«

Ich schwieg. Dann kam er zum Punkt.

»Wirst du mich anzeigen?« Anscheinend bekam Toni es jetzt mit der Angst zu tun. Dazu hatte er auch jeden Grund. Toni hatte zwei Kinder und war auf Bewährung. Das wusste jeder in Buxtehude. Wenn ich gewollt hätte, wäre er jetzt eingewandert.

»Mann, Marcel. Miese Sache. Ich war so besoffen gestern.«

Das Blöde war, dass ich nicht einmal wirklich böse auf ihn sein konnte. Ich kannte das ja. Mit Drogenproblemen macht man Dinge, die man normalerweise nicht machen würde.

Nachdem man mich in die Blümchenabteilung gesteckt hatte, war meine Motivation, ordentlich zu arbeiten, auf einen Schlag weg. Ich ging von einem 120-prozentigem Einsatz runter auf 100 Prozent. Und von 100 Prozent auf null. Ich ließ mich nun regelmäßig krankschreiben. Ich hatte da einen ganz speziellen Arzt, einen sehr kreativen Kopf, der mir die unmöglichsten Dinge attestierte. Krankheiten, von denen ich selbst noch nie etwas gehört habe – die mir aber einen wochenlangen Freifahrtschein sicherten.

Wenn ich nicht gearbeitet habe, war ich zu Hause, habe gezockt, gechillt und gesoffen.

Als ich nach einer längeren Abstinenz mal wieder zur Arbeit kam, bemerkte ich gleich, dass wir in der Gartenabteilung neue Ware bekommen hatten. Kettensägen. Und zwar ziemlich hochwertige Geräte. Wir verkauften die Dinger für mehrere Hundert Euro das Stück. Das war so ziemlich das Wertvollste, was es in der Gartenabteilung jemals zu kaufen gab. Und da ich nach und nach schon wieder in alte Gewohnheiten verfiel, sah ich hier nicht bloß ein paar Kettensägen. Ich sah eine Gelegenheit. Und als ich für einen Tag mal wieder im Lager eingeteilt war, nutzte ich diese Gelegenheit. Ich habe einen kleinen Gabelstapler mit Ware vollgeladen und in die Gartenabteilung gefahren. Als niemand geguckt hat, packte ich die Kettensägen zu den Paletten und fuhr mit ihnen in den Außenbereich zu den kleinen Gartenhäuschen, die wir verkauften. Ich ließ alles herunter, vergewisserte mich, dass niemand zuschaute, und packte die Kartons dann in das Häuschen. Einen nach dem anderen. Dort stapelte ich sie alle auf und versteckte sie hinter einer Innenwand. Das waren bestimmt elf oder zwölf Stück. Dann fuhr ich den Gabelstapler seelenruhig zurück in das Lager und tat so, als wäre nichts gewesen.

Nach der Arbeit ging ich zu Dulli Ali.

»Yo, Digga, ich hätte da heute Abend etwas nices am Start. Aber dafür bräuchte ich deine Hilfe.«

»Worum geht es?«, fragte Ali und drehte sich einen Joint.

Ich erzählte ihm von den Kettensägen.

Er grinste. Für so eine Nummer war er immer zu haben. Wir schlugen ein wenig Zeit tot und guckten ein paar alte Bud-Spencer-Filme. Ich schaute auf die Uhr. 2 Uhr nachts.

»Okay«, sagte ich. »Ich denke, jetzt ist es ruhig.«

Dulli Ali fuhr sich mit der Hand durchs Gesicht. Er war extrem breit. »Also gut«, sagte er und raffte sich auf. Wir gingen zu seinem alten, klapprigen Golf und fuhren todesstoned zum TERRA-Baumarkt.

»Bist du bereit?«, fragte ich.

Dulli Ali schaute mich abwesend ab.

»Digga?«

»Ah sorry, ja, ja, ich bin bereit.« Ali war wirklich ziemlich bekifft. Wir zogen uns unsere Sturmhauben über und holten die Leiter aus dem Kofferraum. Dann kletterten wir über den zwei Meter hohen Zaun und standen plötzlich im Außenbereich des Baumarkts. Ich spürte einen Adrenalinflash vom Allerfeinsten. Ich bewegte mich ganz vorsichtig und schaute mich um, ob da irgendwer war.

»Pscht«, sagte ich. »Sei mal still. Hörst du das?«

Da war eine Stimme. Fuck! Mein Herz verkrampfte sich schlagartig. »Ruhig, Marcel. Schieb keine Paras«, sagte Ali. »Das ist nur das Radio.«

Ich hielt kurz inne. Tatsächlich. Die ließen nachts das Radio laufen. Auf dem Außengelände des Baumarkts. Mir lief der Schweiß über den Rücken. Ich atmete tief durch. Komm schon, Marcel, bloß nicht ausrasten jetzt.

»Also? Wo ist das Haus«, drängte mich Ali. Ich brauchte einen kurzen Moment, um mich zu orientieren. Es war dunkel. Ich zeigte auf die kleine Hütte, und wir öffneten sie.

»Gib mir mal deine Taschenlampe.«

Als ich in das Häuschen leuchtete, erschrak ich für einen kurzen Moment. Die Motorsägen lagen komplett frei im Raum. Sie waren nicht mehr so ordentlich gestapelt, wie ich sie hinterlassen hatte.

Fuck! Wieder bekam ich einen krassen Adrenalinstoß.

Das bedeutete, dass irgendjemand das gesehen haben musste. Ich zitterte und rechnete damit, dass jeden Moment die Bullen kommen würden, um uns zu überführen. Aber da kam niemand.

»Was ist los, Marcel.«

»Digga, die Kettensägen sind nicht mehr da, wo ich sie versteckt habe.«

»Scheiß drauf«, sagte Ali. »Hier ist niemand. Lass sie uns nehmen und abhauen.«

Ich nickte und schnappte mir die einzelnen Packungen. Ali kletterte schon wieder über den Zaun zurück. Ich schmiss ihm die Sägen einzeln rüber.

»Schneller, schneller, schneller«, drängte ich. Ich fühlte mich wie in einem Horrorfilm. Dass im Hintergrund ein Britney-Spears-Song im

Radio lief, machte es nur noch schlimmer. Ich hätte mir mindestens einen der Joints sparen sollen, dachte ich mir noch. Aber es ging alles gut. Wir fuhren zu Hakan und machten die Dinger zu Geld.

Am nächsten Tag, als ich zur Arbeit kam, bekam ich zufällig ein Gespräch zwischen dem Filialleiter und dem Kaufhausdetektiv mit.

»Wieso hast du die denn nicht weggeräumt?«, motzte Bose den Mann an.

»Ich wusste nicht, dass die uns heute noch weggeklaut werden …«

Bose tobte. Offensichtlich hatte unser Security-Mann die Ware im Gartenhäuschen gefunden, sie aber nicht zurück in den Markt geräumt. Tja, zumindest in dieser Hinsicht war ich schneller, als der Chef es von mir erwartete. Aber es sollte nicht meine letzte Aktion im TERRA-Markt bleiben.

*

Die Beziehung mit Sabrina lief derweil immer schlechter. Das lag auch an mir. Während ich in meiner schlimmsten Drogenzeit sehr stark mit mir selbst beschäftigt war, hatte ich nun wieder einen klareren Blick auf meine Umgebung. Was die Dinge nicht unbedingt besser machte. Ich entwickelte plötzlich eine ganz ungesunde Eifersucht. Ich bildete mir ein, dass Sabrina mich betrügen würde. Hinter jeder Kleinigkeit sah ich auf einmal nur noch ein Komplott gegen mich. Hatte sie dem Typen da eben zugelächelt? Kannte sie ihn? Hatte sie was mit ihm?

Wir stritten uns nur noch. Das Problem war, dass Sabrina mir auch immer wieder Gründe für diese Eifersucht lieferte. Wir machten immer mal wieder Schluss und kamen dann doch erneut zusammen. Ich ertrug den Gedanken nicht, ohne sie zu sein. Während dieser kurzen Trennungsphasen, die oft nur zwei oder drei Tage andauerten, hatte sie aber Affären mit anderen Kerlen. Das erzählte sie mir auch ganz offen, was alles nur noch viel schlimmer machte.

Eine Woche vor Silvester haben wir uns dann getrennt. Endgültig. Zumindest sagte ich das. Aber das sagte ich ja jedes Mal. Wieder nahm mich das alles sehr stark mit. Ich dachte an nichts anderes mehr, außer an Sabrina. Am Silvesterabend schrieb ich ihr eine SMS. Ich fragte sie, was sie heute Abend machen würde. Die Trennung war noch frisch, und insgeheim hatte ich auch dieses Mal die Hoffnung, dass wir wieder zusammenkommen würden. Außerdem fehlte sie mir.

»Ich bin mit ein paar Freundinnen in der Stadt«, antwortete sie.

»Sehen wir uns später noch?«

»Ich melde mich bei dir.«

Aber sie meldete sich nicht. Das machte mich wahnsinnig. Ich kam damit nicht klar. Wir waren mehrere Jahre zusammen gewesen, wie konnte ich ihr dann jetzt auf einmal so egal sein? Es war doch Silvester. Ich ging zu Davide und erzählte ihm alles.

»Bruder«, sagte er. »Da hilft nur eine Sache.«

Er stellte eine große Flasche Wodka auf den Tisch. Ich leerte sie mit nur einem Schluck zur Hälfte aus. Ich war richtig mies drauf. Davide und ich gaben uns richtig die Kante. Immer wieder schaute ich auf mein Handy. Nichts. Kein Anruf. Keine Nachricht. Nichts. Es machte mich wahnsinnig. Ich trank noch mehr. Um Mitternacht entschloss ich mich dann, aktiv zu werden. Ich rief sie an. Ich wollte nur hören, was sie machte, und ihr ein frohes neues Jahr wünschen. Aber sie ging nicht ran. Das hat mich erst recht gefickt. Ich malte mir im Kopf aus, wo sie sein könnte. Mit wem sie unterwegs war. Hatte sie einen anderen? Mein Herz zog sich zusammen bei dem Gedanken, dass sie jetzt bei einem anderen war.

Ich schoss mich hart ab. Gegen 1 Uhr war ich völlig durch. Ich wollte nur noch nach Hause. Ich verabschiedete mich von Davide, schob mein Fahrrad und torkelte langsam Richtung Zuhause.

Ich schaute auf mein Handy. Sabrina hatte sich noch immer nicht gemeldet. Mir ging es mies. Als ich mein Fahrrad durch die Stadt schob, sah ich plötzlich Rene. Und seine Freundin. Und unseren Kumpel Simon. Und Sabrina. Das kam überraschend. Was für ein Zufall. Die vier standen an einer Ampel und unterhielten sich. Mir fiel ein Stein vom Herzen. Ich hatte wirklich befürchtet, dass Sabrina mit einem anderen Typen im Bett war. Ich ging zu der Gruppe und grüßte Rene und die anderen.

»Hey, na, alles gut?«, fragte ich.

Sabrina schaute auf den Boden. Ich dachte, es sei ihr vielleicht peinlich, dass sie sich nicht mehr gemeldet hatte. Aber das war mir schon wieder egal. Hauptsache, sie war nicht bei irgendeinem Kerl. Das reichte mir schon. Ich war zwar noch immer ziemlich aggro, weil mich die Gesamtsituation abfuckte, aber ich hatte mich unter Kontrolle. Ich wollte ihr keine Szene machen. Ich wunderte mich nur, dass auch Simon die ganze Zeit so ruhig war. Simon war eigentlich ein guter Kumpel, der früher oft in unseren Kifferrunden dabei war. Mittlerweile machten er und Rene mehr so ihr eigenes Ding, aber wir hatten keinen Streit miteinander. Ich begleitete die Gruppe bis zu der großen Kreuzung an der B 73, wo sich unsere Wege trennen würden.

»Soll ich dich noch nach Hause bringen?«, fragte ich Sabrina. Ich wusste, dass sie nach links musste. Die Wohnung ihrer Mama war rund 700 Meter entfernt.

»Nicht nötig, nein«, sagte sie knapp. »Wir telefonieren morgen, okay?«

»Ja, klar«, sagte ich, verabschiedete mich von ihr und ging über die Ampel. Ich war noch immer ziemlich dicht. Wir hatten einiges an Wodka an diesem Abend geleert. Und noch ein paar Bierchen getrunken. Das war sogar für meine Verhältnisse viel. Ich spürte, wie sich alles drehte. Ich freute mich auf zu Hause. Auf mein Bett. Auch wenn ich lieber noch mit zu Sabrina gegangen wäre. Ich drehte mich noch einmal zu ihr um und … Moment. Wo war sie denn? Ich blieb stehen. Ich schaute auf die lange Straße, auf der sie hätte sein müssen. Aber da war sie nicht. Wie konnte das sein? Und dann bohrte sich ein Gedanke in meinen Kopf. Das konnte doch nicht sein. Nein, Digga, das bildest du dir nur ein. Werd jetzt nicht paranoid. Ich schaute mich noch mal in alle Richtungen um. Ich sah Rene mit seiner Freundin nach Hause gehen. Aber wo waren Sabrina und Simon? Ich spürte, wie eine ungeheure Wut in mir aufstieg. Hatten die beiden mich verarscht? Das kann doch gar nicht sein. Nicht Simon! Aber in meinem Kopf war nun dieser Gedanke. Und ich musste ihm nachgehen. Ich konnte nicht anders. Ich wusste, wo Simon wohnte. Ich setzte mich auf mein Fahrrad und fuhr hin.

Simon wohnte noch bei seinen Eltern. Sie hatten ein altes Klinkerbau-Haus. Ich überlegte, was ich tun sollte. Mir war heiß. Ich war auf 180. Ich wusste, dass Simon im Erdgeschoss wohnte, also stellte ich mich an sein Fenster und schaute in sein Zimmer. Und da sah ich Sabrina. Wie sie auf seinem Bett saß. Irgendetwas in meinem Kopf setzte in diesem Moment aus. Ich rastete völlig aus, bin komplett eskaliert. Ich kam überhaupt nicht mehr klar. Da hatte ein langjähriger Kollege, der weiß, dass ich mich gerade erst von Sabrina getrennt habe, in der Silvesternacht meine Ex-Freundin mit nach Hause genommen. Ich schlug mit meiner Faust mehrfach gegen die Fensterscheibe. Wieder und wieder. Sabrina sah mich und erschrak.

»Komm raus! Simon! Komm sofort hier raus!«, schrie ich. Ich sah, dass in der Nachbarschaft die Lichter angingen. Aber das war mir völlig egal. Ich ging an die Tür und fing an zu klingeln. Wieder und wieder. Dann trat ich so fest ich konnte gegen die Tür.

»Du sollst rauskommen, du Wichser! Ich stech dich ab!«

Ein Hund in der Nachbarschaft fing an zu bellen. Ich war wirklich bereit, Simon in dieser Nacht umzubringen. Ihn abzustechen oder mit meinen bloßen Händen zu erwürgen. Ich hatte mich nicht mehr unter Kontrolle. Immer wieder schlug ich gegen die Haustür. Dass eventuell seine Eltern da waren und Angst bekamen, interessierte mich in diesem Moment nicht.

Dann öffnete sich die Tür. Sabrina stand da. Sie weinte.

»Marcel, bitte hör auf. Was machst du denn?«, sagte sie mit brüchiger Stimme.

»Hol ihn raus!«, schrie ich sie an.

»Bitte«, sagte sie sanft. »Hör doch auf. Ich habe Angst vor dir.«

Ich starrte sie mit weit aufgerissenen Augen an. Ich musste wirklich wie der letzte Psychopath wirken. Wahrscheinlich *war* ich der letzte Psychopath in diesem Moment.

»Bitte geh doch jetzt einfach«, bettelte sie. »Ich rufe dich morgen an, und wir reden über alles.«

Aber ich wollte nicht mehr reden. Und schon gar nicht mehr mit Sabrina. Was sie da getan hatte, war in meinen Augen Hochverrat.

Ich wollte sie zur Seite schieben, aber sie knallte die Tür wieder zu. Ich hatte tatsächlich ein Messer in meiner Hosentasche. Ich griff danach. Ich war so außer mir, dass ich bereit für alles war. Eifersucht kann den Verstand schlimmer benebeln als jede Droge.

Dann öffnete sich die Tür wieder. Und vor mir stand der große Bruder von Simon.

»Marcel«, sagte er in ruhigem Ton. »Was machst du denn hier?«

»Ich …«

Als Simons Bruder so vor mir stand, wurde ich wieder ein wenig klarer. Mir wurde langsam bewusst, was ich hier eigentlich tat. Er drängte mich mehr und mehr weg vom Haus.

»Hör mal«, sagte er. »Das kannst du nicht bringen. Egal, was los ist. Meine Eltern sind oben. Die haben panische Angst, weil du wie ein Geistesgestörter an die Tür schlägst.«

Er redete ganz ruhig und besonnen. Er schrie mich nicht an oder behandelte mich wie einen Verrückten. Er appellierte an meine Vernunft. Und es wirkte. Ich beruhigte mich langsam wieder.

»Chill mal. Du fährst jetzt nach Hause. So was kannst du einfach nicht bringen, okay?«

Ich nickte. Ich ließ mein Messer in der Tasche. Langsam wurde ich wieder nüchtern. Ich ging an einer völlig aufgelösten Sabrina vorbei, griff mir mein Fahrrad und schob es nach Hause. Dann legte ich mich in mein Bett und heulte mich in den Schlaf.

Am nächsten Morgen fuhr ich zu Simon und entschuldigte mich bei ihm und bei seinen Eltern. Ein paar Wochen später erfuhr ich, dass er mit Sabrina zusammen war. Das machte mich völlig fertig. Ich betrank mich nun jeden Tag noch intensiver.

*

»Du hast Post bekommen, Junge.«

Ich lief die Treppe runter und fischte mir den Briefumschlag vom Wohnzimmertisch. »Was ist das, Opa?«

»Woher soll ich das wissen?«, fragte er. Ich riss den Briefumschlag auf und fiel fast aus allen Wolken. Es war – meine Kündigung.

»Opa«, stammelte ich. »Schau mal … die … wollen mich kündigen.« Ich konnte das kaum glauben. In drei Wochen waren meine Abschlussprüfungen. Und es gab kaum Möglichkeiten, einem Azubi zu kündigen. Die einzigen Gründe sind Diebstahl oder drei Abmahnungen zu einem sich wiederholenden Vorgang. Beim Klauen wurde ich glücklicherweise nie erwischt. Und Abmahnungen hatte ich zwar massig bekommen – aber immer wegen unterschiedlicher Vergehen. Ich kannte ja die Regeln. Also sah ich zu, dass ich einen Fehler im Baumarkt bloß zwei- statt dreimal machte. Bloß zwei- statt dreimal zu spät kam.

Ich baute wirklich viel Mist. Von drei Jahren Ausbildung schaffte ich es, zwei Jahre krankgeschrieben zu sein. Das hatte vor mir noch niemand hinbekommen. Ich brachte aber auch noch ganz andere *moves*. Über den Regalen mit den Waren gab es immer einen Lagerraum. Die sogenannte Hochzone. Dort wurden Sachen eingelagert, die die Kunden nicht sehen konnten, weil sie mit einer Plane abgedeckt waren. Wenn ich mal ein Päuschen brauchte, schnappte ich mir eine Leiter und kletterte in eine dieser Hochzonen und legte mich dort für ein Nickerchen etwas hin. Mein Handy hatte ich auf Vibration gestellt. Wenn etwas war, konnte man mich erreichen.

Das ist bis heute noch ein geflügelter Begriff. »Den Eris machen.« Aber es gab etwas anderes, das mir das Genick brach. Die Berufsschule. Zweimal die Woche musste ich dort zum Unterricht erscheinen. Es war ein Albtraum. Ich hasste die Schule ja schon, aber die Berufsschule, die hasste ich noch sehr viel mehr. Ich fand das einfach alles mega unnötig. Ich arbeitete im Einzelhandel. Das war in meinen Augen reine Praxis. Da brauchte ich kein theoretisches Fundament für. Es gab kein Buch der Welt, in dem ich nachlesen konnte, wie ich gut mit Kunden umzugehen hatte. Zum Glück zählten die Noten, die ich in den drei Jahren schrieb, nicht für meinen Abschluss. Bloß die Abschlussprüfung war relevant. Entsprechend sah ich noch weniger Anlass, mich da anzustrengen.

So sahen auch meine Zeugnisse aus. Nur in Sport hatte ich eine 3. Der Rest bestand aus 5ern und 6ern. Ich habe da keinen Fick drauf gegeben. Bei meinen Klassenarbeiten habe ich meinen Namen und das Datum auf den Prüfungsbogen geschrieben, habe ihn abgegeben und konnte dann früher gehen.

Aber ich machte einen anderen Fehler. Ich kam zu spät. Zum dritten Mal. Damit war ich raus.

»Zeig mal her«, sagte Opa und schaute sich den Brief an. Ich musste mich erst einmal setzen. Ich spürte schon, wie sich mein Hals langsam zuschnürte. Ich hatte es zwar ehrlicherweise mehr als verdient, gefeuert zu werden – aber doch nicht dafür, dass ich mich in drei Jahren dreimal verspätet hatte. Und schon gar nicht drei Wochen vor der finalen Prüfung!

»Lass mich das mal machen«, sagte Opa. »Wir finden da eine Lösung.« Er war gar nicht wütend oder enttäuscht. Vielmehr wirkte er entschlossen, sich irgendwie darum zu kümmern. Das war ein gutes Zeichen. Opa ging ans Telefon und telefonierte mit ein paar Leuten. Ich ging auf mein Zimmer und legte mich ins Bett. Nach ein paar Stunden klopfte er.

»Ja?«

»Alles in Ordnung, Junge. Mach dir keine Sorgen.«

Ich setzte mich auf.

»Du kannst deine Prüfung trotzdem noch ablegen. Wenn du sie bestehst, kannst du deine Ausbildung ganz normal beenden.«

»Und wenn nicht?«

»Dann hast du ein Problem.«

Oh Mann. Obwohl ich einen extremen Druck verspürte, das hinzubekommen, lernte ich nicht. Ich konnte nicht. Und ich wollte auch nicht. Ich war mir sicher, dass ich das auch so hinbekommen würde.

Und tatsächlich. Meine schriftliche Prüfung lief ganz problemlos. Ich bestand mit einer 3. Alles, was ich brauchte, war gesunder Menschenverstand. Aber ich wusste, dass ich mich noch nicht zu früh freuen durfte. Ich hatte ja noch die mündliche Prüfung vor mir. Sie war für einen Mittwoch angesetzt.

Der Tag, an dem ich die wichtigste Prüfung meines Lebens hatte, war natürlich auch der Tag, an dem ich es nicht hinbekommen habe, meinen Wecker zu stellen. Ein klassischer Eris. Man kennt ihn. Ich verschlief gnadenlos. Wenn Opa nicht gewesen wäre, hätte ich wohl bis zur Mittagszeit geschlafen. Aber zum Glück hatte er meine Prüfung im Blick. Um kurz nach 7 Uhr morgens kam er ans Bett und rüttelte mich wach.

»Junge! Steh auf! Deine Prüfung!«

Ich war noch im Tiefschlaf. Ich öffnete langsam die Augen, schaute auf meinen Wecker und schreckte sofort hoch.

Ach du Scheiße. Ich sprang aus dem Bett und zog mich sofort an. Ich ging nicht mal mehr ins Bad. »Opa, schnell. Ich brauche dein Auto! Schnell, schnell, schnell!« Opa gab mir die Schlüssel, ich sprintete die Treppe herunter und sprang ins Auto. Dann gab ich Vollgas. Ich musste um 8 Uhr zu meiner Prüfung erscheinen.

Um 7.59 Uhr erreichte ich die Schule. Ich war hin- und hergerissen. Eigentlich hätte ich es noch pünktlich schaffen können. Eigentlich hätte ich direkt in den ausgeschriebenen Klassenraum gehen können, und alles wäre gut gewesen. Aber Digga, ich musste so hart auf Klo. Ich konnte es nicht mehr aushalten. Also ging ich vor meiner Prüfung noch auf die Toilette und kam fünf Minuten zu spät.

Mir saßen drei Lehrer gegenüber, die die Augenbrauen hochzogen, als ich in die Klasse kam.

»Wo waren Sie denn, Herr Eris?«

»Ich habe verschlafen und musste jetzt noch kurz auf Toilette.«

Die drei Männer schauten mich an.

»Ist das Ihr Ernst?«

»Das ist mein Ernst.«

Es gab eine kurze Pause. Dann fingen die drei an, laut zu lachen. Das Eis war gebrochen. Ich fing an, mit den Männern ein wenig zu schnacken.

Und das war schon die halbe Miete. Ich konnte gut sprechen, wenn es darauf ankam, und Sympathie erwecken.

Ich weiß nicht, wie sehr mir das tatsächlich geholfen hat, aber zumindest die Anspannung war weg.

Nach einer halben Stunde war die Prüfung beendet.

Ich musste den Klassenraum verlassen und vor der Tür warten. Ich war wahnsinnig aufgeregt. Ich hatte ein gutes Gefühl, aber was hieß das schon? Das war meine letzte Chance. Wenn ich die Prüfung nicht bestand, wäre alles umsonst gewesen. Ich hätte die Prüfung nicht wiederholen dürfen, weil man mir ja vor drei Wochen gekündigt hatte. Dann wäre alles umsonst gewesen. Die kompletten drei Jahre. Die Kommission beriet sich. Nach 15 Minuten wurde ich wieder in den Raum gerufen.

»Herr Eris«, begrüßte mich einer der Männer. Ich versuchte, seine Miene zu deuten. Vergeblich. Der Typ hatte wirklich ein Pokerface. Er hielt die Spannung hoch. Dann lächelte er. »Ich gratuliere Ihnen«, sagte er dann endlich. »Sie haben die Prüfung bestanden. Wir geben ihnen ein Befriedigend.«

Ich konnte mir ein breites Grinsen nicht verkneifen. Ich ging zu den drei Männern und gab ihnen die Hand.

»Vielen, vielen Dank«, sagte ich. Ich spürte, wie mein Körper jede Menge Glückshormone freisetzte. Was für ein Gefühl! Was für ein geiles Gefühl! Ich hatte meine Ausbildung bestanden! Mir selbst war das egal. Aber ich konnte es kaum erwarten, es Oma und Opa zu erzählen. Die beiden hatten immer an mich geglaubt.

Ich setzte mich ins Auto und fuhr zurück nach Hause. Doch im Auto hielt ich es nicht mehr aus. Meine Emotionen kochten einfach über. Ich habe immer wieder auf mein Lenkrad geschlagen vor Glück. Dann fuhr ich zum Bahnhof, parkte das Auto quer auf dem Gelände und sprang in eine Telefonzelle. Ich konnte es nicht mehr abwarten. Ich rief Oma an. Ich hatte wirklich Tränen in den Augen.

»Ja, hallo?«

»Omi, hol Opa ans Telefon! Ich hab bestanden! Ich habe meine Prüfung bestanden! Mit einer 3! Ich habe meine Ausbildung, Omi!«

Das war so ein unbeschreiblich geiles Gefühl. Opa war so wahnsinnig stolz auf mich. Ich kann mich nicht daran erinnern, wann ich jemals so ein Glücksgefühl vorher hatte. Ich habe das alles für Oma und Opa gemacht. Als Dank für ihre Liebe. Das Gefühl war besser als jeder Drogenrausch.

*

Es war der dritte Laden. Meine Geduld war beinahe zu Ende. Davide und ich gingen an den großen Regalwänden voller DVDs vorbei und stellten uns direkt an den Schalter. »Moin«, begrüßte ich den Typen hinter der Kasse.

»Moin.«

Er ordnete gerade ein paar Chipstüten an, die in einem kleinen Süßigkeitenständer aufgebaut waren. »Was kann ich für euch tun?«

»Ich will das hier verkaufen«, sagte ich und legte einen Packen DVDs auf den Tisch.

Es war meine gesamte »Bud Spencer und Terence Hill«-Sammlung. Meine heißgeliebte Filmsammlung. Über 120 DVDs. Alle Einzel- und Gemeinschaftsfilme der beiden, die ich mir über lange Zeit zusammengesammelt habe. Dafür hatte ich Jahre gebraucht. Immer wenn ich einen Fuffi übrig hatte, habe ich ihn in diese Sammlung investiert. Nicht mal in meiner schlimmsten Koki-Zeit wäre ich auf die Idee gekommen, mich von den Filmen zu trennen. Aber ich war am Arsch. Ich brauchte unbedingt neues Ott. Ich musste dringend Geld beschaffen. Legal

Ich wollte nie wieder Einbrüche machen, wollte nie wieder Autos knacken, wollte nie wieder Menschen bestehlen, die mir etwas bedeuteten. Hier und da mal etwas mitgehen lassen, wenn es eine Gelegenheit gab, das war für mich okay. Aber mehr wollte ich nicht mehr machen.

Der große 2-Meter-Mann hinter der Kasse fuhr sich einmal mit der Zunge über die Lippen. »Sind das alle?«, fragte er.

»Komplett«, sagte ich. Er wog seinen Kopf einmal von links nach rechts. »Hmmmmmm«, sagte er und baute künstlich Spannung auf.

»Na kommen Sie schon …«

»Ich würde sagen … 70 Cent pro Film.«

Verdammt. Ich schlug auf den Tisch. »Scheiße, Digga, das ist Abzocke.«

Ich hatte gehofft, pro DVD drei bis vier Euro zu bekommen. Aber das stellte sich als völlig utopisch heraus. Auch die Ankäufer in den anderen Läden, in denen Davide und ich waren, wollten mir nur so um die 50 Cent pro DVD bezahlen.

»Jetzt brüll mal nicht rum«, sagte der 2-Meter-Mann. »Ich gebe dir 140 Euro für alle Filme und von mir aus darfst du dir noch ein Spiel aussuchen.« Er zeigte auf das große Regal mit den Playstation-Spielen, welches direkt neben einer überlebensgroßen Lara-Croft-Figur stand. Das waren vielleicht 50 oder 60 Games, alle nebeneinander aufgereiht.

Ich schaute Davide an. »Na komm, geh drauf ein«, riet er mir. »Ein besseres Angebot kriegen wir heute nicht mehr.«

»Dreck!« ich fluchte vor mich hin und stellte mich vor das Regal mit den Playstation-Spielen.

Ich zockte zwar gern, aber ich war überhaupt nicht auf dem Stand. Ich wusste nicht, was gerade angesagt war und was nicht.

Ich schaute mir die Cover an. Sie sahen alle mehr oder weniger gleich aus.

»Was ist denn krass?«, fragte ich den Verkäufer.

Er lächelte und kam zu uns rüber. Dann nahm er ein Spiel aus dem Regal und drückte es mir in die Hand. »Das hier. Das hier ist ziemlich krass.«

Ich nahm die Hülle in die Hand. Call of Duty: Modern Warfare 2.

»Alles klar«, sagte ich und griff mir das Spiel. Ich hatte noch nie etwas von Call of Duty gehört. Ich hinterließ dem Ladenbesitzer schweren Herzens meine DVD-Sammlung und ging dann mit Davide noch in die Spielo. Dort schaffte ich es zumindest noch, meine 140 Euro zu verdoppeln.

Als ich abends zu Hause war, schnappte ich mir eine Dose Eistee und setze mich an meine Playstation. Ich wollte das neue Spiel einmal testen. Ich zog die Vorhänge zu, schaltete mein Handy auf lautlos und zog den Stuhl ein wenig näher an den Bildschirm. Dann griff ich nach dem Controller und legte los. Modern Warfare 2 war ein Ego-Shooter. Ein Ballerspiel. Man übernahm die Rolle von irgendeinem Soldaten, der mit seiner Einheit einen gefährlichen russischen Ultranationalisten aufhalten musste. Das Spiel catchte mich vom ersten Moment an. Ich spielte. Und spielte. Und spielte. Irgendwann schaute ich auf die Uhr. Es war schon zwei Uhr nachts. Ich hatte gar nicht mitbekommen, wie die Zeit verstrichen war. Ich wurde schnell süchtig nach dem Spiel.

Auch am nächsten Tag schloss ich mich zu Hause ein und spielte.

»Marcel, ist alles klar?«, fragte mich Oma. »Du warst heute noch gar nicht unten. Willst du nichts essen?«

»Jetzt gerade nicht, Omi.«

Ich hatte gerade entdeckt, dass man das Spiel auch online spielen konnte. Ich kannte mich mit so was gar nicht aus. Ich hatte noch nie irgendein Spiel online gespielt. Aber das war super. Ich konnte da gegen wildfremde Menschen spielen. Das hat einfach übelst gebockt. Von diesem Tag an hatte ich meine neue Sucht gefunden.

Wenn ich nicht gerade zockte, surfte ich meist im Internet. Ich schaute mir ein paar Videos auf YouTube an. Graffiti-Videos. Irgendwelche Typen, die Trains malten. Ich bekam gar nicht genug davon. Für mich war das extrem inspirierend. Nachdem ich mir zwei Stunden das ganze Zeug reingezogen hatte, hatte ich irgendwie das Bedürfnis, den Kollegen meinen Respekt zu zollen. Ich wollte einen Kommentar hinterlassen, aber dafür brauchte ich ein YouTube-Konto. Ich legte mir schnell eins an. Dann musste ich einen Namen angeben. Ich dachte kurz nach. Und entschied mich für MontanaBlack. Montana Black war noch immer mein bevorzugter Spraylack. Aber der Name war vergeben. Ich hängte noch ein 88 dran. Mein Geburtsjahr.

Aber über Call of Duty entwickelte ich eine regelrechte Internetsucht. Nach einem Jahr hatte ich über 100 Tage reine Spielzeit. Im Game. Das bedeutete, dass ich beinahe ein Drittel des Jahres damit verbrachte zu zocken. Die Zeit, in der ich in irgendwelchen Chatrooms und Lobbys chillte, war da noch nicht einmal mit eingerechnet.

Ich lernte eine richtige Community an Menschen kennen, die das Spiel auch zockten. Wir haben uns vernetzt. Uns verabredet. Ich hatte plötzlich einen komplett neuen Freundeskreis. Einen Freundeskreis von Menschen, die ich noch nie in meinem Leben gesehen hatte. Menschen, die ich nur über das Internet kannte. Gerade durch die Anonymität kam man sich vielleicht noch ein bisschen näher. Unter diesen Leuten waren alle möglichen Typen. Arbeitslose. Hartzer. Doktoren. Familienväter. Deutsche, Türken, Amerikaner, Chinesen. Aber hier interessierte das niemanden. Es war egal, wer man war. Es war egal, wo man herkam. Hauptsache, man spielte gut. Wir alle hatten ein Hobby, das uns verband. Und so saß ich plötzlich jede Nacht vor meiner Konsole. Ich trank mein Bierchen, rauchte einen Joint und zockte mit meinen neuen Kumpels CoD. Das war eine Flucht in eine andere Welt. Mal wieder. So wie damals beim Rauchen. So wie danach die Drogen. Dieses Mal floh ich in eine digitale Welt.

Aber auch in der echten Welt machte ich neue Bekanntschaften. Bekanntschaften, die mein Leben verändern sollten. So wie Anna. Ich hatte Anna bereits zwei Jahre zuvor kennengelernt. Damals war sie mit einem Kollegen aus der Sprayerszene zusammen. Ein guter Kumpel, mit dem ich in Buxtehude immer mal wieder unterwegs war. Damals wollten wir einen ganz besonderen Spot sprühen, der etwas außerhalb lag. Das Problem war nur, dass wir kein Auto hatten.

Wir mussten mit der Bahn fahren.

»Sag mal«, fragte mich mein Kumpel. »Hast du ein Problem, wenn meine Freundin mitkommt?«

»Nö«, sagte ich. Seine Freundin war Anna. Wir trafen uns am Hauptbahnhof. Da stand sie mit meinem Sprüherkumpel und hatte ein Handy in der Hand, über das sie laut Musik hörte. Fler. Neue Deutsche Welle.

Ich blaffte sie sofort an.

»Mach mal das Handy aus, richtig asi.«

»Was willst du denn von mir, du Asi!«, entgegnete sie. Sie tat auf empört. Aber insgeheim fand sie es wohl ganz sexy, dass ich ihr eine Ansage gemacht hatte. Anna war eine ziemlich toughe Frau. Das war sie von ihrem Freund einfach nicht gewohnt. Wir fuhren gemeinsam zu der alten Fabrikanlage, die wir im Auge hatten. Es waren die perfekten Bedingungen. Das Gebiet war völlig menschenleer. Wir sprayten unser Piece und fuhren wieder nach Hause. Von Anna hörte ich nichts mehr. Vorerst.

Ich hatte sie schon beinahe wieder vergessen, da addete sie mich auf ICQ. Ich hatte sie vor zwei Jahren das letzte Mal gesehen. Ich wusste, dass sie mittlerweile nicht mehr mit meinem Sprayerkollegen zusammen war. Da ich jetzt ständig online war, nahm ich ihre Chatanfrage sofort an. »Na, kennste mich noch?«, schrieb sie. »Klar«, antwortete ich und es ging etwas hin und her.

Ich fand Anna cool und dachte, ich müsste irgendwie kreativ und lustig sein. Ein einfaches Gespräch wäre irgendwie blöd gekommen. Ich überlegte eine Zeit lang und dachte darüber nach, wie ich sie wohl beeindrucken konnte. Also schickte ich ihr ein Schwanzbild von mir.

Ich rechnete damit, dass sie mich aufs Übelste beschimpfen würde. Stattdessen fragte sie mich, wann ich denn mal Zeit hätte. Nicht schlecht. Wir verabredeten uns eine Woche später. Und lernten uns näher kennen. Aus einer anfänglichen Bettgeschichte wurde dann eine Beziehung. Eine Beziehung, die viele Jahre halten sollte. Anna war etwas Besonderes. Sie war nicht wie Sabrina. Sie tat mir gut. Sie gab mir keinen Grund, eifersüchtig zu sein. Sie war für mich da, wenn ich sie brauchte.

Und von diesem Tag an gingen wir gemeinsam durchs Leben.

✳

»Du hast ein Problem«, sagte mir Davide knallhart ins Gesicht. Ich war gerade bei ihm und machte es mir auf seinem Sofa bequem.

»Ein Problem?«

»Merkst du das denn nicht? Der Alkohol.«

Ich zuckte nur mit den Schultern und öffnete meine Bierflasche, die ich mir gerade aus dem Rucksack gezogen hatte.

»Da! Du hast Bier dabei. Du hast jedes Mal, wenn du zu mir kommst, dein eigenes Bier dabei.«

»Ja, Digga, weil du ja keins hier hast«, entgegnete ich. Aber er hatte recht. Ich hatte wirklich ständig Bier dabei. Nicht nur, wenn ich zu Davide ging. Egal wo ich hingefahren bin, ob zu Freunden oder zur Familie, ich hatte immer mindestens zwei gekühlte Flaschen im Rucksack.

»Ist doch alles cool. Kein Problem. Mach dir keinen Kopf«, spielte ich die Sache runter und suchte die Fernbedienung von Davides Fernseher. Aber seine Mahnung ließ mich nicht los. Vielleicht hatte Davide recht? Vielleicht hatte ich wirklich ein Problem? Vielleicht war das einfach zu viel? Er war nicht der Erste, der mir das gesagt hatte. Ständig redeten mir Oma und Opa ins Gewissen, dass ich ein bisschen weniger trinken sollte. Auch Anna fand, dass das mit dem Alkohol langsam überhandnahm. Ich versuchte, einen halbwegs klaren Gedanken zu fassen. Aber da waren noch immer diese Schmerzen.

»Hast du eine Schmerztablette?«, fragte ich Davide.

»Du solltest keine Tabletten nehmen, wenn du trinkst.«

»Aber ich trinke immer.«

Er schüttelte den Kopf und brachte mir ein Paracetamol aus der Küche. Ich hatte schon den ganzen Tag diese schlimmen Zahnschmerzen. Und es wurde einfach nicht besser. Ich sank tief in der Couch ein und machte den Fernseher wieder aus. Ich brauchte jetzt Ruhe. Nach einer Stunde war es so heftig, dass ich nach Hause fuhr und mich ins Bett legte. Ich konnte einfach nicht mehr.

Als ich am nächsten Morgen aufwachte, war es noch schlimmer geworden. Ich schleppte mich in die Küche und kramte ein paar Schmerztabletten aus Omas Medizinschränkchen. Ich schluckte sie und legte mich auf die Couch. Es half nichts. Also spülte ich nach einer Stunde noch mal zwei Tabletten nach. Ohne Wirkung. Ich bin wirklich nicht der Typ, der gern zum Arzt geht, aber ich konnte nicht mehr. Das waren wirklich ganz miese Schmerzen. Also fuhr ich ohne Termin zu meinem Zahnarzt in der Hoffnung, dass er da irgendwas machen kann.

Er schaute sich alles an.

»Klare Sache, Herr Eris, Sie haben eine Wurzelentzündung.«

Dann fing er an, irgendwie an meinem Zahn rumzufummeln. Ich wusste nicht genau, was er da machte, er sagte etwas von Reinigung und »zumachen«.

Ich weiß bis heute nicht genau, was er da gemacht hat, aber von diesem Moment an wurde alles noch sehr viel schlimmer.

Dadurch, dass er den Zahn dichtgekleistert hatte, war plötzlich ein extremer Druck drauf. Ich lag im Bett und hielt es nicht mehr aus. Es wurde von Stunde zu Stunde schlimmer. Es waren solche extremen Schmerzen. Ich ging ins Badezimmer und versuchte mir die Füllung selbst rauszubrechen. Ich hielt es einfach nicht mehr aus. Es funktionierte nicht. Ich legte mich ins Bett und versuchte wieder zu schlafen. Es funktionierte nicht. Ich schleppte mich in die Küche und schluckte die restlichen Schmerztabletten. Es funktionierte nicht. Da ich nicht wusste, was ich sonst noch tun sollte, rief ich Anna an.

»Marcel, es ist halb zwei Uhr nachts.«

»Ich habe solche Zahnschmerzen. Ich halte die Nacht nicht aus, ich kann nicht mehr. Kannst du vielleicht … kommen? Für mich da sein?«

Anna war sofort hellwach. Ich hatte sie bisher noch nie wegen einer solchen Nummer angerufen. Sie wusste also, dass es wirklich ernst sein musste. »Ja, natürlich …«, sagte sie sofort.

»Danke! Ich hol dich gleich ab«.

Anna wohnte nicht weit von mir. Ich schleppte mich kraftlos zu meinem Auto. In Unterhemd, Unterhose und meinen Adiletten. Ich hatte nicht mehr genug Kraft, mich noch groß umzuziehen, es war halb zwei, und mir ging es miserabel. Es war mir einfach egal. Die paar Meter würde mich eh keiner sehen. Es war Buxtehude. Es war halb zwei Uhr. Anna stand schon vor der Tür, sprang ins Auto, und ich fuhr zurück.

»Danke, dass du das machst«, sagte ich.

»Ist doch klar …«, sie schaute mich besorgt an. »Geht es denn schon etwas besser?«

»Nicht wirklich.«

Wir fuhren den Ellerbruch entlang, eine kleine Straße in Buxtehude, wo ich an eine Kreuzung kam. Die Ampel war rot. Es war mir egal. Ich wollte einfach nur nach Hause. Ich hatte so wahnsinnige Schmerzen. Es war ja eh niemand unterwegs. Es war halb zwei Uhr nachts. Und wir waren noch immer in Buxtehude.

Ich bog links ab und sah, dass mir ein Wagen entgegenkam.

»Das kann doch nicht wahr sein«, stöhnte ich.

Es waren die Bullen. Weil sie gerade Grün hatten, musste ihnen klar sein, dass ich über Rot gefahren war. Scheiße, scheiße, scheiße! Ich hatte wirklich das Glück meines Lebens.

»Schatz, schau mal, da sind die Bullen«, sagte Anna.

»Ja, das habe ich schon gesehen«, brummte ich und schaute in den Rückspiegel. Der Polizeiwagen setzte an zu wenden. Okay, dachte ich, wenn die mich jetzt anhalten, ist alles vorbei. Ich bin nicht bloß über Rot gefahren, ich war auch betrunken, bekifft, hatte jede Menge Schmerztabletten geschluckt. Außerdem trug ich bloß eine Unterhose. Sogar ich würde da ernsthaft Probleme bekommen, das irgendwie zu rechtfertigen.

Ich hatte keine Wahl. Ich musste jetzt alles auf eine Karte setzen, also gab ich Bleifuß. Ich beschleunigte und fuhr mit hoher Geschwindigkeit die restliche Strecke. Der Polizeiwagen hinter mir her.

»Spinnst du?«, fragte Anna. »Was machst du denn?«

Dann schaute sie mich an, sah, wie ich da in Unterhose saß, Stoff gab und nervös in den Rückspiegel blickte. Und sagte gar nichts mehr. Ich spürte einen heftigen Adrenalinkick. Die Bullen folgten mir, allerdings ohne Blaulicht. Ich drückte noch mehr aufs Gas und schaffte es, sie gut 200 Meter auf Distanz zu halten. Die Straße zu Oma und Opa war extrem kurvig. Ich fühlte mich wie bei »Alarm für Cobra 11«. Immer wieder schaute ich panisch in den Rückspiegel. Ich war so konzentriert, dass ich sogar diese unerträglichen Zahnschmerzen für einen kurzen Moment ausblenden konnte. Anna schnallte sich an und war kreidebleich.

»Ich hab's unter Kontrolle« sagte ich, nur um irgendwas zu sagen. Dann schaute ich ein letztes Mal in den Rückspiegel. Nichts. Ich fuhr in die Einfahrt von unserem Haus und während ich schon einlenkte, schaltete ich den Motor aus. Dass Licht ging aus, ich ließ den Wagen ganz langsam vor die Garage rollen und bremste nur ganz zum Schluss einmal hektisch ab. Sodass das Rücklicht nur kurz aufblinkte. Als der Wagen zum Halten kam, sank ich ganz, ganz tief in meinen Sitz ein und hielt die Luft an. Es dauerte keine drei Sekunden, bis ich den Polizeiwagen im Rückspiegel sah, wie er an unserer Einfahrt vorbeifuhr. Ich wartete noch kurz ab. Nichts. Sie hatten mich nicht gesehen.

Dann gab ich Anna ein Signal, und wir liefen aus dem Auto ins Haus. Wir gingen hoch in mein Zimmer im Dachgeschoss. Dort hatte ich einen guten 360-Grad-Blick auf die Umgebung. Ich stand die nächste halbe Stunde nur am Fenster und beobachtete den Polizeiwagen, der noch einige Zeit in der Gegend kreiste.

*

Die Nacht war die Hölle. Ich litt extrem unter diesen unerträglichen Zahnschmerzen. Anna hielt die ganze Zeit Händchen. Ohne sie hätte ich die Nacht wahrscheinlich nicht überstanden. Ohne sie wäre ich völlig durchgedreht. Ich habe nicht eine Minute lang geschlafen. Direkt am nächsten Morgen bin ich dann zum Notzahnarzt in Buxtehude gefahren. Am Empfang drückte mir die Empfangsdame einen Fragebogen in die Hand, den ich ausfüllen musste. Es gab da ein Kästchen, in dem die Frage stand, ob ich alkoholabhängig war. Ich dachte kurz nach. Ja, dachte ich, ich war alkoholabhängig. Auch wenn ich mir das bis zu diesem Zeitpunkt nie so wirklich bewusst eingestanden hatte. Aber ich war alkoholabhängig. Ich wollte den Arzt nicht anlügen.

Ein paar Minuten später wurde ich schon aufgerufen.

Ein Mann im weißen Kittel reichte mir die Hand und gab mir zu verstehen, dass ich auf dem Liegestuhl vor ihm Platz nehmen soll. »Herr Eris, wie kann ich Ihnen helfen?«

Ich erklärte ihm, dass ich eine Nervenentzündung hatte und mein Arzt den kaputten Zahn dichtgemacht hatte, sodass ich jetzt einen extremen Druck verspürte.

Der Doktor schaut sich alles an und bohrte dann meinen Zahn auf. Ich spürte, wie der Druck nachließ. Was für eine Erlösung!

Als er fertig war, richtete er den Liegestuhl etwas auf und schaute mich mit ernstem Blick an.

»Herr Eris, wir haben hier noch ein Problem.«

»Was ist denn los?«

»Sie haben eine Wurzelentzündung. Der Nerv ist entzündet. Wir konnten den Druck jetzt zwar etwas runternehmen, den Schmerz kriegen wir aber nur weg, wenn wir den Nerv und den Zahn ziehen.«

»Alles klar, dann machen Sie das doch!«

Ich war mir ganz sicher, dass ich diese Schmerzen keinen Tag länger aushalten würde. Der Arzt zog meinen Fragebogen hervor.

»Sie haben angegeben, dass Sie trinken, Herr Eris.«

»Ja.«

»Haben Sie heute schon getrunken?«

Das hatte ich. Bevor ich zum Zahnarzt fuhr, hatte ich mir zwei Bierchen gezischt. Und auch die Nacht davor habe ich eigentlich durchgesoffen. Ich hatte schon ordentlich einen sitzen.

»Um ehrlich zu sein, habe ich die ganze Nacht getrunken, Doc.«

Da schaute mich der Arzt an und sagte mir eiskalt ins Gesicht, dass er mich so nicht behandeln könne.

»Aber warum nicht?«

»Weil ich Sie nicht anästhesieren kann. Die Betäubung wirkt nicht, wenn Sie Alkohol im Blut haben.«

Ich musste schlucken. Ich hatte keine Ahnung, dass Alkohol solche Nebenerscheinungen hat. Ich dachte, die Medizin wäre so modern, dass man das mit anderen Narkotika wieder ausheben könnte.

»Nein, das geht nicht«, sagte der Arzt. »Wir können Sie weder in eine Vollnarkose versetzen, noch können wir Sie lokal betäuben.«

»Und was machen wir jetzt?«

»Sie können jetzt nach Hause gehen. Sie kriegen von mir Antibiotika verschrieben und in 24 bis 48 Stunden wird der Schmerz etwas nachlassen.«

Ich griff nach seinem Arm. Ich hatte richtige Panik. Ich war mir ganz sicher, dass ich so eine Nacht nicht noch einmal überleben würde. Das war einfach zu heftig.

»Doc, ich halte das keine 24 Stunden mehr aus. Ziehen Sie das Ding einfach so.«

»Das meinen Sie nicht ernst …«

»Doch. Ich verzichte auf die Betäubung. Ich halte das nicht mehr aus.«

»Wissen Sie, was das für Schmerzen sind?«

»Das ist mir egal.«

Ich wollte es einfach nur hinter mir haben.

»Also gut«, sagte der Arzt und schaute seine Helferin mit großen Augen an. »Das wird allerdings sehr, sehr wehtun.« Er fuhr den Liegestuhl runter. Die Zahnarzthelferin brachte mir ein Plüschtier aus Schaumstoff. So ein Ding, in das man reindrücken konnte. Ich knetete es richtig durch. Der Arzt beugte sich über mich, und ich öffnete meinen Mund. Ich sah, wie er sich die Zange reichen ließ. Spürte das Metall an meinem Zahn. Mir lief der Schweiß den Rücken runter. Es war der absolute Horror.

»Seien Sie jetzt tapfer, Herr Eris.«

Dann spürte ich, wie er mit der Zange meinen Zahn rauszog. Das waren die Schmerzen der Nacht mal einhundert. Ich schrie die halbe Klinik zusammen. Er zog weiter. Ich riss das Schaumstoffplüschtier in meinen Händen kaputt. Ich dachte, ich werde ohnmächtig. Ich schmeckte das Blut in meinem Mund.

Nach ein paar Minuten war alles vorbei.

Ich fühlte mich, als wäre ich auf Droge. Ich war nicht ganz klar im Kopf, der Schmerz vernebelte meinen Verstand. Der Arzt drückte mir noch eine Packung Antibiotika und eine Packung Schmerztabletten in die Hände und ließ mich dann nach Hause torkeln. Ich war wie benommen. Ich fühlte mich traumatisiert. Zu den anhaltenden Schmerzen kam auch noch der Ärger über mich selbst.

Wenn ich nicht so ein Scheißalki wäre, dann hätte ich das alles nicht mitmachen müssen, dachte ich mir. Dann hätte ich einfach eine Spritze bekommen und hätte nichts gespürt.

Ich riss die Packung auf und schluckte eine Handvoll Schmerztabletten. Dann dämmerte ich langsam weg. Ich spürte, wie mein Körper kurz vor dem Versagen stand. Ich wusste, dass die Kombination von Alkohol, Schmerztabletten und Antibiotika tödlich sein kann, aber mir war das in dem Moment völlig egal.

Als ich irgendwann wieder zu mir kam, rief ich meinen Vater an. Wir hatten mittlerweile wieder ein etwas besseres Verhältnis miteinander. Während meiner Drogenzeit hatten wir kaum Kontakt gehabt. Aber als ich mit meinem Leben wieder klarkam, näherten auch wir uns wieder an. Mittlerweile war er jemand geworden, den ich gern um Rat fragte. Aber darum ging es mir gar nicht, als ich seine Nummer wählte. Ich wollte mich eigentlich nur ein bisschen ausheulen und Papas Mitleid erhaschen. Ich wollte eigentlich nur, dass er mir bestätigte, was für ein armes Kerlchen ich war. Aber Papa hatte kein Mitleid mit mir. Im Gegenteil. Er machte mir eine richtige Ansage.

»Nein, Marcel. Du hast keinen Grund zu jammern. Du bist selbst schuld. Lass doch die scheiß Sauferei sein! Was bringt dir das denn?«

Als ich auflegte, fühlte ich mich noch sehr viel dreckiger. Aber Papa hatte recht. Seine Standpauke brachte mich zum Nachdenken. Was brachte mir der scheiß Alkohol? Ich war ständig drauf, wurde immer fetter. Mein Gesicht war mittlerweile richtig eklig aufgequollen. Dabei hat das Bier nicht einmal mehr reingeballert. Ich wurde davon nicht besoffen. Ich wurde einfach nur mürbe und benommen. Der nächste Schritt wäre für mich gewesen, auf harten Alkohol umzusteigen. Auf Wodka, auf Korn. Ich dachte an Peter und das traurige Ende, das er genommen hat. Nein, so wollte ich nicht werden. Niemals.

Ich öffnete eine Flasche Bier und trank sie in dem Bewusstsein aus, dass ich danach nie wieder einen Tropfen Alkohol anrühren würde.

Dann rief ich Anna an und fragte sie, ob sie noch mal bei mir übernachten könnte. Ich erzählte ihr von meinem Tag beim Zahnarzt und von dem Entschluss, den ich gefasst hatte. Sie kam direkt vorbei und versprach mir, mich bei allem zu unterstützen, was ich mir vornahm.

»Ich weiß, dass du das schaffen kannst«, sagte sie.

Und ich zog es durch. Die ersten Tage waren wirklich hart. Ich hatte Entzugserscheinungen. Ich lag völlig verschwitzt in meinem Bett und zitterte. Immer wieder hatte ich total kranke Träume. Manchmal war ich mir gar nicht mehr sicher, ob ich wach war oder schlief. Drei Tage lang ging das so. Am vierten Tag fühlte ich mich besser. Ich hatte das Gefühl, etwas hinter mir gelassen zu haben.

Ich suchte das Gespräch mit Oma. Ich wollte reinen Tisch machen. Ich wollte ihr die Wahrheit sagen. Keine Lügen mehr. Als Opa nicht zu Hause war, nahm ich sie zur Seite.

»Omi, wir müssen einmal reden«, sagte ich und setzte mich mit ihr auf die Wohnzimmercouch. Es kostete mich Überwindung. Ich erinnerte mich wieder an die Situation vor ein paar Jahren. Als wir auch hier saßen. Am selben Ort. Als Opa mich rausgeworfen hatte und ich zum ersten Mal im Leben gesehen habe, wie meine Oma weinte. Wegen mir. Ich musste schlucken.

»Omi, ich will ganz ehrlich zu dir sein«, sagte ich. »Ich habe wieder angefangen zu kiffen.«

Ich hatte feuchte Augen. »Ich will einfach ganz ehrlich zu dir sein. Ich werde nie wieder härtere Drogen nehmen. Ich werde nie wieder in eine Situation kommen, in der ich mich nicht mehr unter Kontrolle habe. Ich werde euch nie wieder beklauen, Omi. Ich will einfach nur ehrlich sein.«

Oma reagierte ganz unerwartet. Sie lächelte. »Danke für deine Offenheit, Marcel«, sagte sie. »Du warst immer ehrlich zu uns. Ich vertraue darauf, dass du das jetzt auch bist«, sagte sie. »Und dass du uns nie wieder hintergehen wirst.«

»Natürlich nicht!«, bestätigte ich ihr meine guten Absichten.

Obwohl ich keine feste Arbeit hatte, hatte sich in den letzten Monaten so eine Art geregelter Tagesablauf bei mir eingestellt. Ein tägliches Ritual. Ich stand meist gegen elf oder zwölf Uhr auf und machte mich fertig. Dann erledigte ich, was es tagsüber so zu erledigen gab. Ich besorgte ein wenig Weed, ich traf mich mit Freunden, ich ging einkaufen. Gegen 18 Uhr kam dann Anna. Sie arbeitete in einem Reisebüro und kam von der Arbeit immer direkt zu mir. Ich kochte uns etwas zu essen, dann setzten wir uns vor den Fernseher und chillten. Das war für mich das Größte.

Gegen 22 Uhr fuhr sie dann nach Hause, ich schaltete meine Playsi an und zockte die ganze Nacht mit den Jungs durch. Das war mein Leben. Und ich habe es geliebt. Ich hatte alles, was ich brauchte. Alles, außer eine echten Perspektive. Aber das war mir in dieser Zeit egal.

Meist steckte Anna mir ein wenig Geld zu, mit dem ich mein Weed kaufen konnte. Sie unterstützte mich da, auch wenn sie es vielleicht besser nicht getan hätte.

Und irgendwann war Schluss. Irgendwann beschloss ich, mit dem Kiffen aufzuhören. Es war ein Dienstag, und Anna hatte mir wieder 20 Euro Cash zugesagt. Aber es gab in ganz Buxtehude kein Gras mehr. Für einen Kiffer war das die schlimmste aller möglichen Situationen: Geld zu haben, aber keinen Stoff zu bekommen. Ich telefonierte sämtliche Kontakte ab: nichts. Da war einfach nichts zu machen. Es gab nur noch eine Person, von der ich wusste, dass sie ganz sicher Weed haben musste. Sascha. Wir hatten kaum noch Kontakt, aber in der größten Not war ich bereit, mich bei ihm zu melden. Ich versuchte bestimmt zwei Stunden lang, ihn zu erreichen.

Er ging nicht ran.

Ich versuchte es wieder. Er ging nicht ran. Das machte mir extreme Kopfschmerzen.

Nach dem zwanzigsten Versuch hatte ich ihn dann endlich am Apparat.

»Moin, Sascha, alles klar?«

»Grüß dich, Marcel. Alles gut, was geht ab?«

»Digga, hast du noch Stoff am Start?«

»Klar«, sagte er.

»Hammer. Pack mir mal einen Zwanni beiseite. Ich komme gegen halb sieben vorbei, okay?«

»Klar, Marcel. Jederzeit.«

Ich lieh mir Opas Auto und fuhr damit zum Reisebüro, um Anna von der Arbeit abzuholen. Ich hatte mir einen perfekten Plan für den Abend gemacht. Wir würden zunächst gemeinsam zu Sascha fahren, Weed holen, dann ginge es nach Hause, wo ich für die ganze Familie kochen würde. Fischstäbchen mit Pommes und Salat. Dann würde ich mich high rauchen, mich mit Anna ins Bett legen, chillen und einen auf entspannt machen. Der perfekte Tagesausklang.

Als ich bei Sascha vor der Tür stand, klingelte ich ihn an.

»Yo, Digga. Ich bin vor deiner Haustür. Soll ich hochkommen, oder kommst du runter?«

»Oh, Scheiße … Marcel! Hab dich total vergessen. Sorry, aber ich habe den 20er schon verkauft.«

Ich atmete tief durch, legte auf und klammerte mich mit beiden Händen am Lenkrad fest.

»Alles okay?«, fragte mich Anna.

Ich biss mir auf die Lippe. Ich war abgefuckt. Ich war richtig abgefuckt.

Das war nicht das erste Mal, dass ich in einer solchen Situation war. Für mich war gar nicht die Sucht nach dem Gras das Schlimmste. Für mich war das Schlimmste, dass ich den Dealern wie eine Hure hinterherlaufen musste. Anna schaute mich mit großen Augen an.

»Wen können wir denn noch anrufen?«, fragte sie fürsorglich, als sie verstanden hat, dass ich bei Sascha nichts bekommen würde. Ich ärgerte mich über mich selbst. Anna hatte mit der ganzen Scheiße gar nichts zu tun. Sie saß hier neben ihrem Drogenfreund im Auto und musste sich nur wegen meiner dämlichen Sucht den ganzen Abend kaputt machen lassen. Und sie beschwerte sich noch nicht einmal darüber.

Ich dachte nach. Ich hatte jetzt zwei Möglichkeiten: Entweder ich telefonierte noch ein oder zwei Stunden herum und versuchte auf Krampf, irgendwo Stoff aufzutreiben, würde Anna damit aber den gesamten Abend versauen. Oder ich würde einfach drauf scheißen und jetzt mit ihr nach Hause fahren, die Fischstäbchen in die Pfanne hauen und die gemeinsame Zeit genießen.

Ich startete den Motor. »Wir fahren nach Hause«, sagte ich.

»Bist du dir sicher?«, fragte Anna. »Hast du denn noch genug Gras?«

Sie wusste, dass mir allein die Vorstellung, nicht genügend Weed auf Lager zu haben, schon die Stimmung versauen konnte.

»Ja, mach dir keinen Kopf«, log ich. Während der Fahrt nach Hause zwang ich mich, nicht niedergeschlagen zu sein. Und ich fasste einen Entschluss, von dem ich Anna nichts erzählte. Wir machten uns einen tollen Abend.

Als ich am nächsten Morgen aufwachte, beschloss ich, meinen Plan durchzuziehen. Ich zog mir meine Jogginghose an, streifte mir ein Shirt über und kramte meinen Rucksack raus. Dann packte ich sämtliche Kifferutensilien ein. Meine Bong, meinen verbliebenen Reststoff. Meine Blättchen. Meinen Grinder. Ich setzte mich auf mein Fahrrad und fuhr quer durch Buxtehude. Als ich an einer kleinen Brücke vorbeikam, die über die Este führte, hielt ich an, stieg ab und schaute mich um. Niemand war in der Nähe. Dann zog ich meine Bong aus dem Rucksack, zerschlug sie am Eisengeländer, sodass sie kaputt ging, und schmiss sie ins Wasser. Meinen Grinder, meine Schälchen zum Mischen, meinen restlichen Stoff schmiss ich hinterher. Dann fuhr ich nach Hause, setzte mich auf mein Bett und schrieb Anna eine SMS.

»Ich habe gerade aufgehört zu kiffen.«

»Alles klar«, schrieb sie zurück. Und setzte noch ein Zwinkersmiley dahinter. Sie glaubte mir kein Wort. Aber ich hatte es mir fest vorgenommen. Es war schon wie beim Kokain und beim Alkohol: eine Frage des Willens. Ich wollte es einfach nicht mehr.

Als Anna nach der Arbeit zu mir kam, musterte sie mich von oben bis unten.

»Und?«, fragte sie. »Wie läuft's?«

Ich zog meinen vorbereiteten Nudelauflauf aus dem Ofen, den ich zur Feier des Tages vorbereitet hatte.

»Ich habe immer noch nicht gekifft.«

»Dein Ernst?«, fragt sie. »Heftig.«

Normalerweise war ich zu dem Zeitpunkt schon voll verstrahlt. Als Anna am Abend wieder nach Hause fuhr, setzte ich mich an meine Playstation. Vor diesem Moment hatte ich am meisten Angst. Es war einfach meine Tagesroutine: Sich abends mit einem Joint an die Konsole zu setzen und mit meinen Jungs zu zocken. Ich hatte am meisten Angst, dass mir das Spielen in cleanem Zustand keinen Spaß mehr machte. Irgendwie gehörte es für mich dazu, bekifft zu sein. Und tatsächlich war es ein komisches Gefühl. Zocken und Kiffen waren für mich verknüpft. Es war einfach eine Gewohnheit, die in mir ein gewisses Verlangen auslöste. Aber ich zog es durch.

Am nächsten Tag wachte ich um elf Uhr auf und fühlte mich wie ein King. Ich hatte es geschafft. Und ich wusste, dass ich es von heute an weiter schaffen würde. Ich fühlte mich gut. Richtig gut. Von dem Gras wurde ich ja schon lange nicht mehr high, bloß noch breit und matschig. Aber das Gefühl, aufzuwachen und zu wissen, dass ich am Vortag nüchtern eingeschlafen bin, gab mir ein größeres Glücksgefühl, als jede Droge es mir jemals geben konnte. Seitdem habe ich nie wieder gekifft. Die Lücke, die entstand, füllte ich mit einer neuen Sucht. Mit YouTube.

V. YOUTUBE

»Morgen ist es so weit«, schrieb mir Eddy über Teamspeak. »Morgen ist der große Tag.« Eddy war einer meiner Zockerkumpel, und seit Wochen gab es zwischen uns nur noch dieses eine dominierende Thema.

»Ich weiß, Alter. Ich kann es kaum erwarten.«

Wir starteten eine Runde Call of Duty. Ich setzte mein Headset auf und griff nach meinem Controller.

»Wie es wohl werden wird?«, fragte er mich.

»Es wird alles in den Schatten stellen. Das spüre ich!«

Ich zockte noch bis Mitternacht, dann legte ich mich schlafen. Morgen musste ich schließlich fit sein.

Der 8. November 2011 sollte der Tag sein, der mein Leben verändern würde. Nur ganz anders, als ich es gedacht hatte.

Ich stellte mir den Wecker auf 9.30 Uhr, doch ich wachte schon eine gute Stunde früher auf. Motiviert sprang ich aus meinem Bett und zog mich an. Dann lief ich runter in die Küche und machte mir mein Frühstück.

»Moin, Omi.«

»Mensch, Junge, du bist ja schon wach. Was ist denn los?«

Ich holte die Milch aus dem Kühlschrank und schüttete sie mir in die Cornflakes. »Omi, das habe ich dir doch erzählt …«

»Ach, dein Spiel oder was?«

Ich winkte ab. »Das verstehst du nicht.«

Ich schaute auf die Uhr. »Okay, ich muss jetzt los.«

Ich ging aus dem Haus, schloss mein Fahrrad auf und radelte zum Elektronikmarkt. Das Wetter war mies. Es war kalt und regnerisch. Ich freute mich – das waren die besten Voraussetzungen.

Ich betrat den Markt, der gerade erst geöffnet hatte, und lief rüber in die Spieleabteilung. Und da stand es auch schon. Auf einem großen Stapel, vor einem riesigen Aufsteller postiert.

Modern Warfare 3. Der neueste Teil der Call-of-Duty-Reihe.

Ich griff mir eine Packung und hielt sie in den Händen, als wäre sie der heilige Gral.

Der Hype um dieses Spiel war einfach riesig. Das Spiel verkaufte sich am ersten Tag im Vereinigten Königreich und den USA knapp 6,5 Millionen Mal. Es machte einen Umsatz von mehr als 400 Millionen US-Dollar. Ein Rekord. Es spielte mehr Umsatz ein als jedes andere Videospiel, Buch oder Film zuvor am ersten Verkaufstag. Und ich war einer der Millionen Menschen, die dieses Spiel nun in den Händen hielten. Ich ging an die Kasse, um es zu bezahlen. Da sah ich ein Schild. »Kreditkartenzahlung nur noch per PIN-Eingabe möglich«.

Das stand hier, seitdem wir diese Nummer mit der Kreditkarte von Herrn Pampa abgezogen hatten. Ich schüttelte den Kopf, bezahlte das Spiel und fuhr nach Hause. Dort traf ich alle Vorbereitungen. Ich zog meine Vorhänge zu, stellte mir eine Dose Eistee bereit und schob die Disk in die Playstation. Als das Spiel geladen hatte, ging ich im Teamspeak online. Alle meine Kollegen waren auch schon da. Ungewöhnlich. Normalerweise waren wir alle nachtaktiv. Es war wahrscheinlich das erste Mal, dass wir um diese frühe Zeit online zusammenkamen. Aber wir waren einfach alle so wahnsinnig gehypt auf dieses Spiel.

Wir zockten ein paar Runden über den Multiplayer-Modus.

»Das ist der Wahnsinn, Digga!«, freute ich mich.

»Bestes Spiel ever!«

»Absolut King.«

Die Jungs feierten Modern Warfare 3 genauso wie ich. Und die nächsten Tage verbrachten wir alle nur noch vor der Konsole. Dann fiel mir plötzlich etwas auf.

Es gab eine Neuerung gegenüber den Vorgängerspielen. Den Kinomodus. Nach einer Spielrunde konnte man einen Videoclip von dieser Runde erstellen. Sozusagen die Highlights einmal zusammenfassen.

Und wenn man sein Playstation-Konto mit YouTube verknüpft hatte, konnte man das Video davon hochladen.

Als ich gerade eine absolute Killer-Runde hinter mir hatte, in der ich mehrere Abschüsse in Folge machte, dachte ich, dass ich diesen Kinomodus ja einmal ausprobieren konnte.

Ich nahm einen Schluck Eistee, schnitt wie ein Regisseur die besten Szenen zusammen und lud sie dann hoch. Einen YouTube-Account hatte ich ja noch. MontanaBlack88.

Dann schickte ich Eddy das Video.

»Schau dir mal an, wie der Papa das macht«, schrieb ich ihm dazu.

»Ehrenhafte Kills«, antwortete er mir, und ich dachte nicht weiter über dieses Video nach.

Erst ein paar Tage später, schaute ich es mir noch einmal an.

Huch, dachte ich. Das hat plötzlich fünf Views.

Ich verstand nicht, wie das sein konnte. Es wurde fünfmal angeschaut. Aber von wem?

Ich lehnte mich in meinem Stuhl zurück und ging bei Teamspeak online.

»Yo, Eddy, sag mal, hast du den Link noch irgendwie weitergeschickt oder so?«

»Welchen Link?«

»Na, von meinem YouTube-Video. Diese Runde mit den vielen Kills. Du weißt …«

»Nee, habe ich keinem geschickt. Sollte ich?«

»Nee, schon okay. Ich wundere mich nur, dass die mittlerweile öfters angeschaut wurde. Hast du da mehrfach draufgeklickt oder so?«

»Alter, sooo gut war die jetzt auch nicht.«

»Schnauze, Eddy, das war die beste Runde überhaupt.«

Ich checkte das nicht. Wenn weder Eddy noch ich den Link weiterversendet hatten, dann musste ja irgendjemand Fremdes auf das Video gestoßen sein. Das war eine ziemlich krasse Vorstellung. Ich lade ein Video hoch, und irgendjemand, den ich gar nicht kenne, schaut es sich an.

Ich schaltete das Spiel aus, meldete mich bei meinem Teamspeak ab und holte mir noch eine Dose Eistee. Dann fing ich an, mich mit YouTube zu befassen. Mich zum ersten Mal *richtig* mit YouTube zu befassen. Bisher habe ich die Plattform nur genutzt, um mir ein paar Musikvideos oder irgendwelche Graffitisachen anzuschauen. Wenn überhaupt.

Aber jetzt entdeckte ich, dass es da noch so viel mehr gab. Ich klickte mich von Video zu Video. Da waren einfach ganz normale Leute, die selbst ihre Sachen drehten und sie online stellten. Ohne schwere Produktionsfirma im Hintergrund. Sie stellten die Kamera an, laberten drauflos und packten das Zeug ins Internet. Einfach so. Es gab Sparten für alles. Es gab Comedy-Videos, es gab News-Videos, Schminkzeugs, aber am allerspannendsten war für mich die Gaming-Community. Da gab es Typen, die dieselben Spiele spielten wie ich. Und Videos dazu machten. Aber diese Videos gingen über den Kinomodus, den ich nutzte, noch hinaus. Sie luden die Spielszenen hoch und kommentierten sie. Erklärten dem Zuschauer, was genau sie gerade machten. Was sie dachten. Wie sie agierten. Es war, als würde man einem anderen Gamer in den Kopf schauen können.

Dann stieß ich auf ein Video, das mich ganz besonders beeindruckte. Es war von einem Kerl, der sich ELoTRiX nannte, und das Video hieß »Hart am Limit«. Der Typ fluchte zwölf Minuten lang über alles, was ihn am Spiel aufregte. Er rastete richtig aus. »Das ist kein Spiel, das ist ein Krampf«, brüllte er. Ich bekam mich gar nicht mehr ein. Ich schob den übelsten Lachflash. Ich habe noch nie vorher ein Video mit so vielen Beleidigungen und Hass gegenüber einem einzigen Spiel gesehen. Mit all den Sachen, über die ich mich auch aufgeregt hatte. Da sprach mir einer aus der Seele.

»Jungs, das müsst ihr euch einfach ansehen«, schrieb ich meinen Zockerfreunden und versendete den Link.

Kurz nachdem ich das Video von ELoTRiX entdeckt habe, beschloss ich, mehr Videos auf meinem Kanal hochzuladen. Ich fing nun an, wie ein Verrückter meine besten Runden zu schneiden und die Videos auf YouTube zu stellen. Es gab Tage, da zockte ich gar nicht mehr, weil ich zocken wollte. Es gab Tage, da zockte ich nur, weil ich eine gute Runde liefern wollte, die ich zu einem guten Video schneiden konnte.

»Hey, Anna«, fragte ich meine Freundin. »Hast du eigentlich einen YouTube-Account?«

»Ja, wieso?«

»Ja, dann könntest du doch mal ein bisschen meine Videos liken?«

Sie verdrehte die Augen. »Dein Ernst?«

»Komm schon, ein bisschen Support wäre nicht schlecht.«

Anna setzte sich an meinen Rechner, meldete sich auf YouTube an und begann, alle meine Videos einmal durchzuliken.

»Zufrieden?«

»Bisschen.«

Ich gab mir mit dem YouTube-Ding wirklich Mühe. Aber ich hatte das Gefühl, ich kam überhaupt nicht mehr voran. Nach einem ersten Wachstum von fünf auf 50 Zuschauer stagnierte meine Reichweite. Ich hatte drei oder vier Abonnenten. Und das waren alles Kollegen von mir. Es ging einfach nicht vorwärts. Dabei gab ich mir wirklich Mühe mit den Videos.

»Hey, Anna, gib mir doch mal deine Zugangsdaten für deinen Account, dann musst du auch nicht mehr meine Videos liken«, schlug ich ihr vor.

»Ja, gern«, sagte sie und schrieb mir alles auf einen Zettel. Am Abend loggte ich mich ein und kommentierte alle meine Videos durch.

»Geiler Typ!«

»Super Gameplay!«

Irgendwann reichte mir das aber nicht mehr. Ich wollte echte Likes haben. Echte Zuschauer. Also surfte ich ein wenig herum und fand auf Facebook einige CoD-Fanpages. Das waren Facebook-Seiten von Privatpersonen, die einfach Spaß daran hatten, News, Videos oder Besonderheiten des Spiels zu posten. Ich schrieb den Seitenbetreibern Privatnachrichten und fragte sie, ob sie nicht Bock drauf hätten, meine Videos zu teilen. Ich sah darin eine Win-win-Situation. Sie hätten kostenlosen Content für ihre Fanpages, und ich würde meine Reichweite steigern. Sie sahen das offenbar anders. Ich bekam nicht mal eine Antwort auf meine Nachrichten.

Und dann hatte ich einen Einfall.

＊

Montagmorgen. Ich stand bei uns im großen Gloria-Einkaufscenter und wartete, dass der Getränkemarkt öffnete. Ich hielt eine Anzeige in der Hand, die ich aus der Zeitung ausgerissen hatte. »Mitarbeiter auf 400-Euro-Basis gesucht«. Um Punkt 10 Uhr kam ein Mann in Latzhose an die Tür und schloss sie von innen auf.

»Moin«, sagte ich. »Ich komme wegen dem Job.«

Der Mann musterte mich von oben bis unten. Er hatte eine Halbglatze und eine ordentliche Wampe.

Ich drückte ihm eine Mappe mit meinen Zeugnissen in die Hand.

»Du hast eine Ausbildung zum Einzelhandelskaufmann?«

»Ja«, sagte ich.

»Dann bist du überqualifiziert. Das hier sind nur einfache Tätigkeiten. Kisten einsortieren, Lager umräumen …Tut mir leid.«

»Nein, nein«, sagte ich. »Das ist perfekt für mich. Ich hätte den Job wirklich gern.«

Der schwere Mann schaute mich noch einmal skeptisch an. »Ich weiß nicht … 400 Euro?«

»Sind perfekt!«

»Wann könntest du denn anfangen?«

»Sofort.«

»Also gut. Komm mit, ich zeige dir alles.«

Er brachte mich ins Lager und erklärte mir meinen neuen Job. Ich fing sofort an, mich nützlich zu machen. Gegen elf Uhr kam der Chef rein. »Komm, Marcel, mach Pause, reicht erst mal.« Ich nickte ihm zu und ging ein wenig im großen Markt spazieren. Der Getränkeladen war praktisch eingegliedert, und ich hatte einen Mitarbeiterausweis an der Brust, sodass ich mich im gesamten Laden relativ frei und unbeobachtet bewegen konnte. Die anderen Mitarbeiter nickten mir freundlich zu. Ich grüßte zurück und ging dann in die Elektroabteilung. Ich verfiel wieder in meinen alten Diebstahl-Modus. Ich hatte es noch immer im Blut. Genau umschauen. Wo sind die Kameras? Wie sind sie ausgerichtet? Wo sind die Mitarbeiter, wo die Kunden? Gibt es einen Hausdetektiv? Als ich mir meiner Sache sicher war, ging ich zu dem Stand mit den PlayStation-Guthabenkarten und steckte mir einen kleinen Stapel ein. Dann spazierte ich seelenruhig wieder in den Getränkemarkt.

»Na, Jung, Pause genossen?«

»Absolut.«

PlayStation-Guthaben konnte man in allen möglichen Elektromärkten kaufen. Das waren so kleine Karten, auf deren Rückseite man ein Feld freirubbeln konnte, auf dem sich ein Code befand, mit dem man sein Guthaben online aufladen konnte. Mit dem Geld konnte man sich dann Spiele runterladen oder für bestimmte Spiele bestimmte Gadgets kaufen. Bessere Spieler in Fußballspielen, bessere Waffen in Egoshootern.

Als ich wieder zu Hause war, setzte ich mich an meine PlayStation und ging auf Facebook. Ich schrieb dort noch mal sämtliche CoD-Fanpages an. Dieses Mal machte ich ihnen ein Angebot.

»Wenn ihr meine Videos teilt, gebe ich euch dafür PlayStation-Guthaben.«

Und tatsächlich. Ich bekam eine Rückmeldung.

»Hey, klingt nach einem guten Deal.« Ich schaute mir das Profil von dem Typen an. Er hieß Volkan. Volkan war der Gründer der Call of Duty German Fanpage, und die hatten mehrere Zehntausend Fans auf Facebook.

Wir schrieben ein wenig hin und her, einigten uns dann auf ein Modell und plötzlich kam der Stein ins Rollen. Volkan postete mein Video und statt 50 hatte es auf einmal 1000 Aufrufe. Wahnsinn! So baute ich mir nach und nach mehr Zuschauer auf.

*

Ich beobachtete genau, wie die Leute auf meine Videos reagierten. Und ich nahm mir das alles sehr zu Herzen. Ich hatte noch keine wirkliche Community. Ich hatte einfach nur eine Menge Leute, die meine Gameplays schauten und immer mal wieder kommentierten. Das war mein Drogenersatz. Mich abends an den Rechner zu setzen und die Kommentare unter meinen Videos zu lesen.

Besonders ein Kommentar fand sich häufig: *Zeig dich doch mal.* Je mehr Leute meinen Kanal abonnierten, desto mehr Leute forderten das von mir. Sie wollten sehen, wer ich bin. Wer der Typ hinter den Zockervideos ist. Das Problem war nur: Ich hatte keine Ahnung, wie das funktionieren sollte. Ich hatte keinen PC, keine Kamera und kein Mikrofon. Alles, was ich machte, ging über die Playstation. Die Bearbeitung funktionierte problemlos über den Kinomodus und dann wurde alles automatisch hochgeladen.

Aber das reichte mir nicht mehr. Ich hatte Bock, mehr zu machen. Ich traute mir das zu. Ich recherchierte, wie das funktionieren würde. Ich brauchte dazu unbedingt einen Computer, ein Mikrofon und eine Elgato. Das war ein Adapter, mit dem ich das Zeug, was ich auf der PlayStation spielte, in ein Video für den PC konvertieren konnte. Aber dafür brauchte ich eben einen PC.

Mit dem Geld, das ich verdiente, suchte ich mir nach und nach mein Equipment zusammen. Aber ich musste ein wenig nachhelfen.

✳

»Entschuldigung, dürfte ich mal kurz?«

Ich stellte mich vor den Pfandautomaten, griff mir eine Kiste mit leeren Colaflaschen, an die ich vorher eine kleine Schnur geknotet hatte, und stellte sie auf das Fließband.

»Wir haben hier eine kleine technische Störung«, erklärte ich den Kunden. »Bitte benutzen sie doch den anderen Automaten, dass dauert hier ein kleines bisschen.«

Da ich die Uniform von dem Getränkemarkt hatte und offizieller Mitarbeiter war, dachte sich niemand etwas dabei. Ich war für die Leute hier so eine Art Autorität. Dabei schob ich bloß den Colakasten durch die Röhre, zog ihn wieder raus, schob ihn wieder rein, wieder und wieder und wieder, bis ich dreißig Euro Pfandguthaben hatte. Ich nahm mir den Bon, tat so als würde ich ihn vernichten und nickte den Kunden zu. »So jetzt geht die Maschine wieder.«

Am Abend gab ich Anna den Bon, damit sie ihn für mich einlöste.

Von dem Geld, das ich mir so dazuverdiente, kaufte ich mir einen Rechner für 100 Euro bei eBay-Kleinanzeigen. Ein absolutes Schrottteil. Einem Kollegen von mir kaufte ich ein Mikrofon ab. Das kostete 160 Euro. Mehr als der Rechner. Aber da ich ja Videos mit meiner Stimme machen wollte, musste man auch ein gutes Mikro haben. Ich hatte nicht viel Ahnung, aber das war mir schon klar. Und irgendwann war es dann so weit. Ich setzte mich hin und nahm ein Video auf. Ein richtiges Video. Das erste, in dem ich etwas von mir selbst preisgab. Von mir persönlich.

Ich hatte mir zuvor stundenlang Tutorials angeguckt. Ich hatte mich da komplett reingefuchst.

Ich wusste nur grob, was ich erzählen wollte. Dann habe ich das Mikrofon angeschaltet und auf Aufnahme gedrückt. Und einfach freestyle drauflosgelabert. Damals war mir noch nicht klar, dass es Video- und Audioschnittprogramme gab. Darum habe ich einfach jedes Mal, wenn ich mich verhaspelt habe, eine neue Aufnahme gestartet. Ich brauchte vierzig Anläufe. Ich war ein Perfektionist. Aber mir machte es wirklich extrem viel Spaß. Ich kommentierte einfach, wie ich spielte. Ich kommentierte meine Kills. Und mein Vorgehen. Und dann hatte ich mein allererstes Video im Kasten. Ich nannte es »Mein erstes Video«. Es kam sehr gut an. Die Leute mochten mich. Sie mochten meine Art. Sie mochten, wie ich mit ihnen sprach. Sie mochten, was ich erzählte.

Ich war bereit für den nächsten Schritt. Mich zu zeigen.

Mein Vater hatte mir eine superbillige Webcam mitgebracht. Damit habe ich dann auch ein Video aufgenommen. Die Qualität war allerdings so miserabel, dass es nur eine Woche auf YouTube stand. Danach habe ich es wieder gelöscht.

*

Die ersten zwei Jahre meiner YouTube-Zeit habe ich nur Gameplay-Videos gemacht. Ich zeigte ein Spiel, blendete einen kleinen Kasten im oberen Bildschirmrand ein, wo man mich sah, und dann erzählte ich etwas. Und da ich nicht wusste, was ich erzählen sollte, erzählte ich etwas von mir. Irgendeine Geschichte. Aus meinem Leben. Ich erzählte von meiner Vergangenheit. Von meiner Drogenzeit. Von meiner Ex-Freundin. Ich erzählte die Geschichten aus meinem Leben. Und die Leute hörten mir zu. Es war ein kleines Wunder. Ich hätte nie gedacht, dass ich für irgendjemanden interessant sein könnte. Ich war doch nur der Typ aus Buxtehude. Der kleine Junge, der in sich selbst nie etwas Besonderes sah. Aber meine Community wuchs. Ich hatte tausend Abonnenten. Zehntausend Abonnenten. Ich konnte es gar nicht glauben.

Ich nahm jetzt einfach Videos von mir auf. Wie ich in die Kamera spreche und meine Geschichten erzählte. Ganz ohne Schnickschnack. Ich machte sogenannte Reallife-Videos.

Das war für meine Zuschauer zunächst ungewohnt. Ich bekam superviele Nachrichten, in denen es hieß, ich solle doch mal wieder ein Gameplay in den Hintergrund machen. Immerhin waren die meisten meiner Zuschauer Zocker. Und Zocker wollten Zocker-Videos sehen. Aber ich zog durch und merkte, dass ich nach und nach auch andere Menschen erreichte. Leute, die einfach meine Videos guckten, weil ich ihnen sympathisch war. Weil sie die Geschichten, die ich erzählte, spannend oder lustig fanden. Mein Publikum wuchs immer mehr. Und ich hatte das große Glück, dass die Menschen mich annahmen. Dass sie mich interessant fanden. Mich mochten. Dass ich sie mehr interessiert habe als die Gameplays. Ich fing an, immer mehr von mir preiszugeben. Ich fing an, meinen Tagesablauf zu filmen. Aber ich dachte auch immer daran, was meine Oma mir als kleinem Budschi auf dem Fischmarkt beigebracht hatte. Zeig den Menschen unterschiedliche Facetten von dir. Aber spiel niemals eine Rolle. Vielleicht war genau das mein Erfolgsrezept. Irgendwann fasste ich auch den Mut und erzählte von meiner Drogenvergangenheit. Ich nannte das Video »Vom Junkie zum YouTuber«. Es sollte das erfolgreichste Video werden, dass ich bis dato aufgenommen hatte.

*

Verdammtes Handy. Ich hatte vergessen, es auf lautlos zu stellen und jetzt piepte es die ganze Zeit. Ich war gerade in einer völligen Tiefschlafphase. Ich rieb mir die Augen und starrte auf den Wecker. Neun Uhr. An einem Samstagmorgen. Wer zur Hölle schrieb mir um diese Zeit? Ich zog das Handy schlecht gelaunt von meinem Nachttisch und öffnete die SMS.

»Hallo, Monti«, stand da. Ich war noch völlig verpeilt. »Was hast du denn nächstes Wochenende vor? Ich bin in Hamburg und mache ein Abonnententreffen. Ich dachte, du hättest vielleicht Lust vorbeizukommen?«

Ich brauchte eine kurze Zeit, um zu checken, was da gerade los war. Ich las die SMS noch mal. Und dann den Absender. Sie kam von Commander Krieger. Krass. Krieger war zu dem Zeitpunkt einer der größten deutschen Gaming-YouTuber. Ich feierte ihn wirklich sehr für seine CoD-Gameplays, und wir hatten uns vor einigen Wochen mal Privatnachrichten hin- und hergeschrieben. Seitdem waren wir connected. Ich quälte mich aus dem Bett und setzte mich an meinen Schreibtisch. Das Handy hatte ich immer noch in der Hand. Die SMS war noch geöffnet. Ich las sie noch einmal. Er wollte sich wirklich mit mir treffen. Krieger kam eigentlich aus Düsseldorf, aber er wusste, dass ich in Buxtehude war, und dachte sich wohl, dass sein Community-Treffen in Hamburg ein guter Anlass war, mich einmal persönlich zu treffen.

Klar war ich dabei.

Eine Woche später war es dann so weit. Ich stand um elf Uhr auf, machte mich fertig und frühstückte.

»Was hast du denn heute vor?«, fragte mich Opa am Küchentisch, während er sich ein Brötchen schmierte.

»Ich fahre nach Hamburg, Opa.«

»Triffst du dich mit Freunden?«

»Mit Commander Krieger, Opa«

»Ach je.« Opa nahm die Zeitung und wollte gar nicht mehr hören. Er wusste nicht, wer dieser Commander Krieger sein sollte, aber das klang für ihn alles ganz, ganz merkwürdig. Ich grinste. Dann griff ich meinen Rucksack und lief zum Bahnhof. Nach einer guten Dreiviertelstunde kam ich in Hamburg an. Ich lief Richtung Alster. Dort gab es einige Pennerbrücken, die ziemlich gut versteckt waren. Ein Ort, an dem eigentlich nie jemand vorbeikam. Hier wohnten nur ein paar Obdachlose, die sich im windgeschützten Bereich ein Lager eingerichtet hatten. Das war der Treffpunkt. Ich sah schon von Weitem, wie dort eine Gruppe von Jugendlichen stand. Sie waren alle zwischen 13 und 17 Jahren alt. Vielleicht 300 Leute. Mehr, als ich erwartet hatte. Ich zog mein Handy aus der Tasche.

»Yo, bin schon vor Ort, wo bist du?«, schrieb ich Krieger eine SMS.

»Brauche noch«, kam zurück. »Sind schon Leute da?«

»Einige.«

Ich ging auf die Jugendlichen zu und wollte mit ihnen warten.

»Krass, das ist Monte!«, hörte ich jemanden sagen. Ich sah, dass die Gruppe etwas unruhiger wurde.

»Ja, Moin«, begrüßte ich die Kids.

»Hey, Monte, können wir ein Foto machen?«

»Ein Foto? Äh klar …«

Ein etwa 16-jähriger Junge kam auf mich zu, stellte sich neben mich und hielt uns mit der rechten, ausgestreckten Hand sein Handy ins Gesicht. Dann machte er ein Selfie.

»Können wir auch?«, fragte mich ein zweiter. Ich begriff gar nicht wirklich, was hier abging. Ich hatte auf YouTube mittlerweile 40 000 Abonnenten, aber das hatte bisher überhaupt keine Auswirkungen auf mein normales Leben gehabt. Jetzt merkte ich zum ersten Mal, dass hinter dieser Zahl auch echte Menschen standen. Menschen, die mich irgendwie feierten.

»Kann ich auch ein Foto haben?«

Um mich herum bildete sich eine regelrechte Traube. Die Kids standen Schlange, um mit mir ein Foto zu schießen.

Und dann kam er. Ich sah ihn schon von Weitem auf die Brücken zukommen.

»Hey, Monti«, rief er mit einem breiten Grinsen. »Unterhältst du schon die Meute?« Die Jugendlichen drehten sich um und fingen an zu klatschen. Als wäre gerade ein Star auf die Bühne gekommen. Die Obdachlosen, die unter der Brücke saßen, nippten an ihren Bierflaschen und beobachteten uns. Ab und zu schüttelten sie den Kopf. Sie verstanden nicht wirklich, was hier gerade passierte. Krieger stapfte die große Wiese herunter. Ich schaute ihn mir an. Mann, dachte ich, der macht seinem Namen wirklich alle Ehre. Krieger war ein zwei Meter großer Hüne. Eine echte Erscheinung. Als er vor mir stand, gab er mir einen festen Händedruck und umarmte mich dann. »Hast du mein Vorprogramm gespielt, ja? Schön, dass wir uns endlich mal kennenlernen.«

Um uns bildete sich schnell eine Traube. »Hey, Krieger, können wir ein Foto machen?«

»Klar.«

Und so machten Krieger und ich den ganzen Tag Fotos mit den Fans.

»Hey, Monte, ich feiere deine Videos wirklich«, sagte mir einer. »Vielen Dank. Das freut mich.«

»Das Video, wo du über deine Drogenzeit geredet hast, hat mich wirklich nachdenklich gemacht.«

»Danke, Mann.«

Immer mehr von den Kids verwickelten mich in ein Gespräch.

»Wie geht's Anna?«

»Trinkst du eigentlich noch Alkohol?«

Niemand fragte mich irgendetwas zu CoD oder zu meinen Gaming-Sachen.

»So, jetzt habt ihr aber genug geschnackt«, unterbrach Krieger die Foto-Sessions. »Jetzt machen wir hier mal was Ordentliches.«

Er zog eine ziemlich verbeulte Büchse aus seiner Jackentasche. »Ich hab euch hier mal was Schönes mitgebracht«, sagte er und hob die Dose hoch.

»Das ist ein Stinkfisch. Hundert Jahre alt. Wunderschön in feinstem Öl eingelegt.«

Die Jugendlichen lachten. »Ich habe mir da eine kleine Challenge ausgedacht. Wer sich traut, den Fisch zu essen, der bekommt einen Zehner von mir.«

Er schaffte es damit, einen 17-Jährigen zum Kotzen zu bringen.

Gegen 18 Uhr ging ich wieder zum Bahnhof. Ich war richtig aufgedreht. Das war wirklich ein super Tag, dachte ich mir und stieg in die Bahn. Ich setzte mich auf einen Platz und schaute aus dem Fenster. Mir hat das wirklich gut getan. Zum ersten Mal überhaupt begriff ich, dass sich hintern den nüchternen Abozahlen auch tatsächliche Menschen verbergen. Menschen, die mich feiern.

»Meine Damen und Herren, herzlich willkommen bei der Deutschen Bahn.«

Menschen, die sich für mich interessieren. Die Anteil nehmen an dem, was mir passiert. Die … »Genießen Sie Ihre Fahrt nach Berlin-Gesundbrunnen.«

Moment, was? Ich sprang auf und lief zu der Anzeigetafel im Abteil. Ach verdammt! Ich war so aufgedreht, dass ich mich versehentlich in die falsche Bahn gesetzt hatte. Statt nach Buxtehude bin ich in Richtung Berlin gefahren. Ich zog mein Handy aus der Tasche. Ich musste Anna anrufen. Wir waren verabredet für 19 Uhr. Das würde ich nicht mehr schaffen. Sie würde stinksauer sein. Ich starrte auf mein Display. Ich hatte nur noch ein Prozent Akku. Ich wählte die Nummer …

»Ja?«

»Anna, ich bin's … hallo? Hallo?«

Mist. Das Handy war ausgegangen.

Um 21.30 Uhr stand ich dann wie ein begossener Pudel bei Anna vor der Haustüre.

»Willst du mich verarschen?«, fragte sie mich.

»Es tut mir leid«, sagte ich. »Mein Akku war leer, und ich saß in der falschen Bahn.«

»In der falschen Bahn, alles klar.«

Anna war voll auf Streit aus.

Ich setzte mich zu ihr ins Zimmer und versuchte sie ein bisschen zu besänftigen.

»Du warst bei einer anderen, oder?«

»Hä, was?«

»Sei ehrlich! Du hast eine andere!«

»Spinnst du? Ich war mit Commander Krieger unterwegs!«

Sie schaute mich an, und in ihrem Blick war ein ganz großes Fragezeichen.

»Am Computer oder was?«

»Nein … nein …« Ich versuchte, meine Gedanken zu ordnen. »Der YouTuber. Commander Krieger. Der … ist kein echter Commander, der heißt nur so. Mann. Ist ja auch egal. Ich hatte dir doch von unserem Fantreffen erzählt?«

Doch es hatte keinen Sinn. Anna und ich hatten an diesem Abend den Streit unseres Lebens. Es war das erste Mal, dass ich sah, dass mein Leben als wachsender YouTuber auch Auswirkungen auf mein Privatleben haben konnte. Ein paar Wochen später lernte ich dann YouTube aber von seiner besten Seite kennen.

Ich setzte mich an den Küchentisch. Ich hatte endlich mal eine gute Nachricht für Oma und Opa. Ich konnte das selbst noch gar nicht wirklich glauben. Oma stellte das Mittagessen auf den Tisch. Es gab Biogrünkernfrikadellen.

»Oh neee, Omi, nicht schon wieder so was.«

»Motz nicht, Marcel.«

Ich nahm mir eine Frikadelle und stocherte mit der Gabel in ihr herum. »Wisst ihr was? Ich habe heute Geld verdient!«, sagte ich stolz.

»Wie denn das? Du warst doch den ganzen Tag nur oben in deinem Zimmer?«

»Ja, ich habe in meinem Zimmer Geld verdient.«

»Marcel, hast du wieder Mist gebaut?«, fragte Opa skeptisch. In seinem Kopf malte er sich wahrscheinlich schon wieder tausend Szenarien aus.

»Nein, Opa! Mit meinen Videos. Ich habe dafür 300 Euro bekommen.«

Die beiden schauten mich ungläubig an. Sie wussten zwar, dass ich Videos machte und ins Internet stellte, aber sie verstanden nicht so wirklich, was das eigentlich bedeutete. Für sie war das eine ganz komische Parallelwelt. Sie hielten das für einen merkwürdigen Tick von mir.

Einmal hatte ich Oma ein Gameplay-Video gezeigt. »Das ist ja furchtbar«, sagte sie. »Immer diese Ballerei.« Aber ich glaube, es war ihr immer noch lieber, dass ich an meiner Spielkonsole hing und Videos machte, als wieder unterwegs zu sein und dummes Zeug anzustellen. Dass ich jetzt aber noch Geld mit diesen Videos verdiente, das sprengte ihre Vorstellungskraft.

»Wer hat dir das Geld denn bezahlt?«, fragte Opa.

»YouTube.«

»Und warum sollten sie dich dafür bezahlen?«

»Na ja, weil … viele Leute meine Videos gucken. Und ich kann in diesen Videos Werbung schalten. Und YouTube bekommt dafür Geld – und gibt mir einen Teil davon ab.«

YouTube war zu diesem Zeitpunkt schon lange nicht mehr die anarchische Videoplattform, wo irgendwelche Leute ihre lustigen Katzenvideos hochladen konnten. YouTube war eine Macht geworden. Eine Macht, die das Medienverhalten der jungen Generation völlig verändert hatte.

Jugendliche schauten kein Fernsehen mehr. Sie schauten YouTube. Für eine Generation, die mit dem Internet aufgewachsen ist, war es einfach gar nicht mehr vorstellbar, dass sie ein lineares Programm schauten. Dass sie also nur schauen konnten, was die Fernsehsender gerade ausstrahlten. Diese Generation war an die Möglichkeiten des Internets gewöhnt.

Das war natürlich für Werbetreibende sehr interessant. Sie erkannten, dass sie über die YouTube-Kanäle zielgruppenspezifische Werbung schalten konnten. Geld, das zu einem Teil an die Leute weitergeleitet wird, die die Videos machen.

∗

Etwa ein Jahr später saß ich in meinem Zimmer und rechnete alles durch. Ich hatte mir einen Zettel Papier genommen und wirklich alles ganz genau aufgeschrieben. Vor mir lagen ausgedruckte Angebote aus dem Internet.

Es sah gut aus.

»Was machst du da, Junge?«

»Ich mache mir einen Plan, Opa.«

Opa setzte sich zu mir. Er schaute mich etwas verwirrt an. So etwas kannte er gar nicht von mir. »Was denn für einen Plan?«

Ich zog ein ausgedrucktes Blatt Papier vor. »Den hier will ich mir kaufen«, sagte ich. Ich zeigte ihm ein Foto von meinem absoluten Traumauto. Ein Auto, das ich schon seit Ewigkeiten haben wollte. Einen schwarzen Mercedes C 180.

»Nicht schlecht«, sagte Opa und nahm einen Schluck von seinem Kaffee.

»Ich habe mir mehrere Angebote eingeholt«, sagte ich. »So wie du mir das beigebracht hast. Vergleichen und so.«

»Mensch, Marcel, das sind ja ganz neue Töne.«

»Muss, Opa, muss. Ich habe genügend Geld auf dem Konto, um mir das Auto direkt zu kaufen. Aber ich habe mich entschlossen, bei der Bank einen Kredit aufzunehmen. Damit ich eine Reserve habe.«

Ich hielt ihm drei Blätter hin. Kreditvergleiche von unterschiedlichen Instituten. Opa zog die Augenbrauen hoch und studierte die Blätter. Dann schaute er wieder auf das Auto.

»Weißt du, Marcel«, setzte er an. »Da musst du ja schon noch einiges an Zinsen draufzahlen.«

»Ich weiß.«

»Wieso leihst du dir das Geld nicht einfach bei mir?«, fragte er mich und schaute mich an.

Ich konnte gar nicht glauben, dass Opa mich das gerade wirklich gefragt hatte.

»Meinst du das ernst?«

Er nickte. »Ja, das tue ich.«

Ich wusste gar nicht, was ich sagen sollte. Mit der Vorgeschichte, die wir hatten, war das der vielleicht größte Vertrauensbeweis, den Opa mir geben konnte. Was für ein gutes Gefühl.

Nicht nur, dass ich es geschafft hatte, irgendwie die Kurve zu kriegen. Dass ich nun Geld verdiente. Dass ich etwas machte, was ich liebte. Nein, ich hatte auch das Band wieder gekittet, das zwischen Opa und mir zerrissen war. Es gab nichts auf der Welt, was mir mehr wert war. Ich musste mich echt zusammenreißen, nicht gleich loszuheulen, so sehr bewegte mich das.

»Und jetzt zeig mir mal die Angebote für die Autos«, sagte Opa. »Ich habe ja auch noch ein paar alte Freunde, die solche Dinger verkaufen. Vielleicht kriege ich noch einen besseren Preis.«

Ich gab ihm die Papiere, und Opa ging runter in das Wohnzimmer und machte ein paar Telefonate.

Am Abend saßen wir dann gemeinsam am Tisch. Anna war auch gekommen. Oma servierte uns ihre hausgemachte Lasagne.

»Ich habe einen besseren Händler gefunden«, sagte Opa und goss sich noch ein Glas Wasser ein.

»Der macht dir den besten Preis, Marcel. Vertrau mir.«

»Klar vertraue ich dir, Opi.«

»Was habt ihr zwei denn jetzt schon wieder geplant?«, fragte Omi.

»Der Junge braucht ein ordentliches Auto. Das hat er sich auch verdient. Am Wochenende könnten wir das schon klarmachen, wenn du magst?«

Klar mochte ich. Mir konnte es gar nicht schnell genug gehen.

Am Samstag fuhren wir dann mit Opas altem ockergrauen Mercedes nach Leipzig. Dort kannte er einen Händler. Wir fuhren etwa drei Stunden. Es war ein schöner, sonniger Tag. Opa machte das Radio an, ich kurbelte die Fensterscheibe herunter und schaute aus dem Fenster. Die Bäume standen in einem saftigen Grün. Ich atmete die frische Sommerluft tief ein.

Wir stiegen aus, liefen ein wenig auf dem Gelände herum und ließen uns dann den C 180 zeigen.

»Und hier ist das Schmuckstück«, fing der Händler an, uns den Wagen zu präsentieren. »5-Türer, hochwertiger Innenraum aus Teilleder, 157 PS.« Ich war sofort verliebt. Ich machte eine Probefahrt und entschloss mich auf der Stelle, den Wagen zu nehmen. Opa bezahlte.

»Zufrieden?«

»Sehr! Vielen Dank, Opa.«

»Du hast es dir verdient.«

Opa stieg in seinen Wagen, ich in meinen, und dann fuhren wir hintereinander auf die Autobahn. Es war ein ruhiger Tag, auf den Straßen war nicht viel los. Ich bog auf die linke Spur ein und fuhr neben Opa her. Er winkte mir zu. Dann gab ich Gas. Und Opa auch. Wir lieferten uns ein kleines Rennen auf der Autobahn. Ich hatte wirklich den besten Opa der Welt. Dann machten wir noch einen Zwischenstopp bei seinem Ferienhaus.

Dort mähte ich ihm den Rasen. Als kleines Dankeschön.

»Weißt du, Opa«, sagte ich. »Ich habe nachgedacht. Ich denke, ich werde bald ausziehen.«

»Das musst du nicht, Marcel.«

»Ich weiß. Und es fällt mir auch nicht so wirklich leicht. Aber ich glaube, es müssen sich jetzt einfach ein paar Dinge ändern. Ich verdiene ja nun auch genügend Geld. Und ich bin schon Mitte 20.«

Opa nickte. Ich glaube, es tat ihm mindestens genauso leid wie mir. Aber ich war an einem Punkt, an dem ich sagen musste, dass Oma und Opa so viel für mich gemacht hatten, dass sie jetzt auch einmal Oma und Opa sein durften. Ich wollte einfach, dass sie jetzt ihre Rente genießen konnten, ohne dass ich bei ihnen zu Hause noch rumturnte.

*

Als ich Anna erzählte, dass ich umziehen wollte, wurde sie ganz aufgeregt.

»Dann können wir ja jetzt unser Projekt angehen?«, schlug sie vor, als sie mich am Abend besuchte.

Unser Projekt. Ich wusste sofort, was sie meinte. Anna wollte unbedingt einen Hund haben. Einen Mops. Sie war absoluter Mops-Fan, und ich hatte sie immer damit vertröstet, dass es gerade schlecht sei. Dass es nicht passen würde. Dass ich bei Oma und Opa nicht einfach einen Hund anschleppen könnte.

»Aber jetzt wäre es ja theoretisch möglich, oder?«, fragte sie.

Ich verdrehte die Augen. »Ja«, sagte ich. »Wir können mal darüber nachdenken. Aber noch bin ich ja gar nicht umgezogen. Lass es doch langsam auf uns zukommen, okay?«

»Ja, ich wollte es nur mal ansprechen.«

Ich hatte das Mops-Ding schon ganz vergessen gehabt. Aber mir war klar, dass das Thema jetzt gesetzt war.

»Geh schon mal hoch«, sagte ich zu Anna. Ich wollte noch das Geschirr abräumen und Omi und Opi gute Nacht sagen. Als ich ein paar Minuten später in mein Zimmer kam, saß sie schon an meinem Computer.

»Guck mal, was ich gefunden habe …«

Ich setzte mich zu ihr und schaute mir die Website an. Mopszucht.

»Weißt du, Schatz, es ist wie mit Zahnpasta«, sagte Anna. »Wenn sie einmal aus der Tube ist, bekommst du sie nicht mehr in die Tube zurück.«

»Ich geb dir gleich Tube.«

Zwei Wochen später saßen wir im Auto und fuhren nach Lüneburg. Anna hatte Kontakt zu einer privaten Mopszüchterin aufgenommen. »Die erscheint mir vertrauensvoll«, sagte sie, während ich auf das Navigationssystem starrte.

»Mann, das ist ja am Arsch der Welt.«

»Es ist etwas außerhalb, aber das ist bestimmt gut für die Möpse. Die haben bessere Luft auf dem Land oder so.«

»Ja, ja.«

Ich lenkte den Wagen durch ein kleines Bauerndorf. Bis auf ein paar vereinzelte Fachwerkhäuser gab es hier nichts. Wir fuhren eine leichte Anhöhe hoch und parkten vor einem großen weißen Anwesen.

Ich hatte noch nicht einmal den Motor ausgestellt, da sprang Anna schon aus dem Wagen und öffnete den Gartenzaun. Sie war wirklich voll bei der Sache. Langsam trottete ich ihr nach.

An der Tür öffnete uns eine nette, vielleicht vierzigjährige Frau. Sie gab uns zu verstehen, dass wir ihr folgen sollten. Ihr Haus war ganz klassisch-rustikal eingerichtet. Die Wände waren naturbelassen, die Einrichtung fast ausschließlich aus schwerem Eichenholz.

»Ich habe hier einen kleinen Anbau«, sagte sie und führte uns durch eine große, schwere Tür. »Da kümmere ich mich ganz um meine Lieblinge.«

»Ohhh süüüß«, rief Anna, als sie den großen, luftigen Raum sah. Es gab dort mehrere große Hundezwinger, in denen jede Menge kleine Möpse saßen. Die meisten waren wirklich noch ziemlich winzig. Es war tatsächlich recht niedlich anzusehen, wie sie aus ihrem Korb heraustapsten, um uns zu begrüßen.

»Sie sind noch ziemlich verspielt«, sagte die Züchterin. Einer der Hunde fiel Anna und mir sofort auf. Er war als einziger Mops komplett schwarz. Während die anderen Welpen anfingen herumzutollen, lag er ziemlich faul in seinem Körbchen.

»Was ist mit ihm?«, fragte ich.

»Er ist ein bisschen fauler als seine Geschwister«, sagte die Züchterin.

»Ja, Schatz. Er ist so wie du.«

»Jetzt hör doch mal auf.«

Aber tatsächlich verliebten wir uns beide ziemlich schnell in den kleinen, gechillten schwarzen Mops. Als ich ihn auf dem Arm hatte und er mich mit seinen großen, dunklen Glubschaugen anschaute, da wusste ich – der gehört zu uns. Wir wollten uns trotzdem noch etwas Zeit nehmen, um alles zu überdenken. Einen Hund zu kaufen war immerhin eine Entscheidung fürs Leben. Das konnte man nicht mehr rückgängig machen. Wir fuhren wieder nach Hause und sprachen alles durch.

»Wir teilen ihn uns auf. Er wohnt zur Hälfte bei dir und zur anderen Hälfte bei mir. Wir wechseln uns ab.«

»Meinst du nicht, das wäre komisch für den Hund?«

»Wieso das denn? Hunde sind personen- und nicht ortsgebundene Tiere. Für ihn ist das mehr so was wie ein Abenteuer.«

Anna musste mich eigentlich gar nicht mehr groß überzeugen. An dem Tag, an dem ich das kleine, schwarze Ding das erste Mal auf dem Arm hielt, wusste ich, dass ich ihn haben wollte. Wir durften ihn aber nicht direkt mitnehmen. Die Züchterin erklärte, dass es besser für ihn sei, wenn er die ersten drei Monate bei seiner Mutter bliebe. Also fuhren wir alle paar Wochen nach Lüneburg und besuchten unseren künftigen Hund. Damit er sich schon einmal an uns gewöhnte. Dann war es so weit.

»Wir nennen ihn Kyle«, sagte Anna. »Wie mein Plüschtier.«

»Dann nenne ich ihn Kylo. Richtiger Ehrenbrudername«, stimmte ich zu und dachte an Star Wars.

»Von mir aus«, sagte Anna. »Aber du musst heute bei mir übernachten. Es ist Kylos erste Nacht bei uns. Das ist was Besonderes.«

»Ich weiß nicht«, sagte ich.

Ich hatte noch nie bei Anna übernachtet. Seitdem wir zusammen waren, hatten wir immer die Vereinbarung, dass wir getrennt schliefen. Bis auf wenige Ausnahmen blieb das bislang so. Ich war in solchen Dingen ein klein wenig eigen.

»Komm schon. Nur heute. Kylo muss sich an uns gewöhnen.«

»Also gut«, sagte ich und fuhr mit zu Anna. Nach dem Abendessen legte sie sich ins Bett, während ich noch etwas Fernsehen gucken wollte. Schon komisch, dachte ich. Was so ein kleines Lebewesen alles verändern kann. Ich schaute mir eine Folge Monk auf Annas DVD-Player an, dann schaltete ich das Gerät ab und wollte mich schlafen legen.

Aber … Oh Mann. Anna lag diagonal im Bett. Und oben in der rechten freien Ecke lag der Hund.

»Anna«, flüsterte ich. Sie reagierte nicht.

»Anna!« Nichts.

»Mann, Digga!«, sagte ich jetzt und schüttelte sie wach.

»Ich kann hier gar nicht schlafen, da ist kein Platz für mich.«

»Ich mach dir Platz«, sagte sie noch im Halbschlaf.

Aber ich war schon gar nicht mehr müde. Und der Hund anscheinend auch nicht. Er sprang jetzt auf dem Bett rum und bellte. Ich nahm Kylo und ging mit ihm eine Runde spazieren. Als wir zurückkamen, lag Anna wieder diagonal im Bett.

Digga! Ich setzte den Hund auf ein freies Plätzchen im Bett und fuhr nach Hause.

Zwei Wochen später hatte ich endlich meine eigene Wohnung bezogen. Sie war auf dem alten Granini-Gelände in Buxtehude. Dort war mittlerweile ein wirklich schönes Neubaugebiet entstanden. Wahrscheinlich konzeptioniert von der Architektin, der ich damals die Handtasche aus dem Auto gestohlen hatte. So schließt sich der Kreis, dachte ich noch, als ich mein Bett frisch bezog. Es war Silvester 2017, und ich wollte mit Anna und Kylo gemeinsam den Abend verbringen. Es fühlte sich mittlerweile an, als wären wir eine richtige Familie geworden. Ich dachte zurück an mein jüngeres Ich. An den Marcel Eris, der noch vor ein paar Jahren in einer Entgiftungsklinik saß und nicht die geringste Ahnung hatte, ob es überhaupt eine Zukunft für ihn gab. Ich verstand in dem Moment, dass sich in meinem Leben genau dann eine Perspektive eröffnet hatte, als ich bereit war, Verantwortung für mich selbst zu übernehmen. Und jetzt? Jetzt stehe ich an einem Punkt, an dem ich sogar Verantwortung für andere übernahm. Ich hatte gut eingekauft und meinen legendären Nudelauflauf vorbereitet. Außerdem hatte ich eine Flasche Sekt für Anna kaltgestellt. Für mich gab es nur Orangensaft. Ich war nicht mehr groß in Partylaune. Früher wäre ich mit Rene oder Davide um die Häuser gezogen. Heute brauchte ich das nicht mehr. Und ich wollte auch Kylo nicht allein lassen. Nicht an Silvester. Als Anna und ich auf dem Balkon standen und uns das Feuerwerk anschauten, vergrub sich der Hund irgendwo in der Wohnung.

»Lass ihn«, sagte Anna. »Er braucht einfach ein bisschen Ruhe.«

Als wir nach dem Feuerwerk dann in mein Schlafzimmer gingen, sah ich, dass Kylo einen riesigen Haufen mitten in mein Bett gesetzt hatte.

»Digga, was ist das? Ich hatte das frisch bezogen!«

»Ist doch nicht schlimm«, sagte Anna. »Er hatte halt Angst vor dem Feuerwerk.«

»Ja, aber deswegen muss er mir doch nicht das Bett vollscheißen …«

»Reg dich nicht auf.«

*

Im Sommer 2018 setzte ich mich an meinen Rechner und schaute meine E-Mails durch. Ich bekam mittlerweile so viele Anfragen und Angebote, dass es für mich selbst gar nicht mehr möglich war, alles durchzugehen. Das überließ ich meinen Geschäftspartnern. Dennis und Arne. Sie machten eine Art Vorauswahl und leiteten mir nur die wirklich interessanten Sachen weiter.

YouTube ist in den letzten Jahren für mich so groß geworden, dass ich gar nicht mehr in der Lage war, das nur als Hobby zu begreifen. Ich bekam so viele Angebote, so viele Werbedeals, so viele E-Mails, dass ich beschlossen habe, eine Firma zu gründen. GetOnMyLevel.

»Schau mal«, schrieb Dennis und leitete mir gleich mehrere Nachrichten weiter. »Das hier ist doch genau das Richtige für dich.« Ich öffnete die Mails. Alles Angebote von Seiten, die sich auf Online-Glücksspiele spezialisiert hatten. Besonders auf Online-Slots. Also digitale Spielautomaten. Ich musste grinsen. Für Dennis war das nur ein Scherz. Er wusste, dass ich eine ziemliche Affinität zu Glücksspielen hatte. Ich habe die Drogen und den Alkohol hinter mir gelassen, aber ich konnte noch immer an keinem Spielautomaten vorbeigehen, ohne ein paar Euro einzuschmeißen.

»Wo kommt das plötzlich her?«, fragte er. »Twitch, Digga.«

Seit ein paar Wochen hatte ich mich auf Twitch ein wenig ausprobiert. Ich hatte genug davon, ständig nur Fortnite, Call of Duty oder PAWGD zu spielen. Ich dachte, ich könnte just for fun ja mal einen

Glücksspiel-Stream machen. So wie das mittlerweile relativ viele Streamer machten. Nach Mitternacht und mit Altersfreigabe ab 18. Ich setzte mich also an den Rechner, rief die Seite eines Online-Casinos auf, zahlte 1000 Euro ein und ließ meine Zuschauer daran teilhaben, wie ich alles verlor. Auf den ersten Blick vielleicht das Langweiligste der Welt. Aber die Zuschauer haben das krass gefeiert. Ich konnte das verstehen. Man fieberte irgendwie mit, wenn jemand gewann. Und wenn er alles verlor, dann gab es eben diese schöne Schadenfreude, die man ausleben konnte. 1000 Euro waren auf den ersten Blick vielleicht viel Geld. Aber ich hatte mittlerweile monatliche Einnahmen von mehreren Zehntausend Euro. Das war also für mich nur ein wenig Spielgeld.

Ich löschte die Mails. Ich hatte nicht wirklich vor, irgendeine Kooperation mit irgendwem einzugehen. Für mich war das alles nur Spaß.

In den nächsten Tagen machte ich weiter meine Glücksspiel-Streams. Und jetzt hatte ich auch eine ordentliche Glückssträhne. Ich war fast jeden Abend dick im Plus.

Ein paar Wochen später wachte ich auf, schaute auf mein Handy und … Moment. Ich rieb mir den Schlaf aus den Augen und schaute noch einmal. Konnte das wirklich sein?

Ich hatte auf Instagram mehrere Tausend neue Nachrichten. Ich richtete mich auf und war sofort hellwach. Irgendetwas war los.

Ich öffnete eine der Privatnachrichten.

»Hey, Monte, hast du schon das Video gesehen?« Da drunter ein Link.

Ich öffnete die nächste Nachricht.

»Lol. Jetzt musst du Knast, oder?«

Die nächste.

»Guck mal das Video, der Typ sagt, du musst in Knast.«

»Knastmonte, Kappa.«

»Guck mal das Video.«

»Glücksspiel Monte«

»Bruder, muss los«

All den Nachrichten waren Links von verschiedenen Videos beigefügt, in denen sich andere YouTuber zu meinen Streams äußerten. Das ging schon seit einiger Zeit so, ich hatte mir das Zeug nie angeguckt. Aber jetzt wurde es immer extremer. Es war, als wäre irgendeine Welle losgetreten worden. Ich schaute mir dann also doch einige der Videos an. Die Leute erzählten etwas davon, dass ich angeblich für illegales Glücksspiel geworben haben soll. Ich verstand gar nichts mehr und rief meinen Geschäftspartner Dennis an.

»Digga, hast du dieses Video gesehen?«

»Ja«, sagte er. »Ich habe schon unseren Anwalt kontaktiert.«

»Ich check das alles nicht.«

Und ich verstand es wirklich nicht. Ich sollte etwas Illegales gemacht haben? Ich war überzeugt davon, dass ich legal gehandelt hatte. Immerhin machten das andere Leute doch auch. Die Glücksspiel-Streams wurden sogar von einigen Streamingplattformen hochoffiziell beworben. Außerdem sah ich doch jeden Abend auch im Fernsehen Werbung für Online-Casinos. Ich verstand die Welt nicht mehr.

Ich starrte auf mein Handy. Da kamen immer mehr Videos. Immer mehr Tweets. Immer mehr Mails und Nachrichten. Plötzlich sprach gefühlt die halbe Welt nur noch von einem Thema.

Es ging dabei gar nicht mehr nur darum, dass ich etwas Illegales getan haben sollte, sondern auch darum, dass ich angeblich ein schlechtes Vorbild sei. Dass ich doch viele jüngere Zuschauer hätte, die wegen mir jetzt glücksspielsüchtig werden könnten. So ein Quatsch, dachte ich und wollte aufstehen. Plötzlich spürte ich, wie meine Füße nachgaben. Ich klammerte mich ans Bett. Was war das denn? Ich stellte mich auf. Jetzt ging es wieder. Wahrscheinlich nur der Kreislauf.

Am nächsten Tag setzte ich mich in mein Auto und fuhr nach Hamburg, um meinen Anwalt zu treffen.

»Ganz klare Frage«, sagte ich. »Ist das wirklich illegal oder nicht?«

»Darauf«, sagte er, »gibt es keine klare Antwort.«

»Wie kann das sein?«

»Wir befinden uns in einem absoluten Graubereich. Zwischen deutschem Recht und europäischem Recht. Es gibt eine sogenannte, unklare Rechtslage. Laut deutschem Recht wäre es theoretisch nicht legal. Laut EU-Recht schon. Es ist … nicht eindeutig.«

»Wie kann Recht nicht eindeutig sein?«, fragte ich.

Der Anwalt runzelte die Stirn. »Es ist wirklich eine ziemlich verzwickte Lage. Ich kann Ihnen nur so viel sagen: Bisher ist noch kein Mensch wegen so etwas verurteilt worden.«

»Bisher. Toll.«

Ich schaute mich in dem Büro um. Überall standen dicke Wälzer mit roten Einbänden. Gesetzestexte. Auf dem Schreibtisch stapelten sich die Fallakten. Mein Kopf drehte sich. Schon wieder dieser Schwindel.

»Es tut mir leid, Herr Eris. Ich kann Ihnen keine klare Antwort geben, weil es für Ihren Fall keine klare Antwort gibt.«

»Alles klar«, sagte ich und verließ das Büro. Ich beschloss, ab sofort keine Glücksspiel-Streams mehr zu machen.

Aber die Verantwortung für meine Zuschauer, die wollte ich nicht übernehmen, sagte ich mir. Ich habe den Stream doch klar ab 18 gesetzt. Wenn da jüngere Zuschauer sind, war das ja nicht meine Schuld. Ich war doch nicht verantwortlich für ihr Leben. Oder doch?

∗

Ich lag auf meiner Couch und starrte an die Decke. Neben mir Kylo, der knurrte, und mein Handy, das vibrierte. Es hörte gar nicht mehr auf zu vibrieren. Aber mein Blick blieb starr an die Decke gerichtet. Ich wollte die Nachrichten gar nicht mehr lesen, die ich mittlerweile beinahe im Sekundentakt bekam. Es waren einfach zu viele. Ich nahm noch einen Schluck Wasser und schloss die Augen. Ich hatte das Gefühl, ich stand mit dem Rücken zur Wand. Ich hatte das Gefühl, die ganze Welt hatte sich gegen mich verschworen. Wo kam das plötzlich her? Früher hatte es doch nie jemanden interessiert, was ich gesagt oder gemacht habe. Und plötzlich hatte jeder eine Meinung zu mir. Klar, es gab auch früher immer mal wieder einen kleinen Shitstorm. Wenn ich auf Twitter einen frechen Tweet machte oder ich in einem Stream irgendeinen unüberlegten Spruch brachte. Das war halt das Internet. Da regt sich ständig irgendjemand über irgendetwas auf. Das ist okay. Das tue ich ja auch. Aber das hier, das war anders.

Jeden Tag erschienen neue Videos zu meinem Casino-Skandal, dabei hatte ich doch in dem Moment damit aufgehört, als ich selbst Zweifel bekam. Jeden Tag erschienen neue Artikel in irgendwelchen Zeitungen. Das Schlimmste daran war aber gar nicht, dass die Leute mir vorwarfen, dass ich angeblich einen Fehler gemacht hätte. Ich habe in meinem Leben sehr viele Fehler gemacht und ich habe immer zu ihnen gestanden. Das Schlimmste für mich war, dass ich so hingestellt wurde, als würde ich meine Zuschauer in die Spielsucht treiben. Das verletzte mich wirklich. Meinen Erfolg als YouTuber verdankte ich besonders meinen Videos über meine Vergangenheit. Meinen Videos über meine eigene Sucht. Meiner »Vom Junkie zum YouTuber«-Reihe. Ich habe in jedem dieser Videos nicht nur erklärt, wie tief ich unten war, sondern immer auch versucht, meine Zuschauer vor den Fehlern zu warnen, die ich begangen hatte. Ihnen zu erklären versucht, wie Süchte entstehen. Wie schwer man von ihnen loskommt, wenn sie erst einmal zur Gewohnheit geworden sind. Ich habe sogar vor Glücksspiel gewarnt, weil ich selbst immer wieder Phasen in meinem Leben hatte, in denen ich zu viel verzockte. Und das tat ich auch in jedem Stream. Aber ich forderte doch niemanden auf zu spielen. Ich spielte nur selbst und ließ mir dabei zugucken. Ich konnte mir einfach nicht vorstellen, dass sich die Leute daran wirklich ein Vorbild nehmen und am nächsten Tag selbst ins Spielcasino laufen würden.

Kylo setzte sich auf meinen Bauch, und ich streichelte ihn.

Mir ging diese Vorbild-Sache nicht aus dem Kopf. Machte ich vielleicht doch einen Fehler? Beeinflusste ich meine Zuschauer vielleicht doch unbewusst? Ich fasste mir an den Kopf. In meiner Welt war ich einfach nur ein Typ, der sein Ding machte und die Menschen dabei zuschauen ließ. Ich wollte sie unterhalten. Aber ich wollte sie doch nicht manipulieren. Aber vielleicht hatten meine Kritiker doch recht? Vielleicht hatte ich doch eine größere Verantwortung, als mir bewusst war?

Ich stand auf und ging in mein Badezimmer. Mir war schon wieder so schwindelig. Ich ließ das Wasser laufen, bis es eiskalt war, und wusch mir mein Gesicht. Ich starrte mein Spiegelbild an.

Ich weiß, dass die Menschen viele Bilder von mir im Kopf haben. Das Bild von dem erfolgreichen YouTube-Star. Von dem drogenabhängigen Kleinkriminellen. Aber dieses Bild, dass ich andere Leute mutwillig in die Sucht treiben würde, das war so weit von meinem Selbstbild entfernt, dass ich Schwierigkeiten hatte, meine Kritiker zu verstehen. Ich schaute auf die Uhr. Es war 19 Uhr. Ich ging in mein Gamingzimmer, setzte mich an meinen Computer, startete den Stream und zockte ein paar Runden Fortnite. Ich tauchte ein in meine Parallelwelt. Hier verstand man mich. Im Chat schrieben mir die Leute nur liebe Kommentare. Ich solle durchhalten. Ich solle mich nicht runterziehen lassen. Das tat gut. Ich war über Teamspeak mit ein paar Kollegen verbunden. Wir liefen durch die bunte Fortnite-Welt, ballerten unsere Comicfiguren gegenseitig ab und quatschten irgendeinen Bullshit. Meine Stimmung wurde immer besser. Das war doch Wahnsinn, dachte ich. Ich hatte das Gefühl, dass es zwei Parallelwelten gab. Die Online-Welt meiner Community, in der die Leute genau verstanden, wie ich drauf war, und die Außen-Welt, in der man jemanden aus mir machte, der ich gar nicht war. Diese Wahrnehmungen von mir passten nicht zusammen.

Aber jetzt war ich hier. In meiner Welt. Mit meinen Leuten. Hier konnte mir keiner was. Hier verstand man mich. Ich hatte zum ersten Mal seit Tagen wieder wirklich gute Laune. Ich lud meine Shotgun durch und schoss meinen Kollegen ab. Wir alberten herum. So wie wir es immer gemacht haben. Ich haute ein paar derbe Sprüche raus, und die Community feierte mich dafür. So kannten sie mich. Der Monte, der nie um einen guten Spruch unter der Gürtellinie verlegen war. Das gehörte beim Zocken auch dazu. Maximale Emotion und verbale Ausfälle gegenüber dem Gegner. Besonders dann, wenn er mal die Überhand hatte. Dann checkte ich die neuen Fortnite-Skins im Shop. Skins sind die Kostüme, die die Spielfiguren trugen. Eine davon war gelb. »Oh«, sagte ich. »Es gibt einen neuen Schlitzaugen-Skin.« Es gab ein paar Lacher, dann startete ich eine neue Runde, in der ich mal wieder alle an die Wand spielte. Jawoll, freute ich mich. Meine schlechte Laune war jetzt völlig vergessen. Ich streamte gute fünf Stunden. Dann schaltete ich den Rechner ab, machte mir einen Toast mit Quark und Nutella, legte mich ins Bett und schlief zum ersten Mal in diesen Tagen mit einem guten Gefühl ein.

✳

Es knurrte. Ich öffnete langsam die Augen und sah Kylo vor mir. Er war penetranter als jeder Wecker. »Moin, Bruder«, sagte ich und schaute auf den Wecker. 10.30 Uhr. »Du hast Hunger, was?« Kylo knurrte lauter. »Ja, ja, schon klar.«

Ich rollte mich aus dem Bett, versorgte meinen Mops und checkte meine Nachrichten.

»Lieber Marcel, bitte ruf mich doch einmal zurück. Das ist dringend. Danke.«

Huch. Eine solche Mail bekomme ich selten von meiner Twitch-Ansprechpartnerin. Eine solche Mail bekam ich eigentlich immer nur dann, wenn wirklich Ärger drohte. Ich wählte ihre Nummer. Und bekam sofort eine richtige Ansprache.

Ich verstand zunächst gar nicht, worum es ging. Sie sagte irgendetwas wegen Rassismus-Vorwürfen. Und dann verstand ich. Es ging um das »Schlitzauge«. Außerdem hatte ich im Stream gesagt: »Ich hasse Regen« und dann den Spruch hinterhergesetzt, dass man Regen doch mal umdrehen sollte. Es war genau das. Ein Spruch.

»Das war doch nur ein blöder Spruch«, sagte ich etwas kleinlaut.

»Das ist kein Spruch«, sagte die Twitch-Frau. »Das ist Rassismus, und das dulden wir nicht.«

Ich musste schlucken. Ich bekam vier Wochen Streaming-Sperre.

Auch wenn ich der größte Streamer Deutschlands war, Richtlinien sind Richtlinien und bei Rassismus-Vorwürfen ist Twitch hart.

Ich versuchte mich noch einmal rauszureden. Erklärte, dass ich kein Rassist sei. Dass mir das nur rausgerutscht sei. Denn natürlich war ich kein Rassist. Ich bewerte Menschen nach ihrem Charakter und nicht nach ihrer Herkunft. Es ist mir völlig egal, ob ein Mensch arm oder reich, schwarz oder weiß, gelb oder braun ist. Wenn er korrekt ist, ist er korrekt. Wenn er ein Dulli ist, ist er ein Dulli. Das war schon immer meine Lebenseinstellung. Das hatte mir Oma als kleiner Junge auf dem Fischmarkt beigebracht, und das war auch der Grund, warum ich meine Online-Community so liebte. Weil es hier keine Rolle spielte, wer man war oder wo man herkam. Vergeblich. Vier Wochen Twitch-Bann.

Auch das noch. Ich setzte mich auf meine Couch und vergrub mein Gesicht in den Händen. Das hatte mir gerade noch gefehlt. Als würde mir die Casino-Sache nicht schon genug Kopfschmerzen machen. Und wieder dauerte es nicht lange, bis die Meldung rumging. Wieder machten andere YouTuber Videos über mich. Wieder erschienen Artikel.

Und wieder hatte ich das Gefühl, die gesamte Welt sei gegen mich. Würde mich falsch verstehen. Ich überlegte, was ich jetzt tun würde. Ich überlegte, ein Video zu machen. Klarzustellen, dass ich kein Rassist bin, und zum Gegenangriff überzugehen.

Ich lief durch meine Wohnung wie ein Tiger im Käfig. Dann ging ich auf Twitter und schaute die Reaktionen auf meinen neuesten Skandal durch. Die meisten hielten zu mir. Aber ein Kommentar machte mich nachdenklich. »Keine Ahnung, ob Monte ein Rassist ist. Aber es ist egal. Ich bin Vietnamese, und es verletzt mich.«

Nein, sagte ich dann zu mir selbst. Dieses Mal halte ich die Klappe.

Ich hatte mich jetzt nicht zu rechtfertigen. Denn der Typ hatte recht. Ich hatte eine Grenze überschritten. Natürlich hatte ich meine Sprüche nicht rassistisch gemeint. Ich beleidigte bloß eine Comic-Pixelfigur, keinen Menschen. Aber offensichtlich gab es Menschen, die sich trotzdem angegriffen fühlten. Weil sie mit genau solchen Worten von echten Rassisten verletzt werden. Und ich konnte ja auch nicht erwarten, dass sich jeder wirklich mit meiner Person befasst, um zu verstehen, wer ich bin und wie ich ticke und dass ich so was natürlich nicht meine, wie ich es sage. Ich konnte es nicht erwarten. Und ich werde es niemals erwarten können. Blöder Spruch hin oder her, ich hatte eine Grenze überschritten. Und das war scheiße.

Ich würde zu diesem Fehler stehen. Und beschloss nach der Twitch-Zwangspause Stellung zu beziehen und mich in einem Stream zu entschuldigen.

»Ich habe mich nicht an die Regeln gehalten und die Konsequenzen zu spüren bekommen«, sagte ich in die Kamera. »Und das ist auch völlig in Ordnung so. Das rechtfertigt das nicht: Aber jeder sollte wissen, dass ich das Gegenteil von einem Rassisten bin. Ich habe nichts gegen Menschen mit anderen Religionen oder Hautfarben. Das sollte klar sein. Ich habe Mist gemacht.«

Der Geruch von Benzin lag in der Luft. Ich schaute in die Landschaft, in das nächtliche Buxtehude. In den meisten Häusern brannte noch Licht. Es war dunkel. Ich nahm den Zapfhahn und tankte meinen neuen S 63 auf. Seit ein paar Monaten war der Shitstorm wegen der Casinosache ein wenig abgeflacht, aber etwas war geblieben. Das ungute Bauchgefühl. Der Schwindel. Die Frage, ob ich denn eigentlich noch ich selbst sein konnte. Mir machte das zu schaffen. Ich habe auf YouTube das gemacht, was ich mein Leben lang gemacht habe. Einfach so sein, wie ich bin. Und dadurch, dass ich ich selbst geblieben bin, habe ich knapp zwei Millionen Follower erreicht. Dadurch, dass ich ich selbst geblieben bin, bin ich der größte deutsche Livestreamer geworden. Die Leute schauen mich an, weil sie wissen, dass ich mich nicht verstelle. Aber dennoch wird von mir verlangt, dass ich ein Vorbild bin. Dass ich mich politisch korrekt ausdrücke. Ich hatte das immer abgelehnt. Aber mittlerweile fragte ich mich immer häufiger, ob ich nicht vielleicht doch eine Verantwortung hätte. Nicht nur für mich. Nicht nur für meine Familie. Sondern auch für die ganzen Zuschauer?

Ich steckte den Zapfhahn wieder in die Säule und ging in die Tankstelle. Ich griff mir eine Dose Eistee und grüßte den Kassierer.

»80,33 Euro macht das.«

»Alles gut, Jupp?«

»Alles gut, Marcel. Wie geht es dir?«

»Muss ja.«

Ich zog meine Karte aus der Jogginghose und steckte sie in das EC-Kartenlesegerät. »Bei der Familie auch alles in Butter?«

»Bestens, bestens.« Typischer Kleinstadttalk.

»Oh, da hat etwas nicht funktioniert«, sagte Jupp und zeigte auf die EC-Karte. »Die ist wohl gesperrt.«

»Wie gesperrt? Das kann doch nicht sein.«

Wir versuchten es noch mal. Wieder eine Fehlermeldung. Das konnte doch gar nicht sein. Ich hatte auf meinem Konto doch gut 60 000 Euro. »Jupp, ich habe keine Ahnung, was da los ist. Ich fahre schnell nach Hause und hole etwas Bargeld.«

»Ganz entspannt.«

Am nächsten Morgen rief ich bei meiner Bank an.

»Ja, Herr Eris. Es gab eine Kontopfändung. Die Staatsanwaltschaft Buxtehude hat Forderungen im Wert von 90 000 Euro gegen Sie.«

»Das kann doch gar nicht sein«, schimpfte ich. »Wegen was denn?«

»Das kann ich Ihnen nicht sagen, ich bin sicher, Sie werden da noch informiert.«

Ich rief meinen Anwalt an. Er war auch ratlos. »Sie müssten spätestens morgen einen Brief bekommen«, sagte er. »Rufen Sie mich dann an. Wir kriegen das geklärt.«

Ich legte auf, schmiss mein Handy in die Ecke und setzte mich auf den Stuhl. Wieder drehte sich mein Kopf. Wieder dieser Schwindel. Das war einfach zu viel. Ich zog meine Rollläden runter und legte mich ins Bett. Ich wollte einfach nur noch meine Ruhe haben.

*

Ich hörte einen dumpfen Schlag. Wieder und wieder. »Herr Eris«, höre ich eine Stimme. »Machen Sie die Türe auf. Machen Sie sofort die Türe auf.« Ich schaute auf den Wecker. 8.30 Uhr. Alter. Ich hatte komplett durchgeschlafen. Ich rollte mich langsam aus dem Bett und schleifte mich durch die Wohnung. Ich war noch gar nicht in der Lage, klar zu denken. Dann wieder die dumpfen Schläge gegen die Tür. »Herr Eris, machen Sie sofort auf!«

»Ist ja gut, ich komme ja schon«, rief ich. Ich ging durch den Flur, rieb mir den Schlaf aus den Augen und überlegte, wer das wohl sein könnte. Ich dachte an einen besonders penetranten Postboten, aber das konnte ich mir kaum vorstellen. Um diese Zeit? Ich öffnete die Tür.

Da standen fünf Polizeibeamte vor mir. Einer hielt mir direkt einen Zettel unter die Nase. »Polizei Buxtehude«, sagte er. »Wir haben einen Durchsuchungsbefehl.«

Ich verstand noch gar nicht wirklich, was da passierte, als die Männer und Frauen an mir vorbei in die Wohnung gingen.« Ich stand da nur in Boxershorts.

»Was ist denn hier los?«

Die Beamten erklärten mir, dass sie nach Unterlagen fahndeten, die beweisen sollten, dass ich Verträge mit Glücksspielanbietern hatte. Mittlerweile hatte offenbar die Staatsanwaltschaft eine Ermittlung eingeleitet. Ich erklärte den Beamten die Situation.

»Sie werden hier keine Verträge finden, weil es keine Verträge gibt. Ich hatte niemals einen Vertrag mit einer Online-Glücksspielseite gehabt. Ich habe das nur aus Spaß gemacht.«

»Außerdem«, sagte der Polizist dann noch. »Müssen wir ihre Wohnung wegen Verdacht auf illegalen Waffenbesitz durchsuchen.«

Ich verdrehte die Augen. Mir war klar, wo das herkam. Ich hatte mal in einem Stream eine Spielzeugwaffe gezeigt. Eine Replika. Ich klärte auch diese Situation auf.

»Sie können hier alles durchsuchen, wie gesagt, Sie können davon gar nichts finden, weil es das alles gar nicht gibt. Keine Verträge. Keine Waffen. Viel Spaß, ich lege mich wieder schlafen.«

»Nee, Herr Eris, Sie bleiben bitte hier, wir brauchen Sie.«

Ich setzte mich auf mein Sofa und sah dann zu, wie die Beamten alles durchwühlten. Mein Kopf tat höllisch weh. »Wollen Sie was trinken?«, fragte ich noch. »Nein, danke.«

Ich hatte keinen Hass auf die Polizisten. Sie machten ja nur ihren Job. Ich war einfach nur abgefuckt von der Gesamtsituation.

»Ist das hier Ihr Arbeitszimmer?«

Einer der Cops ging in meinen Gaming-Room. »Ja«, sagte ich und folgte ihm. »Lassen Sie da aber bitte das Licht aus.«

Er machte das Licht an.

Will der mich verarschen? Ich machte es wieder aus.

»Hören Sie, meine Fische schlafen. Sie können auch ohne Licht durchsuchen.«

»Jetzt werden Sie mal nicht frech«, sagte der Polizist etwas lauter und griff wieder nach dem Schalter. Ich schubste seine Hand weg.

Es entstand eine kleine Rangelei, bis die Kollegen angelaufen kamen.

»Was ist denn hier los?«, fragte die Polizistin. »Meine Fische schlafen, Digga.«

»Das ist eine Hausdurchsuchung, Herr Eris. Reißen Sie sich zusammen.«

Ich beruhigte mich, setzte mich wieder auf die Couch und wartete ab, bis die Beamten fertig waren.

»Wissen Sie eigentlich etwas wegen meiner Kontopfändung?«, fragte ich eine der Frauen.

»Ja, das hat etwas mit den Ermittlungen zu tun. Sie haben schätzungsweise 90 000 Euro in ihren Livestreams gewonnen. Das Geld müssen wir vorläufig konfiszieren. Es besteht der Verdacht auf Geldwäsche.«

»Was heißt das?«, fragte ich.

»Na ja, dass Sie das Geld zu Unrecht erworben haben. Auf einer illegalen Seite. Und es sich dann legal haben überweisen lassen. Allerdings konnten wir nur 70 000 Euro beschlagnahmen von Ihren beiden Nebenkonten.«

»Und mein Hauptkonto?«

»Auf das dritte hatten wir kein Zugriff.«

»Wie, keinen Zugriff?«

»Angeblich existiert das gar nicht mehr. Rufen Sie besser mal bei Ihrer Bank an.«

Ich schaute die Polizisten ungläubig an, griff zum Telefon und rief meinen Bankberater an.

»Ja, Herr Eris, das Konto haben wir leider kündigen müssen«, sagte er. »Sie wollten uns seit Monaten schon Unterlagen einreichen, die wir gebraucht hätten. Da Sie das nicht gemacht haben …«

Ach fuck!, dachte ich. Die Unterlagen. Da war ja was. Das hatte ich völlig vergessen.

»Wir haben Ihnen aber auch etwas geschickt«, sagte der Bankfuzzi. »Schauen Sie doch mal in ihre Post.«

Ich ging in den Hausflur und sah, dass an meinem Briefkasten ein Post-it-Zettel klebte. »Achtung, voll«. Dahinter ein Zwinkersmiley. Ich kannte meine Postbotin ganz gut. Aber ich hatte keine Ahnung, was ihre Nachricht zu bedeuten hatte. Als ich die Box aufschloss, fielen mir ein Packen Briefe entgegen. Das waren bestimmt 100 oder 150 Stück. Alle in demselben grauen Umschlag. Absender: ███████bank Buxtehude.

»Digga, was ist das denn für eine Scheiße?«

Ich öffnete einen der Briefe. Dort war ein Scheck drin. Im Wert von 1500 Euro. In dem nächsten Brief dasselbe. Maaaan. Die Bank hatte mein Konto aufgelöst und mir mein Guthaben in Form von Schecks zugeschickt. Und da die aus irgendeinem bescheuerten Grund gedeckt waren, habe ich nicht einen Scheck, sondern eben … 200 Schecks bekommen.

Ich schleppte den Stapel Briefe in mein Wohnzimmer, erklärte den Beamten die Lage und sorgte damit wenigstens für ein paar frohe Momente in der Runde. Allzu viele hatte ich davon in meinem Leben gerade nicht.

EPILOG

Es ist die Hoffnung, die uns Menschen auch in unseren dunkelsten Stunden am Leben hält. Die Hoffnung auf ein Leben, das besser ist als das, welches wir gerade führen. Das Leben, das ich gerade führe, ist eines, das ich mir nie erträumt hatte. Und dennoch fühlt es sich an, als wären erst jetzt die dunkelsten Stunden meines Lebens angebrochen.

Mir ging es nicht gut. Mir ging es gar nicht gut. Ich saß mit meinem Geschäftspartner Dennis in der Firma und erzählte ihm von den letzten Monaten. Ich erzählte ihm von der Hausdurchsuchung, von dem Schwindel und den ganzen negativen Gedanken, die ich hatte.

Vor mir stand eine Tasse mit schwarzem Tee. Ich spürte eine ganz komische Leere in mir. Es war nicht nur so, dass mich die ganzen Probleme der letzten Monate runterzogen. Es war auch so, dass ich das Gefühl hatte, dass es nichts mehr gab, was mich noch wirklich glücklich machen konnte. »Ich verstehe das einfach nicht«, sagte ich zu Dennis und nippte an meinem Tee. »Ich habe doch alles. Ich habe alles, was ich immer haben wollte. Und sogar noch mehr.«

Ich fasste mir an den Kopf. »Ich habe mehr Geld, als ich ausgeben kann. Ich habe Millionen Follower, obwohl ich niemals berühmt sein wollte. Meine Familie ist versorgt. Ich bin versorgt.«

»Ja«, sagte Dennis. »Und genau das ist vielleicht dein Problem.«

»Wie meinst du das?«

»Du hast dein Leben lang keine Perspektive gehabt. Erst durch die ganze YouTube-Geschichte hast du dein Potenzial gesehen. Eine Perspektive erkannt.«

»Ja«, nickte ich.

»Aber jetzt hast du alles erreicht. Du bist einer der Größten in ganz Deutschland. Du hast auf Twitch sämtliche Rekorde gebrochen. Du gehörst sogar weltweit zu den beliebtesten Streamern. Vielleicht … fehlt dir wieder eine neue Perspektive?«

Ich sog seine Worte auf wie ein Schwamm. Er hatte recht. Er hatte wirklich recht. Ich hatte die letzten Jahre so intensiv darauf hingearbeitet, an diesen Punkt zu kommen, dass ich jetzt, wo ich endlich angekommen war, gar nicht mehr wusste, wie es noch weitergehen sollte. Ich dachte über mein Leben nach. Es war das Leben, das mein 14-jähriges Ich wahrscheinlich zu Tode gefeiert hätte. Lange schlafen. Den Tag über zocken. Und abends dann weiterzocken, die Kamera dabei anmachen und damit auch noch Geld verdienen. Aber vielleicht reichte das einfach nicht mehr. Anna und ich hatten uns vor ein paar Monaten getrennt. Seitdem versackte ich noch mehr in diesem Junggesellen-Lifestyle.

»Du brauchst einfach eine neue Perspektive«, sagte Dennis. »Denk mal drüber nach.«

»Mache ich. Danke, Digga!«

Ich verabschiedete mich von Dennis und Arne und ging vor die Tür. Es war schon dunkel draußen. Ich zündete mir eine Kippe an und genoss ein wenig die kalte Winterluft. Ich drehte zwei Runden um den Parkplatz, dann griff ich nach meinem Handy und rief Rene an.

»Yo, Moin, du Schwanz. Alles klar? Wo bist du?«

»Sonnenbank«, sagte er. »Kommst du rum?«

»Klar. Bin in einer halben Stunde da und hol dich ab.«

Ich verließ das Firmengelände, setzte mich in meinen schwarzen S 63 AMG und fuhr auf die Autobahn. Ich drehte die Musik auf. So laut es ging.

Die Autobahn war fast leer. Ich beschleunigte den Wagen auf knapp 200 Sachen. Beim Schnellfahren bekam ich den Kopf am besten frei. Schnellfahren war für mich das, was für andere Leute Sport ist. Aber plötzlich hatte ich einen Gedanken, der sich mehr und mehr breitmachte. Der sich in meinem Kopf festbrannte. Und dann hörte ich ihn, wie eine Stimme in meinem Ohr.

»Scheiß drauf«, sagte die Stimme. »Fahr doch einfach gegen die Wand. Es wird niemals wieder besser werden. Setz deinem Leben ein Ende.«

Ich erschrak über mich selbst und drosselte sofort das Tempo. Ich kurbelte das Fenster runter. Ich brauchte frische Luft. Was zur Hölle war das? Ich klammerte mich an mein Lenkrad. Ich versuchte wieder runterzukommen, jetzt nicht auszurasten. So etwas hatte ich noch nie erlebt. Werde ich jetzt verrückt?, fragte ich mich. Dann dachte ich an Kylo. An meine Familie. Auch an Anna. Ich hatte Tränen in den Augen. Was passiert nur mit mir?, fragte ich mich.

Die letzten Monate waren einfach zu viel gewesen. Es war zu viel, was auf meinen Schultern lastete. Besonders die Sache mit der Verantwortung. Es hatte mich so wahnsinnig viel Kraft gekostet, die Verantwortung für mich zu übernehmen. Und für die Menschen, die mir wichtig sind. Und jetzt sollte ich noch die Verantwortung für alle meine Zuschauer auf mich nehmen?

Ich dachte nach. Es war, als würde mein ganzes Leben noch einmal an mir vorbeiziehen. Und dann begriff ich plötzlich, wie alles zusammenhing. Der Tag, an dem ich als Marcel Eris lernte, Verantwortung zu übernehmen, war der Tag, an dem sich zum ersten Mal neue Perspektiven eröffneten. Wenn ich jetzt auch wieder anfange, die Verantwortung für meine neue Rolle als MontanaBlack zu übernehmen, vielleicht eröffnen sich mir dann auch wieder neue Perspektiven? Ich nahm mir vor, es zumindest zu versuchen. Ich hatte ja nichts zu verlieren. Und ich hatte schon ganz andere Dinge geschafft.

Mein Handy klingelte.

»Ja?«

»Yo, du Penner. Bist du eingeschlafen oder was?«

»Hey, Rene, du Arsch.«

Ich atmete tief aus und kurbelte die Scheibe wieder hoch. Dann beschleunigte ich den Wagen. Die Lichter der Autobahn zogen an mir vorbei. Ich fokussierte meinen Blick auf die Straße vor mir. Am Horizont erkannte ich die Ausfahrt.

»Ich bin gleich da, Digga.«

256 Seiten
22,00 € (D) | 22,70 € (A)
ISBN 978-3-7423-0167-3

Kollegah
DAS IST ALPHA!
Die 10 Boss-Gebote

Fünf Nummer-1-Alben in Folge, ein eigenes Fitness-programm und über 1,8 Millionen Facebook-Fans – Kollegah ist der unangefochtene Boss der deutschen Rapszene. Und nur der Boss weiß, wie man vom Lauch zum echten Boss wird. DAS IST ALPHA! ist Wegbegleiter, Coach und Kumpel für alle Lebenslagen. Direkt, unterhaltsam und im typischen Kollegah-Sound werden die zehn wichtigsten Regeln vorgestellt, die man verinnerlicht haben sollte, wenn man sich auf den lohnenden Weg zu Erfolg, Geld und Glück im Leben begeben möchte.

riva

224 Seiten
19,99 € (D) | 20,60 € (A)
ISBN 978-3-7423-0571-8

Sun Diego, Dennis Sand

Yellow Bar Mitzvah

Die sieben Pforten vom
Moloch zum Ruhm

Kaum ein Künstler polarisierte in den letzten Jahren so stark wie Sun Diego. Mit seiner musikalischen Vision modernisierte und prägte er den Sound von Deutschrap, revolutionierte mit seiner Zweitkarriere als SpongeBOZZ die Battle-Kultur und etablierte sich als einer der erfolgreichsten Rapper Deutschlands. In *Yellow Bar Mitzvah* erzählt Dimitri Chpakov seine Geschichte. Erzählt von einer schweren Kindheit, die von seinem kriminellen Stiefvater geprägt war. Von seiner Zeit auf der Straße, von Armut, Bandenkriminalität und der eigenen Perspektivlosigkeit. Eine Geschichte über die russische Mafia, arabische Großfamilien, Psychopathen und Messerstecher – und die Liebe zur Musik.

192 Seiten
19,99 € (D) | 20,60 € (A)
ISBN 978-3-7423-0696-8

Sebastian Vollmer,
Dominik Hechler

German Champion

Die Geschichte meiner
NFL-Karriere

Wie schafft man es als deutscher American-Football-Spieler in die NFL? Die beeindruckende Geschichte von Sebastian Vollmer zeigt: Talent reicht nicht, genauso wichtig sind unbändiger Wille, Training und Liebe zum Sport.

In diesem Buch erzählt Vollmer, wie er mit zwei Koffern in den Händen und Sprachproblemen im Gepäck in Amerika ankam, wie schwer das Privatleben mit dem extrem harten Job als Footballer vereinbar ist und wie er mit ständig neuen Verletzungen und unzähligen Operationen zu kämpfen hatte. Doch der Ausnahmesportler biss sich durch, ergatterte 2003 ein Footballstipendium an einem US-College, schaffte 2009 den Sprung in die NFL und wurde schließlich als »Bodyguard« Tom Bradys zur festen Größe – und zum German Champion.

riva